DANGDAI

ZHONGGUO

JIAZHI

JIAOYU

YANJIU

当代中国价值教育研究

石中英 / 丛书主编

教师的
价值教育意识

胡　萨 / 著

Teacher's Consciousness
of Value Education

北京师范大学出版集团
BEIJING NORMAL UNIVERSITY PUBLISHING GROUP
北京师范大学出版社

序

2022 年 10 月，党的二十大胜利召开，习近平总书记在大会上作了《高举中国特色社会主义伟大旗帜 为全面建设社会主义现代化国家而团结奋斗》的报告。报告明确提出新时代新征程中国共产党的使命任务："从现在起，中国共产党的中心任务就是团结带领全国各族人民全面建成社会主义现代化强国、实现第二个百年奋斗目标，以中国式现代化全面推进中华民族伟大复兴。"[①]为团结带领全国各族人民更好地朝着第二个百年奋斗目标努力，习近平总书记特别指出，要在全社会广泛践行社会主义核心价值观，"社会主义核心价值观是凝聚人心、汇聚民力的强大力量"[②]，并就新时代如何广泛践行社会主义核心价值观作出具体指示：要弘扬以伟大建党精神为源头的中国共产党人精神谱系，用好红色资源，深入开展社会主义核心价值观宣传教育，深化爱国主义、集体主义和社会主义教育；突出

① 习近平：《高举中国特色社会主义伟大旗帜 为全面建设社会主义现代化国家而团结奋斗》，21 页，北京，人民出版社，2022。
② 习近平：《高举中国特色社会主义伟大旗帜 为全面建设社会主义现代化国家而团结奋斗》，44 页，北京，人民出版社，2022。

理想信念教育在社会主义核心价值观教育中的首要地位，推动理想信念教育常态化制度化，持续抓好"四史"（党史、新中国史、改革开放史、社会主义发展史）教育，引导广大人民包括青少年知史爱党、知史爱国，不断坚定中国特色社会主义的共同理想；要努力用社会主义核心价值观铸魂育人，构建大中小学一体化的思想政治教育工作体系；要坚持依法治国和以德治国相统一，将社会主义核心价值观纳入法治建设、融入社会发展、融入日常生活。这些重要论述，为党的二十大之后深化社会主义核心价值观教育乃至全部的价值观教育提供了思想遵循和实践指南。有了这些重要思想的指引，未来我国的社会主义核心价值观教育必将进一步深化、具体化和生活化，成为全体人民全面建设社会主义现代化强国的精神纽带，为亿万青少年成长为堪当民族复兴大任的时代新人指明价值方向。

　　价值观教育是立德树人和全面发展教育的重要组成部分，也可以说是一个核心的部分。德智体美劳"五育"都肩负着价值观教育的重任，价值观教育与健康人格的培育也有内在的关联。健康和高尚的人格其实就是正确、积极和高尚的价值观的内化和主体化。也正因为这样，古今中外的教育莫不重视价值观教育。就是那些宣称不赞成学校进行价值观灌输的学者们，其实也是在以一种"不教"（不直接灌输）的方式进行某种特定的价值观教育。从这个角度来说，不存在不进行任何价值观教育的学校，学校教育永远不可能在价值观的真空中进行。至于学校进行何种价值观教育，则完全取决于学校所处的时代和社会背景。在不同的时代、不同的社会背景中，人们接受着不同的价值观教育。学校的价值观教育，往往与社会上占主导地位的价值观具有高度的一致性。这是一个显而易见的社会事实。就我国而论，古代社会的价值观教育当然不同于近代和当代社会的价值观教育，社会制度不同，学校里开展的价值观教育的目的、内容、途径和方法当然也会不同。就西方而论，古希腊时期学校所重视的核心价值观、古罗马时期所重视的核心价值观，以及后来中世纪所重视的核心价值观、文艺复兴时期学校所重视的价值观和近代资产阶级革命时期学校所重视的价值观也都存在很大的不同。社会生产力与生产关系的基础变了，占主导地位的价值观自然会发生很大的变化，学校里所开展的价值观教育也会发生相应的变化。这体现了价值观和价值观教育的历史性、社会性。那种认为从古到今、从中到外，存在一种永恒不变的、普遍合理的价值观体系和价值观教育模式的观念，是不符合历史与社会事实的。

当然，在看到价值观和价值观教育的历史性与社会性的同时，并不意味着否认不同时期价值观和价值观教育的继承性，以及不同社会背景下价值观和价值观教育的共同性。在任何一个社会中，学校里所开展的价值观教育都有着源远流长的传统，虽然很多价值观的内涵和外延随着时代变迁发生了很大的变化。不同社会背景下学校里开展的价值观教育，也常常有许多共同的地方，虽然大家对同样一种价值观的理解和行为表现方式存在差异。在价值观教育实践中，处理好古与今、中与外、抽象与具体、变与不变等的关系，是教育者的一项基本任务。

我国的学校非常重视价值观教育，这也是一个不争的事实。只不过，在党的十八大之前，价值观教育并没有作为教育实践的一个相对独立部分被教育者、学习者认知，往往包裹在思想政治教育、道德教育、心理健康教育、智育、美育、体育、劳动教育等丰富多彩的教育实践活动中。思想政治教育中常常进行政治价值观、经济价值观和文化价值观的教育，如"爱党""爱国""爱人民""爱劳动""爱社会主义"以及"合法经营""文化宽容"等。道德教育当然主要是开展道德价值观的教育，这里面既包括一些政治价值观（"大德"），也包括一些社会价值观（"公德"），还包括一些个体价值观（"小德"或"私德"）。在心理健康教育中，也常常开展一些诸如"尊重""换位思考""自我悦纳""宽容"的价值观教育。至于智育、美育、体育、劳动教育，则更是包含着丰富的价值观教育内容。党的十八大之后，价值观教育作为教育的一个重要组成部分被提出来，有助于我们进一步增强对价值观教育重要性的认识，并且整合各育当中的价值观教育因素，形成学校整体的价值观教育行动框架。党的十八大、十九大、二十大对社会主义核心价值观教育的重要论述和政策部署，为推动我国大中小学的价值观教育提供了重要的思想指导和政策支撑。

人的价值观形成是有规律的，以此为基础，学校的价值观教育也是有规律的。违背人的价值观形成和学校价值观教育的规律，价值观教育的有效性就会大打折扣。如以前教育界常常批评的"小学讲共产主义，中学讲社会主义，大学讲人生观教育"的现象，究其实质而言，就是没有能够很好地反映一个人的政治价值观和人生价值观形成的规律，出现了某种价值观教育目标、内容、途径和方法的"倒置"现象，最终难以在青少年心中形成正确的、稳定的价值观体系，并影响到他们的健康成长。又如，在价值观教育中，培育学生的价值理性，帮助学生形成在多种价值观中进行比较、分析、判断和选择的能力至关重要。但是，以往的价值观教育往往不太注重价值理性的培育，导致学生不知道如何分析不同的价值观，在各种价值观面前缺少分辨力和判断力，容易受到不良价值观的影响。再如，对青少年学生的价值观教育，有直接和间接两种途径。直接途径就是开展价值观教学，围绕某些价值主题开展学习，这是思想政治课或道德与法治课的任务。间接途径则是通过整个学校的生活方式开展潜移默化的价值观教育。从这个角度来说，学校的文化、制度等都具有价值观教育的意义，提高学校校长和教师的价值领导能力就变得至关重要。在全党全社会都非常重视青少年价值观教育的今天，加强对人的价值观形成规律和价值观教育规律的研究，探索人的价值观形成和学校价值观教育（包括某些特定价值观教育）规律的研究，就变得极其重要。

正是基于上述政策背景和实践考虑，我们组织出版了"当代中国价值教育研究丛书"。这套丛书从主题上看，都是研究价值观教育问题的，其中有研究教育中的价值判断问题的，有研究价值理性及其培育的，有研究共同价值培育的，有研究价值品质的，有研究儿童宽容价值体验的，有研究儿童正义感及其培育的，有研究学校决策中的价值准则与价值追求的，还有研究教师的价值教育意识的。这些主题都非常前沿，在理论上有较好的创新性，整体而言是对新时代我国价值观教育理论研究的贡献。在这套丛书中，我自己承担了《价值教育哲学导论》一书的撰写，该书试图系统地讨论价值（观）教育的哲学基础问题，建构价值教育哲学的基本框架，并对当前我国价值教育实践中的一些基本问题和重大问题开展哲学分析。我衷心地希望该丛书的出版能够为新时代我国大中小学的价值观教育，特别是社会主义核心价值观教育的开展提供一些可资借鉴的理论资源，能够激发更多的学者特别是青年教育学者参加到价值观教育的理论、政策和实践研究中来。丛书在充分借鉴国外价值观教育理论成果的同时，着力构建中国本土的价值观教育理论体系，更好地服务新时代社会主义核心价值观教育，以期培养和造就德智体美劳全面发展的社会主义建设者和接班人。

丛书的出版得到了北京师范大学出版社教师教育分社社长郭兴举编审和鲍红玉编辑的大力支持。在此我代表丛书作者对两位老师的策划和辛勤付出表示衷心的感谢。由于水平有限，丛书中难免存在不足，敬请各位读者批评指正！

石中英

2022 年 11 月 24 日

目　录

导　论　教师的价值教育责任与使命：挑战、困惑与超越

　　　　•• 1

　　第一节　社会转型时期的价值危机与教师的价值教育使命 ••••••••• 3

　　第二节　教师开展价值教育的困惑与问题 ••••••••••••••••••• 10

　　第三节　教师重构价值教育的超越之道：基于发生现象学的视角

　　　　•• 14

第一章　追溯价值观的起源与发生 •••••••••••••••••••••••••• 25

　　第一节　社会价值观的产生 •••••••••••••••••••••••••••••• 25

　　第二节　价值共识达成的可能性 •••••••••••••••••••••••••• 34

　　第三节　重新理解价值的本质特征 ••••••••••••••••••••••••• 44

第二章　追溯价值教育的产生与发展 •••••••••••••••••••••••• 68

　　第一节　价值教育何以必要 •••••••••••••••••••••••••••••• 68

　　第二节　价值教育的基本原则 ••••••••••••••••••••••••••••• 90

　　第三节　价值教育的基本途径与方法 ••••••••••••••••••••••• 103

第三章　教师的价值教育意识之理论建构 •••••••••••••••••••• 174

　　第一节　教师价值教育意识之现象学理解 •••••••••••••••••• 174

第二节　教师价值教育意识的内涵及其构成……………………　196

第三节　教师价值教育意识的案例呈现……………………　211

第四章　教师价值教育意识的培养………………………　229

第一节　职前教师价值教育意识的培养……………………　229

第二节　U-S合作与职后教师的价值教育意识唤醒……………　257

第三节　教师价值教育意识的培养建议……………………　279

主要参考文献………………………………………………　288

后　记………………………………………………………　297

教师的价值教育责任与使命：
挑战、困惑与超越

"价值教育"①的兴起与现代社会中价值多元主义、相对主义造成的价值迷茫与混乱有着直接的关系，可以说对"价值教育"的呼吁正是教育界对此现状引发的价值取向危机的反思和回应。正如德国教育哲学家布列钦卡（Wolfgang Brezinka，又译为布雷钦卡）所言：这种危机表现了许多人对于核心价值问题、规范问题、意义问题和目的问题等的无助和不确定，因而导致了心理紊乱、社会冲突和错误行为不断增加。这些危机不仅危害个人，而且影响社会团结。② 与此同时，近代以来对人类社会产生广泛影响的科学主义造成的心与物二分、价值与事实二分，导致了现代社会价值秩序的颠覆：物的秩序代替了心的秩序，包括人的精神追求在内的一切社会活动都被物质化、

①　在英文中价值教育和价值观教育是同一个词组 value education，当研究者把英文著作翻译成中文的时候，根据具体需要，既可以翻译为"价值教育"，也可以翻译为"价值观教育"。本书将价值教育和价值观教育视为同一概念。

②　[德]布雷钦卡：《信仰、道德和教育：规范哲学的考察》，彭正梅、张坤译，127页，上海，华东师范大学出版社，2008。

数量化或计算化，而失落了对价值和意义的内在追求；由此所产生的功利主义、效用主义思想则更是只求眼前的现实利益，全然不顾达到目的的方式是否正当，采取的手段是否恰当。

置身于价值危机重重的现代社会，学校教育同样不可避免地面对着许多价值冲突和挑战。在当前的学校教育中存在如下问题：价值多元主义导致了教育意义与目的的混乱与迷失；科学主义导致片面强调知识、技能的传授，忽视了对学生精神世界成长的关注；功利主义导致学校教育仅仅以应试、升学为最终目标和主要评价标准，而缺失了对学生良好价值品质养成的关注和重视。真正的教育不仅仅是单纯的知识和技能的传递，教育也并不是考试、选拔的工具和手段，完整的教育意味着教书和育人的统一。基础教育阶段正是学生形成良好价值品质、素质全面发展的重要时期。因此，教育本身就内在地包含着价值教育，价值教育也并不是独立于日常教育教学之外的另一件事情，它体现在学校的教育教学和管理活动以及师生的日常交往之中。

在我们国家，党的十九大报告中明确提出建设新时代中国特色社会主义必须坚持社会主义核心价值体系，把培育和践行社会主义核心价值观提高到作为国家建设的基本方略的新高度。党的二十大报告进一步指出："社会主义核心价值观是凝聚人心、汇聚民力的强大力量。"2014年，习近平总书记在文艺工作座谈会上发表重要讲话时指出："核心价值观是一个民族赖以维系的精神纽带，是一个国家共同的思想道德基础。如果没有共同的核心价值观，一个民族、一个国家就会魂无定所、行无依归。"由此可见，社会主义核心价值观是凝聚全民族的重要纽带，是全国人民达成价值共识的思想基础。能否构建具有强大感召力的社会主义核心价值观，关系社会和谐稳定，关系国家长治久安。

在此背景下，随着社会主义核心价值观教育在实践中深入展开，我们和一线的中小学教师以及校长们也越来越强烈地意识到，价值教育能否真正在中小学得以实现，其关键在于教师能否拥有自觉的价值教育意识：教师能否在任何时候、任何场合都敏感地觉察到价值教育的机会；教师能否以恰当的方式引导学生价值观的养成；教师能否随时随地意识到，自己与学生交往中的一言一行都将影响着学生的价值选择和价值判断。因此，激发、唤醒和提升教师的价值教育意识，将成为价值教育在中小学得以真正有效实现的关键。在此意义上，关注教师的价值教育意识及其培养，将成为价值教育研究的重要领域之一。

第一节　社会转型时期的价值危机与教师的价值教育使命

随着价值教育在具体教育实践中的深入开展，无论是价值教育的倡导者、相关学者、行政人员还是教师，都越来越清楚地意识到：教师能否拥有自觉的价值教育意识，将成为影响价值教育能否真正实现的关键因素。任何教育改革，"教师都是决定性因素"。"置于富有吸引力的背景下的富于想象力的、恰当的课程，可能会被试用教师不知不觉地弄成一团糟——另一方面，即使在最艰难的条件下，优秀的教师也可以激发年轻人发奋学习的热望。"①价值教育作为推动当今学校教育改革的重要力量，十分强调教师对自身应当承担的价值教育责任与使命的反思与重构。除非教师能够正视自己在教育改革中的主体角色，并且对自己的信念、价值、教育的理想以及外在环境的挑战有所觉知和领悟，而愿意突破习以为常的教学现状，愿意积极投入课程与教学的改革，否则学校的改进和课堂教学的改革是很难有实质性的变化的。②

一、反思价值多元主义与教师对学生"价值共识"的培养

伴随着经济全球化时代的到来，各种各样的价值观念不断地冲击着传统社会单一、统一的价值原则和观念。虽然价值的多元化能够使得我们的社会生活变得更加丰富多彩，文化氛围也日益开放和包容，然而缺失基本价值共识的价值多元化往往会导致价值相对主义、价值虚无主义。实际上，现代社会日益突出的价值追求"功利化"与"物质化"，以及人们在社会生活中表现出来的道德滑坡和对于是非善恶判断的价值冷漠，在其根本上都与现代社会缺失基本的价值共识和共同的价值信念及追

①　Sizer T，*Horace's Compromise*：*The Dilemma of the American High School*，Boston，Houghton Mifflin，1985，p. 180.
②　甄晓兰：《教师的课程意识与教学实践》，载《教育研究集刊》，2003(1)。

求有着内在的联系。

教育作为人类社会生活中十分重要的组成部分，在现代社会中同样不可避免地受到价值多元主义的各种不利影响。布列钦卡认为，当今教育是发生在分化的、不稳定的、充满张力的社会中的教育。这个社会具有太多的选择自由和太少的取向确定性，太少的外在监督和太多的自我负责，充满许多生活机会，同时对于精神健康也充满许多危险。这种条件下的教育比封闭社会和价值确定性时代的教育要远为困难。[①] 概括地讲，价值多元主义对学校开展价值教育主要的挑战在于认为价值是多元的、价值标准是不确定的，因此并没有统一的价值规范可以教给学生。

在多元、开放的现代社会中，人们的价值取向和价值追求可能是多元的，然而仍然有一些基本的价值规范、价值原则是人们应当共同遵守的。在此意义上，教育作为维系社会传承与发展的一种重要方式，其重要的责任和使命之一就是要培养年青一代对全人类所认同的基本价值、本民族所共同遵循的传统价值以及所在社会所提倡的核心价值的继承和认同。与此同时，年青的新一代也正是在这样的价值教育过程中，形成他们在现代社会中所拥有的正当的为人处世的生活方式。正如杜威在其"教育信条"的第一条中所指出的那样："我认为一切教育都是通过个人参与人类的社会意识而进行的。这个过程几乎是

---

① ［德］布雷钦卡：《信仰、道德和教育：规范哲学的考察》，彭正梅、张坤译，152页，上海，华东师范大学出版社，2008。

在出生时就在无意识中开始了。它不断地发展个人的能力，熏染他的意识，形成他的习惯，锻炼他的思想，并激发他的感情和情绪。由于这种不知不觉的教育，个人便渐渐分享人类曾经积累下来的智慧和道德的财富。他就成为一个固有文化资本的继承者。世界上最形式的、最专门的教育确是不能离开这个普遍的过程。"①

二、反思极端个人主义与教师对学生"价值理性"的培养

价值教育是对极端的个人主义的批判，是对片面强调"自我决定""反对权威""社会批判"和价值个人主义的教育思想的警惕与纠正。这种极端的个人主义主要源于这样一种前提假设：不受约束的自由选择和自我决定能力是最高的价值。它认为，每一个个体都不应该在儿童时代被灌输预先给定的规范，每一个个体都能够而且应当独立去认识和决定什么对自己有益。这种判断的唯一标准是个体自己的理性。② 正是在这种思想前提下，极端的个人主义通常表现为：希望摆脱既定的社会文化规范的束缚，不相信任何外在于个人的规定，以及批判社会和制度对个人的控制。

受此影响，这种极端的个人主义在学校教育中主要表现为质疑价值教育的必要性和可能性。它认为，教师不能给学生灌输统一的价值规范，教师应当尊重学生自主的价值选择，甚至

---

① [美]杜威：《学校与社会·明日之学校》，赵祥麟、任钟印、吴志宏译，3页，北京，人民教育出版社，1994。

② [德]布雷钦卡：《信仰、道德和教育：规范哲学的考察》，彭正梅、张坤译，141页，上海，华东师范大学出版社，2008。

提出这种问题：虽然价值是重要的，但是价值是能教授的吗？因为在这种极端的个人主义看来，价值是个人的、主观的事情，应当尊重学生自己的选择，并且认为价值素养的获得是个体在社会生活中自然发生的事情，而不是通过专门的教育教出来的。

然而，极端的个人主义者们忽视了学生的价值素质恰恰需要通过后天的学习才能获得。学生能够作出明智的价值选择、适当的价值判断，需要认真学习和理解相关的人类历史、文化、伦理和规范，需要系统地学习各门学科知识，由此才能获得对相关情况的充分了解，才能作出真正理性的价值选择，而这些通常都是通过正式的学习获得的。比如，学生真正形成对其他民族和文化的尊重和宽容，必须具备有关其他民族和文化的丰富了解和深刻认识，然而这种了解和认识通常并不能仅凭自己日常的经验而获得。由此可见，在学生缺乏扎实的基础知识和必要的价值理性的情况下，如果我们只是简单地让他们自己作出选择，学生常常会感到茫然而无所适从。他们或者只能完全按照狭隘的个人偏好行事，或者只是简单地盲从于流行的观点和做法。如果真是这样，我们的学校教育就是放弃了自己应当担负的教育职责。

三、反思科学主义与教师对学生"良好价值品质"的养成

价值教育还是对教育中科学主义导致的仅仅关注简单的知识内容传授和工具性的技术技能训练，而忽视对学生健全品格

和良好价值品质培养的反思和批判。因为科学主义强调要将一切对象都视为现存的客观事物来研究，所以教育中的科学主义就将教育仅仅限于向学生客观地描述和呈现这些客观事实，而忽视了实事和观念的价值层面。正如加拿大教育哲学家克里夫·贝克（Clive Beck）所指出的："教师的价值中立是不可能实现的……教师无时无刻不在传递价值，既通过他们的行为，也通过他们教授的内容。他们或许可以尝试，但他们不可能向学生隐瞒他们对生活的看法，他们教授的学术材料中也渗透着价值。"①其实，在向学生传授学科知识内容或某种技术技能时，教师的言行中始终会体现出自身的价值观念和价值理想。每一名学生也总是在教师的一言一行中直接地感受和体验着这些价值观念和价值理想，并且在这样真实、切身的感染和感受中逐渐形成自己的价值观念和价值理想。因此，价值教育强调学校教育不能继续忽视和回避教师在培养学生价值素养方面的责任。

在我国的中小学教育中，科学主义、功利主义的思想表现为"应试取向"下对教育的片面理解：以为教师只要把书本上的知识内容（主要是考试要考的知识内容）和应试技巧教授给学生就可以了，至于如何培养学生形成良好的价值观、如何帮助学生形成良好的生活方式则被视为教学之外的事情，或者是对教师日常工作之外的额外要求。然而，事实上，一方面，教师在与学生的日常人际交往中、在对待自己的教育教学工作的态度

---

① ［加拿大］克里夫·贝克：《优化学校教育：一种价值的观点》，威万学、赵文静、唐汉卫等译，160 页，上海，华东师范大学出版社，2003。

和行动中，以及在对学生提出的学习目标中，都体现着教师自身的价值选择，总会传递着某种价值观念。因此，教师自己的言行总会对学生的价值选择和判断形成某些影响。另一方面，教师所教授的学科知识内容本身也承载着人类文明的基本价值追求，中小学教育作为基础教育，正是要通过这些学科知识的教学不断丰富、提升学生自身基本的价值素养和品质。正如赫尔巴特提出的教育性教学原则强调的那样，不存在"无教学的教育"，也不存在"无教育的教学"。[①] 在这里，赫尔巴特实质上是强调了教学作为教育的核心，主张通过教学形成学生的思想，从思想中形成"性格的内在坚定性"，由此形成学生坚定的道德意志。由此可见，任何有教育意义的价值追求都需要通过具体的学科教学才能得以真正实现，而任何学科知识的教学又总是承载着赋有教育意义的价值追求的。因此，价值教育并不是学校教育教学之外的另一件事情，而是学校教育教学自身的应有之义。

在此意义上，价值教育的提出有助于我们重新审视我国的中小学教育。一方面，应当让教师自觉意识到自身的价值教育使命，不能继续忽视和回避培养学生价值素养方面的责任；另一方面，也应当充分展现学科知识教学所承载的价值教育意义，通过真正有效的课堂教学使学生拥有完满、丰富的人生追求和社会理想。

---

① ［德］赫尔巴特：《普通教育学·教育学讲授纲要》，李其龙译，12页，北京，人民教育出版社，1989。

第二节   教师开展价值教育的困惑与问题

我国各级各类学校都在积极开展社会主义核心价值观教育，一线教师们也在探索如何对学生进行有效的社会主义核心价值观教育。然而，我们通过对一线教师的调研发现，教师在开展价值教育的过程中存在的主要问题是：对进行价值教育的意义缺乏系统深刻的理解，对学生价值观念的养成规律缺乏有学理依据的理解。因此，教师在教育实践中会出现"贴标签"式的知识化说教式的价值教育方式。这不仅导致价值教育的效果差，而且会引起学生内心的抵触和反感。

具体而言，我国中小学校在进行价值教育的过程中存在的主要问题表现为以下三个方面：价值教育目标外在化、价值教育方式知识化、价值教育效果形式化。

一、价值教育目标外在化

价值教育目标外在化主要表现为教师往往不理解为何要进行价值教育，只是将某种价值观生硬地加入课程教学的目标之中。这使得价值观目标与实际的教学内容仍然是"两张皮"，缺乏内在联系和有机融合。教师们常见的做法是将教学目标分成知识技能目标和价值观目标，然后分成两个教学环节分别去实现。虽然有的教师也注意到教学目标的统一性，但其统一性通常是被分解之后再组合到一起，缺乏真正一以贯之的内在统一。由此导致的问题是：教师的教育教学将学生价值观的培养与学生知识内容的学习过程分离和割裂，从而造成教师对学生价值观的养成与教授的知识内容缺乏直接的、内在的联系，或者所教授的并不是本学科、本节课自身应当体现的价值观。当这样的价值教育外在于教师所教内容本身，并不是自然而然地从所教内容本身内在地生发出来，而是教师额外、生硬地加上的时候，学科教学与价值教育就成了"两张皮"。对于教师而言，价值教育也就不可避免地成了学科教学之外的一件事情，甚至是一种额外的负担。

二、价值教育方式知识化

价值教育方式知识化表现为教师往往会将某个价值观念当作知识内容，以抽象的、说教的教学方式教给学生。实质上，通过这种知识化的价值教育方式，学生只是知道了关于某种价值观念的知识，或了解了一些具体的方法，但是内心缺少真实的感受和体验，并没有真正理解和认同这一价值观念，所以在今后的学习和生活中很难真正践行这样的价值观念。

杜威曾深刻揭示过"关于道德的观念"的教育和"道德观念"教育之间的本质区别，他指出，"关于道德的观念"的教育即教师只让学生知道一些关于道德的概念、方法、知识，比如"关于诚实、纯洁或仁慈的知识中，没有使这些观念自动地转变为良好的品格或良好的行为的性质"[1]，最终其效果必然是"缺乏

---

① ［美］杜威：《学校与社会·明日之学校》，赵祥麟、任钟印、吴志宏译，142 页，北京，人民教育出版社，1994。

活力的和不起作用的"。与之相反，杜威强调教师应当培养学生的"道德观念"。他说"凡是能够影响行为，使行为有所改进和改善的观念就是'道德观念'"，而这种"道德观念"必须是"用这样一种充满活力的方式获得的"。① 我们由此来反思教师在进行价值教育中所面临的困境，其实也存在杜威揭示的这种问题。这种"贴标签"式、知识化、"不走心"的价值教育方式，其实只是教给学生"关于价值观念"的知识与方法，并没有真正让这些知识与方法转变为学生良好的价值品质和行动能力。真正有效的价值教育应当让学生形成价值观念，从而形成价值敏感性、判断力和行动能力。

我曾经听过一位教师上的一节班会课。这节班会课以"沟通"为主题，教师首先向学生介绍了沟通的定义，接着列举了沟通有哪些重要的意义，然后告诉学生沟通可以采取哪些方法和技巧，最后让学生举例子谈谈在与同学交往过程中如何进行沟通，希望由此教会学生在学习和生活中应用这些沟通的方法和技巧。然而，即使学生知道了关于沟通的知识和技巧，也往往因为内心缺乏真实的感受和体验，而不清楚为何要学会与人沟通，以及在具体的情境中如何才能更好地与人沟通。

真正有效的价值教育并不是从认识上向学生灌输一些关于价值原则的知识内容，也不是让学生在了解关于某些价值原则的定义、规则、方法后就去实际运用和操作。教师应当让价值

①　[美]杜威：《学校与社会·明日之学校》，赵祥麟、任钟印、吴志宏译，142 页，北京，人民教育出版社，1994。

教育引起学生内心丰富的感受和体验，让价值原则成为学生内在的意识和体验，真正理解价值原则在学习和生活中的意义，从而调动主动性和积极性，在学习和生活中真正追求和践行这些价值原则。

三、价值教育效果形式化

外在化、知识化、"不走心"的价值教育必然导致价值教育效果形式化。苏霍姆林斯基就曾经对这种形式化的价值教育提出十分尖锐的批评："儿童、少年、青年所讲的他们怎样热爱祖国并准备为祖国而牺牲的那些言词本身，并不总是可以作为衡量爱国主义教育程度的真正标准的；教育的高明之处就在于，不要使我们的学生毫无热情地、不加思索地说出这些话来。因此，我们认为，坚决不要组织这样的竞赛，看谁把自己热爱祖国的感情说得（或写得）最漂亮。教学生说热爱祖国的话，而不去教学生热爱祖国，这是令人不可理解的事。"①

然而，让苏霍姆林斯基感到"令人不可理解的事"，在我们今天的价值教育中还在不断地上演着。教师们有时花了非常多的精力组织有关价值教育的活动，但常常只是"开大会，谈认识，表决心，喊口号，贴标语，唱高调"。这样的教育方式很难让价值观真正打动学生，学生难以内化在自己心里，也就不会真正落实在行动中。学生往往是嘴上说一套，心里想一套；在教师面前做一套，背着教师做另一套。这样的价值教育实际

---

① 蔡汀、王义高、祖晶：《苏霍姆林斯基选集（五卷本）. 第 1 卷》，176 页，北京，教育科学出版社，2001。

上已经沦为虚伪、虚假的"反面教育",最终就不可避免地导致价值教育效果形式化。

我曾在一所小学见到教师组织学生以"关爱我们的家园,倡导绿色的生活方式"为主题进行演讲比赛,希望以此来丰富学生的环保知识,培养学生良好的环境道德观念,树立学生的环境保护意识。学生在讲台上讲得滔滔不绝,在讲到如何从身边做起来保护我们的环境时提出了许多种绿色生活方式,许多学生还提出今后不用一次性筷子。但是,下课之后吃饭时,大家又若无其事地拿起了一次性筷子。

第三节　教师重构价值教育的超越之道: 基于发生现象学的视角

教师如何才能超越标签化的价值教育方式,真正培养学生的价值观念呢?要获得对此问题的深刻理解,还需要将这一问题往更深层次去追问:学生的价值观念是如何形成的?人类社会为何有价值观念产生?社会核心价值观念在人类社会发展历程中有何重要意义?价值教育是如何产生和发展的?学生价值观念的形成有着怎样的规律?价值教育应当遵循哪些基本原则?通过这一系列追根溯源的问题,我们真正弄清价值教育的必要性,以及进行价值教育的可能性。这种"回溯式追问"人类精神历史的发生与构成的方式,正是发生现象学的基本态度与方式。

由此可见,教育领域出现的危机,在其哲学思想根源处有深刻的问题实质揭示。现象学关于人的意识/观念发生的原初形态与内在结构的发生学研究，将为我们重新理解学生价值观念的发生与养成开辟新的道路与方向。

一、"回溯式追问"作为发生现象学的基本方法

胡塞尔(Edmund Husserl)在《关于几何学的起源》①中提出一种全新的现象学方法——"回溯式追问"②，这也是胡塞尔后期发生现象学的方法论特征。胡塞尔在《关于几何学的起源》中提出的"回溯式追问"意味着"回溯留传下来的几何学的原初的意义，几何学正是以这种原初的意义继续有效——继续有效，同时继续被发展，并且在一切新的形态中仍然是'这唯一的'几何学"③。因此，"回溯式追问"实质上是一种彻底的哲学反思。胡塞尔以追溯几何学原初意义作为例证，从而追溯使整个人类的认识、文化与历史得以起源、发生、发展起来的原初意义。德里达(Jacques Derrida)高度评价这种"回溯式追问"的发生现象学方法，他指出：这种奇特的"回问"系列正是《几何学的起源》所勾勒的运动，也正是在这里，这部作品像胡塞尔所说的那样，具有一种"例证性的意义"。④

---

①　见商务印书馆 2011 年出版的《欧洲科学的危机与超越论的现象学》，444～477 页。

②　"回溯式追问"的德文是"Rückfrage"，英文为"return inquiry"，国内有学者将其翻译为"回问""回溯式探问""回溯"等，本书采用王炳文先生翻译的《欧洲科学的危机与超越论的现象学》中的译法，即"回溯式追问"。

③　[德]胡塞尔：《欧洲科学的危机与超越论的现象学》，王炳文译，445 页，北京，商务印书馆，2011。

④　[法]雅克·德里达：《胡塞尔〈几何学的起源〉引论》，方向红译，125 页，南京，南京大学出版社，2004。

在胡塞尔看来，人类的历史和文化并不是各种杂乱无章的历史事实的简单堆砌，而是有其"最初据以出现——必然据以出现"的原初意义。"正是按照这种意义"，它们"在过去生成，并且从那时起，在数千年间作为传统而存在，而且现在对于我们来说，仍然以生动的继续起作用的形式存在着"①。因此，"历史从一开始不外就是原初的意义形成和意义沉淀的共存与交织的生动运动"②。"我们人类的存在是在无数的传统之中运动的。整个文化世界就其全部形态而言，都是作为由传统构成的东西而存在的。"③由此可见，这些历史和传统构成的人类文化世界作为每个参与其中的个体的"地平线"，构成开放的"世代链条"。人类社会的历史和文化正是以这样一种"意义形成"和"意义沉淀"的方式不断地传承和创新。

胡塞尔之所以要特别提出这种"回溯式追问"的态度和方式，其根本动机正在于："回溯一切认识和科学在主观性中的最终来源问题，并通过对科学和人类精神生活的现象学奠基而最终克服近代客观主义带来的科学和整个人类精神生活的危机。"④发生现象学正是要批判客观主义和技术理性只关注作为结果的科学知识和技术，而"遗忘了"使得自然科学知识和技术

---

① ［德］胡塞尔：《欧洲科学的危机与超越论的现象学》，王炳文译，446 页，北京，商务印书馆，2011。
② ［德］胡塞尔：《欧洲科学的危机与超越论的现象学》，王炳文译，468 页，北京，商务印书馆，2011。
③ ［德］胡塞尔：《欧洲科学的危机与超越论的现象学》，王炳文译，446 页，北京，商务印书馆，2011。
④ 张昌盛：《对历史的现象学的发生学研究如何可能?：胡塞尔对几何学和近代物理学意义起源的现象学沉思》，载《中国社会科学院研究生院学报》，2009(6)。

得以产生的原初意义，并由此造成科学主义的傲慢和技术理性的僭越。胡塞尔指出，正是因为近代以来的科学主义态度，让概念、逻辑、方法和技术代替了使这一切得以产生的原初意义，由此"使人们越来越远离起源，并且使人们对于起源的问题，并因此对于整个科学本来的存在意义与真理意义变得无动于衷了"①。而这正是欧洲科学危机的本质所在。

二、发生现象学如何展开"回溯式追问"

胡塞尔在《关于几何学的起源》中主要基于认识发生过程的内在逻辑而展开"回溯式追问"：人类的认识是如何发生与发展起来的？原初意义在人类认识的发生与流传过程中为何具有本原性意义？原初意义如何超越个体的主观性成为主体之间的共同存在，而具有"观念的客观性"？原初意义如何超越时间、空间而成为有历史流传的世代存在？原初意义在历史流传中如何实现意义增殖，构造出新的精神构成物，并始终保持传承过程中的统一性？

第一，所有的认识成果都不是理所当然、不言而喻地现存于世界之中的，人类的一切认识（包括学科知识在内）都具有使得其必然据以产生并继续发展的原初意义。胡塞尔指出："我们的兴趣应该是追溯一种最原初的意义，正是按照这种意义，几何学在过去生成，并且从那时起，在数千年间作为传统而存在，而且现在对于我们来说，仍然以生动的继续起作用的形式

① ［德］胡塞尔：《欧洲科学的危机与超越论的现象学》，王炳文译，462 页，北京，商务印书馆，2011。

存在着。"①

发生现象学所说的原初意义，其"原初性"并不是指物理时间上的"在先""在前面"，而是指一种逻辑在先性。胡塞尔明确指出，对于几何学起源的探询"在这里不应被看作文献学的——历史的探询，也就是说，不应被看作要查明那些实际上提出纯粹几何学命题、证明、理论的最早的几何学家们，查明他们发现的某些命题，如此等等"②。这意味着发生现象学追溯原初意义并不是要考证某个最早的历史事实，如不是追问是谁提出了第一个价值观问题，而是一种哲学意义上的本原性追根溯源，追问的是使得价值观"最初据此出现——必然据以出现的"意义之源究竟是什么，追问人类社会为何需要达成一些价值共识。所以，"原初意义的发生"是使认识成果得以产生的前提和起点，人类所有的认识成果、理性和技术都不是理所当然、不言而喻地现存于世界之中的，而是都有其得以产生的内在意义源泉。

因此，原初意义不是某种物理事实性存在，而是一种原初的意向性追求，拥有构成性的力量。我们可以通过"种子长成大树"这一比喻来理解何谓原初意义：原初意义不是任何事实性的"树根""树苗""树枝"或"树叶"，而是使"种子"能够长成

---

① ［德］胡塞尔：《欧洲科学的危机与超越论的现象学》，王炳文译，446 页，北京，商务印书馆，2011。

② ［德］胡塞尔：《欧洲科学的危机与超越论的现象学》，王炳文译，446 页，北京，商务印书馆，2011。

"大树"的"基因"。从其物理外形来看，从一开始的微小"种子"到后来的"参天大树"，其外在形态不断发生着变化，但是其中能够"一以贯之"并拥有构成性力量的是其具有"种子"长成"大树"的"基因"。

第二，原初意义虽然源自人的观念，但是它并不是某个个人的心理存在，而是对于每一个人都客观存在着，即具有"观念的客观性"。实质上，这强调了原初意义的建构具有交互主体性和意义理解的公共性。胡塞尔曾举例说，几何学中的毕达哥拉斯定理(勾股定理)无论用哪国文字书写，"它是对'每一个人'(对于现实的和可能的几何学家或那些懂得几何学的人)都客观地存在着的东西的那种存在"①，大家对此拥有共同的意义理解。

第三，通过"意义的唤醒与激活"，原初意义能够超越时间、空间而在主体之间共同存在。当我们原初的意义体验发生之后，它没有完全消失，"并没有变成虚无，它可以再被唤醒"②。通过人们的回忆、移情和语言文字表达，"已经过去了的经验活动仿佛被重新生动地体验到"③，从而使得在这种重复活动的理解链条中，原初意义"作为对所有人都是共同的一个

---

① ［德］胡塞尔：《欧洲科学的危机与超越论的现象学》，王炳文译，449页，北京，商务印书馆，2011。
② ［德］胡塞尔：《欧洲科学的危机与超越论的现象学》，王炳文译，453页，北京，商务印书馆，2011。
③ ［德］胡塞尔：《欧洲科学的危机与超越论的现象学》，王炳文译，453页，北京，商务印书馆，2011。

构成物被意识到"①。

第四，通过"意义的流传与增殖"，原初意义能够实现代际的传承和创新。原初意义在其历史流传过程中，并不是简单重复过去已有的意义理解，而是随时随地都处于不断创新之中，不断有新的意义理解产生出来。这样，人类社会的历史文化生活才会越来越丰富多彩，不断推陈出新。意义的创新、发展过程正是"意义增殖"的过程，"科学思维根据已经获得的成果获得新的成果，而这种新成果又为更新的成果奠定基础，如此等等，——这乃是一种意义流传增殖的统一过程"②。

第五，原初意义的激活与唤醒有其前提条件，即承载原初意义的概念符号和逻辑形式不能遮蔽其原初意义。因为原初意义是使得这一切概念符号和逻辑形式得以产生的前提，人们将意义赋予这些概念符号和逻辑形式。于是在历史流传的过程中，人们可以通过直接使用概念符号和逻辑形式实现关于原初意义的理解与交流。但是，胡塞尔提醒我们需要时刻注意的问题是，要谨防人们用概念符号和逻辑形式完全代替原初意义，从而导致原初意义的流传过程变成"空无意义的传统"③。然而，这种概念符号和逻辑形式遮蔽、代替其原初意义的情况在现实

---

① ［德］胡塞尔：《欧洲科学的危机与超越论的现象学》，王炳文译，454 页，北京，商务印书馆，2011。

② ［德］胡塞尔：《欧洲科学的危机与超越论的现象学》，王炳文译，457 页，北京，商务印书馆，2011。

③ ［德］胡塞尔：《欧洲科学的危机与超越论的现象学》，王炳文译，462 页，北京，商务印书馆，2011。

社会生活中普遍存在，这正是技术理性的根本症结所在，也是传统价值教育的根本问题所在。

三、发生现象学之于价值教育的方法论意义

发生现象学回溯和追问人类一切认识成果得以产生的原初意义，对于价值教育研究具有重要的方法论意义。价值观作为人类认识的成果之一，同样有其产生的原初意义。发生现象学将启示我们克服客观主义、技术主义思维方式的束缚，从原初意义发生的维度重新理解价值教育应当教什么和怎么教。

首先，教师应当克服客观主义和技术主义的思维方式。基于发生现象学的视角，我们发现教师之所以将价值教育简化为"关于价值观的知识和方法"的教育，其根本原因在于教师的思维方式仍然受到近代以来的技术理性的束缚，将价值观视为既定的事实性存在，以为价值观的学习是对现成的价值观知识和方法的学习，而遗忘了激活与唤醒使价值观念、知识和方法得以产生的原初意义。胡塞尔曾指出，技术理性让科学知识、理性和技术代替了使这一切得以产生的原初意义，由此"使人们越来越远离起源，并且使人们对于起源的问题，并因此对于整个科学本来的存在意义与真理意义变得无动于衷了"[①]。由此可见，技术理性的根本问题不在于其过于强调理性和技术的作用，而在于其不言而喻地假设了科学知识、理性和技术存在的优先性和既定性，忽视了使科学知识、理性和技术得以产生的

[①] ［德］胡塞尔：《欧洲科学的危机与超越论的现象学》，王炳文译，462 页，北京，商务印书馆，2011。

原初意义，并且由此使这种原初意义在历史的沉淀、流传过程中成为空洞的形式、抽象的符号或操作化的技术，从而导致人们思维方式日益概念化、教条化和技术化。

正是受到技术理性思维方式的禁锢，在价值教育中，教师只是将价值观视为既定的或现存的事实性存在，而没有真正理解使这些价值观得以产生的原初意义，原本意义丰富的价值观被抽象为概念化的知识或操作化的方法。因此，在具体的价值教育过程中，原本鲜活生动的价值观传承变成了抽象的符号记忆或技术化的方法操作训练。于是，价值观的原初意义不能被激活，年青的一代不能真切地体验和感受到这些价值观的意义，不能发自内心地理解和认同这些价值观，由此导致了价值教育中出现"知而不信，知而不行"的问题。

其次，教师应当从价值观产生的维度重新理解价值教育的内容，这将让我们从价值观发生的源头处重新思考价值教育究竟应当教什么。

胡塞尔指出，虽然"传统"有了数千年的历史，但原始的意义却一直没有暴露出来。更重要的能力不是接受现成观念的能力，而是在"根子"处重新激活的能力，那是一种重新开辟出发点的能力、断裂的能力，是创造性的真正寓所、一切后来的意义的精神源泉。要传承创建而非接受的能力。① 正是基于发生现象学的方法论态度，我们不能把价值观念当作不言而喻的现

---

① 尚杰：《从胡塞尔到德里达》，80 页，南京，江苏人民出版社，2008。

成的知识或方法，理所当然地接受和遵循，而要将价值观念作为人类的文化成果，它们是人类精神活动的创造之物，因此要追问使价值观念得以产生的原初意义。正是在此意义上，价值教育要传承的不是接受现成价值观念的能力，而是激活与唤醒年青一代重新思考和真正理解使价值观念得以产生的精神源泉，从而真正形成对价值观念的敏感性、理解力、判断力和行动力。

最后，教师应当从学生价值观发生的维度重新理解价值教育的方式。这将让我们重新思考进行价值教育的方式，价值教育的关键在于如何激活与唤醒价值观念的原初意义。

基于发生现象学，真正有效的价值教育方式并不是让学生死记硬背价值原则，而是以直观形象的方式呈现价值教育的内容，让学生真正体验与理解价值原则的原初意义，并发自内心地去践行。因此，价值教育的关键就在于在年青一代心中激活与唤醒价值观念的原初意义，让学生真切地体验和感受到这些价值观念之于人类社会以及自己生活的意义。正如宁虹教授指出的："教师的职责就是使用这个呈现出来的材料激活内蕴其中的原初意义，使学生在整体的统觉中同时感知知识的内容及其原初意义，以及它们之间的联系，构成他们认识的发生。"[①]

由此可见，基于发生现象学的视角来理解教师价值教育意识及其养成，意味着对所有根本性的问题都需要追问其得以产生

---

① 宁虹：《教育的发生：结构与形态：发生现象学的教育启示》，载《教育研究》，2014(1)。

与发展的原初意义，并以此方式内在地展开问题的研究与论证。

本书的正文共四章，其基本内容和内在逻辑如下。

第一章追溯价值观的起源与发生。从人类社会发展的历史源流中，回溯和追问人类社会为何需要有社会价值观的产生以及达成价值共识的必要性和可能性，由此帮助教师真正理解"为何要进行价值教育"。

第二章追溯价值教育的产生与发展。通过追问价值教育兴起的原因、价值教育的内涵，帮助教师真正理解价值教育应当"教什么"，以及通过深入理解学生价值观形成的规律和特点，理解价值教育的基本原则、途径和方法，由此帮助教师理解价值教育究竟应当"怎么教"。

第三章是关于教师的价值教育意识之理论建构。基于现象学关于"意识"本质特点的理解，阐述了作为动力之源的教师的价值教育意识的基本特征；基于教师专业伦理和专业能力两个基本维度，深入理解教师的价值教育意识的内在构成。

第四章论述了教师价值教育意识的培养。通过呈现本科师范教育现状，反思本科师范教育在对师范生的价值教育意识养成方面产生的积极影响及存在的问题；通过对"中国价值教育联盟学校"(SUVEC)的实践案例分析，探索职后教师价值教育意识的有效培养方式。本书由此提出有效培养教师的价值教育意识的可行性建议。

第一章
追溯价值观的起源与发生

基于发生现象学的视角，为了能够在学生心里真正激活与唤醒价值观的原初意义，教师需要在人类社会发展的历史源流中回溯和追问人类社会为何需要产生社会价值观，以及社会价值观如何内化为个体价值观，并在此意义上让学生真正理解社会价值观的原初意义追求及其产生的必要性和可能性。这些关于社会价值观产生的本原性和前提性问题的讨论，将会帮助教师真正理解价值教育的必要性与可能性。

第一节　社会价值观的产生

面对丰富、多元的价值观时，我们有没有认真思考过：人类社会的价值观是如何产生的？价值观作为人类精神文化的历史与传统是怎样被创造出来的？它们又是如何传承至今并且仍在不断发展创新的？

其实，人类对一切事物的起源都十分好奇。"在一定意上，我们每个人都是一个直觉主义哲学家，都会自然而然地想知道，某种事情是如何诞生的，而不会先去假设它必定永恒永在的。对于人类为何会出现在道德世界的地平线上这个问题，不同的人会给出截然不同的答案，有些答案甚至显得色彩缤纷，非常迷人。"①基于不同的思维方式，人们对此问题的理解与回答也许并不会完全相同。

一、重新理解个体价值观与社会价值观的关系

价值观是价值教育中的核心概念，它包括个体价值观和社会价值观两个层面的含义。个体价值观是个体在与他人交往和相处的过程中遵循的正当性原则和个体行为准则。社会价值观是社会成员为了协调与规范彼此行动而形成的价值共识和公共行为准则。从社会价值观的构造体系而言，其又可以分为核心价值观和一般价值观。核心价值观是社会价值观体系中起主导和支配作用的价值观。一般价值观是从属于核心价值观并受核心价值观决定或支配的价值观。② 由此可见，我国现阶段提倡的社会主义核心价值观是体现当代中国特色社会主义的社会核心价值观，其实质上属于社会价值观。

就个体价值观与社会价值观的关系而言，二者并不是各自孤立存在的，而是在社会交往关系中相互形塑和影响的，即个体价值观的产生离不开社会价值观的影响，同时，社会价值观

---

① [美]克里斯托弗·博姆：《道德的起源：美德、利他、羞耻的演化》，贾拥民、傅瑞蓉译，360页，杭州，浙江大学出版社，2015。

② 韩震：《社会主义核心价值观凝练研究》，7页，北京，北京师范大学出版社，2012。

的真正实现需要最终内化于个体价值观之中。具体而言，一方面，个体价值观从一开始就渗入了社会价值观的影响。个体与他人的社会交往生活构成了个体价值观得以形成的互动共享的价值视域。另一方面，社会价值观需要落实、内化于个体的价值观之中，以便真正成为社会成员愿意信奉和自觉遵守的价值共识和公共行为准则。

从历史上看，人类社会之所以会形成一定的社会价值观，形成一定的价值共识和公共行为准则，主要源于人类在社会发展历史中需要大规模的长久合作，以及协调交往关系的现实需求。与此同时，人们富有智慧和创造性地达成了某些重要的价值共识，形成了一定的社会价值观，并且没有随着上一代人的离世而消亡，而是成为人类社会宝贵的精神文化财富，不断地传给下一代。因此，能够有效传承社会价值观并让年青一代发自内心地认同社会价值观，正是价值教育的根本使命。也正是通过价值教育，个体与社会的价值追求得以连接，个体与公民的身份得以合二为一。

二、追溯社会价值观的原初意义

如前所述，社会价值观的原初意义并不是现成地存在于某个地方等着发现的某个东西。我们应当从"种子长成大树"的维度，将社会价值观的原初意义理解为使人类社会的各种价值观逐渐产生和发展起来的"基因"。社会价值观的原初意义是使得人类社会从一开始一直到现在能够建构起各种价值观的原初意向追求，这就意味着：正是由于有这样的原初意向追求，不同社会历史时期、不同社会群体的成员之间才会达成一定的价值共识。

(一)社会价值观的产生奠基于共同体化的生活世界

生活世界作为一切认识得以产生的意义之源，意味着"人在世界之中生活"，并对周遭的世界有着直接的知觉与体验，这正是人最原初、最本真的存在方式。但是，这里的"人"指代的是"我们"，即"我们在世界之中生活"。正如胡塞尔所言："世界不仅是为个别化了的人而存在，而且是为人类共同体而存在，更确切地说，只是通过将直接与知觉有关的东西共同体化而存在。"①因此，生活世界是我们大家置身其中的共同体化世界。所谓共同体化，即通过人与人之间相互意义理解的发生而获得了"意义的公共性"，人们达成了观念的共识，形成了共同体化的世界。由此可见，我们总是与他人一起生活在这个共同体化的世界之中。

(二)社会价值观的实质是价值共识的达成

人类社会结成利益相关的共同体，必然会达成一些价值共识，并形成一系列的价值规范和价值体系。价值共识应当具有以下特征。

一是具有多元价值观的公共性。共识是以多元主体为前提

① ［德］胡塞尔：《欧洲科学的危机与超越论的现象学》，王炳文译，206 页，北京，商务印书馆，2011。

的，并在多元主体的价值追求中形成公共性的价值理解。

二是具有交互主体的建构生成性。价值共识不是某种现成的结论，而是需要主体之间通过价值澄清、沟通、协商而建构生成的共同观念。

三是具有基于情境的历史发展性。价值共识达成后不是一成不变的，它会随着具体社会情境而发生历史性变化与发展。

所以，社会价值观作为价值共识，是人们在共同的社会生活中为了协调和凝聚多元主体的思想和行动不断建构起来的对于某些基本价值观念的公共性认同。因此，能够真正成为人们价值共识的社会价值观，一定是那种既能立足于个体的价值追求又能被广泛接纳的体现着价值共识的价值观。

（三）社会价值观的原初意义始于"我们如何生活在一起"的意向性追求

按照古典伦理学的理解，人与人之间之所以愿意达成价值共识并认同一定的社会价值观，源于其能够满足人们对于幸福生活的追求。然而，"每个人的幸福都取决于他人，幸福和痛苦，都是他人给的，因此，幸福是一个关系问题"[①]。由此，我们需要基于我们总是与他人"共同在世"的"关系性思维"，来理解使得社会价值观得以产生的原初意义。因为我们总是要与他人在一起共同追求美好幸福生活，所以社会价值观的原初意义就起源于"我们如何生活在一起"的原初意向性追求。正如有学

---

① 赵汀阳：《普遍价值和必要价值》，载《世界哲学》，2009(6)。

者指出的那样，人类文明的终极问题并不是流行的观点——
"人应当如何生活"，而是"我们如何生活在一起"。① 如果按照
"人应当如何生活"这一价值命题的逻辑，每个人都有自己的
"应当"，因而每个人在价值选择上都是自由的，而抽象的价值
自由的后果是价值的混乱和失序，不仅失去依赖或家园，而且
失去生活在一起的伦理能力，这便是当今西方社会所遭遇的伦
理认同与道德自由之间难以调和的矛盾。②

　　本书主要基于"共在性"和"关系性"思维方式，提出"我们
如何生活在一起"这一本原性的意向性追求，作为关于社会价
值观的原初意义的一种可能性回答。实际上，正是基于"我们
如何生活在一起"这一原初的意向追求，我们才能够真正理解
为何人类社会在不同的历史发展阶段总会提倡一些大家应当共
同遵循的价值观，并达成一些基本的价值共识。换言之，古往
今来的人类社会总是会坚守一些基本的价值观，以及现代社会
仍然需要提倡一些社会核心价值观，都是源于"我们如何生活
在一起"这一原初的意向追求。对于国家提倡的社会主义核心
价值观，我们完全可以理解为全体中国人关于我们应当如何与
他人、与社会、与国家生活在一起而达成的价值共识。

三、价值共识的达成

　　在"我们生活在一起"建构人类社会的过程中，我们为何需

---

① 樊浩：《"我们"，如何在一起?》，载《东南大学学报(哲学社会科学版)》，2017
(1)。

② 樊浩：《"我们"，如何在一起?》，载《东南大学学报(哲学社会科学版)》，2017
(1)。

要达成一定的价值共识？这就需要我们认真思考价值共识得以形成的社会基础与思想根源。

德国现象学家黑尔德（K. Held）教授曾指出，人的行动具有以下两个根本特点。

其一，人的行动总是具有主体的自由意识，但是在共同行动中，这个主体意识又是受他人的意识与行动限制的。如果"我"有意识地让自己受某些意图的引导，那么"我"的"做"就不是一个单纯的行为举止，而是一个行动。这个"做"的第一个基本特征在于，它伴随着对"我"的决定自由的意识。但这个意识是受限制的，因为"我"每次只能支配有限数量的行动可能性。这些可能性通过"我"的行动的视域而对"我"预先标识出来，而这些视域则通过相关的习惯而以非对象的方式为"我"所熟悉。①

其二，人的自由意识总是在与他人的交往行动中实现的，因为"我"并不是孤零零地存在于世界之中的，而总是和"他人"共同在世界上生活，"我的行动始终是一种与他人的共同行动……伦理是对人而言的善，因为它保证了这种共同行动的成功"②。因此，"我的行动意识的第二个基本特征在于，我知道：我的行动是在与他人的交往中进行的，他们是与我一样的行动生物。这一点始终有效，无论在某个由我进行的行动过程中是否有他人在场。我与那些因此而始终伴随在我的行动中的他人之间有无法逾越的距离，因为他们的习惯和视域不同于我自己

---

① ［德］黑尔德：《对伦理的现象学复原》，涤心译，载《哲学研究》，2005(1)。
② ［德］黑尔德：《对伦理的现象学复原》，涤心译，载《哲学研究》，2005(1)。

的。若非如此，他人就不是'他人'，而是一个我自己的复制品了。故而我对他人未来行为的期待原则上是不确定的"①。正是由于这种主体间性之间存在着的区别与不确定性，人与人之间的行动才必须建立起可靠性的信任。于是，"我只能抱着这样的信任来行动，即被意图的我的行动的未来结果通常也会按时出现。但是，由于行动植根于主体间的关系中，因而这些未来结果也一同依赖于他人，并且因此而是不确定的"。这种不确定性只能由以下一点而得到补偿，"即他人会以某种可靠性……来充实我对他们的行动所抱有的期待。由于他人通过他们的习惯而意识到他们从中获得行动可能性的那些视域，我对他们的可靠性的信任就只可能建立在这样一种基础上：某些习惯对他们来说已经成为恒久的自明性，亦即成为一种承载着他们的行动的态度。一些由于其属性而从一开始就有损于对他人行动之可靠性的信任态度，在这里不被考虑，而另一些强化这种信任的态度，则在主体间得到特别的鼓励"。②

由此，黑尔德教授深刻地指出，德性受到赞誉"是因为它们在共同行动中确保了可靠性，并且因此而确保了'被引领的生活'的成功"。"在我的行动中，他人从一开始便参与其中；我的行动始终是一种与他人的共同行动，即便在我独自的时候。伦理是对人而言的善，因为它保证了这种共同行动的

---

① ［德］黑尔德：《对伦理的现象学复原》，涤心译，载《哲学研究》，2005(1)。

② ［德］黑尔德：《对伦理的现象学复原》，涤心译，载《哲学研究》，2005(1)。

成功。"①

正是在此意义上，我们可以看到，人类社会中达成价值共识的重要原因在于以下三个方面。

首先，价值共识给予了个体行动的安全感和秩序感，确保了人们在共同行动中的可靠性。价值共识的达成之所以重要，是因为它们在共同的行动中确保了可靠性，并且因此而确保了"被引领的生活"的成功。②

其次，价值共识为个体的价值判断和价值选择提供了方向感和意义感，让人们在共同行动中知道什么值得做和什么不值得做。"知道你是谁，就是在道德空间中有方向感；在道德空间中出现的问题是，什么是好的或坏的，什么值得做和什么不值得做，什么对你是有意义的和重要的，以及什么是浅薄的和次要的。"③

最后，价值共识不仅具有逻辑上的必然性，而且具有经验上的真实性。正如当代伦理学家麦金太尔（Alasdair MacIntyre）指出的那样：我们不能想象存在这样一个人类群体，在那里没有受规则支配的行为，并且，在那里制约着行为的规则不需要说真话的准则，不需要有关正义、所有权等准则，我们之所以不能这样想象，是因为我们要正确地把它描述为一个人类群

---

① ［德］黑尔德：《对伦理的现象学复原》，涤心译，载《哲学研究》，2005(1)。
② ［德］黑尔德：《对伦理的现象学复原》，涤心译，载《哲学研究》，2005(1)。
③ ［加拿大］泰勒：《自我的根源：现代认同的形成》，韩震等译，38 页，南京，译林出版社，2001。

体，那就必须满足最低限度的概念条件。人类社会以语言为先决条件，而语言必须遵守规则，要遵守规则，必须有说真话的准则。人们常指出，说谎作为一种人类行为，在逻辑上是以说真话的准则为先决条件的。[①]"有一些规则，没有它们的话，人类生活根本就不会存在，还有另一些规则，没有它们的话，人类生活甚至不会以一种最低限度的文明方式继续下去。"[②]

由此可见，从人类社会产生开始，人们一直都在不断地回答和解决"我们如何生活在一起"这一基本问题。人们为了交往活动的顺利开展，并使得社会群体的文明生活方式能够持续下去，就一定会达成一些价值共识，并使其成为社会成员共同遵守的行为准则，由此形成协调公共生活关系的社会价值观。

第二节　价值共识达成的可能性

价值共识达成究竟何以可能？本节我们将进一步讨论以下几个方面的问题：价值观的原初意义如何超越个体的主观性，成为主体之间的共同存在，而具有"观念的客观性"？社会价值观如何超越时间、空间而成为有历史流传的世代存在？价值观在历史流传中如何实现意义增殖（构造出新的价值观念），并始终保持这一过程的统一性？价值观的原初意义在历史流传、增

---

① ［英］麦金太尔：《伦理学简史》，龚群译，139～140页，北京，商务印书馆，2003。

② ［英］麦金太尔：《伦理学简史》，龚群译，149页，北京，商务印书馆，2003。

殖、沉淀的交织过程中，面临着怎样的威胁？它们如何使其成为抽象的形式、空无意义的传统，并由此导致了价值教育的重重危机？

一、价值共识的根本特征："观念的客观性"

人与人之间之所以能够达成价值共识，是因为价值共识具有"观念的客观性"。胡塞尔现象学中所谓"观念的客观性"，指的正是原初意义虽然源于人的观念，但是它并不是特定的某个人的心理存在，而是对于每个人而言都是公共存在着的，每个人都能理解其意义，因此具有客观性。实质上，这是强调了价值共识的达成具有交互主体性和意义理解的公共性。

正如同一时期的不同人类社会群体或者不同时期的人类社会群体达成的价值共识的具体内容并不完全相同一样，我们总是能够看到每个时期的人类社会一定会有价值共识的达成，并且有一些基本的价值原则成为古往今来人们普遍遵循的行为准则。比如"伦理金规则"："己所不欲，勿施于人。"

胡塞尔曾以几何学为例具体解释说："毕达哥拉斯定理，甚至整个的几何学，只存在一次，不管它怎样经常地被表达，甚至也不管它以什么样语言被表达。它在欧几里得'原本的语言'中和所有的'译本'中，都是同一的东西……在每一种语言中它仍然是同一的。"①现象学提出"观念的客观性"，实质上指出了包括几何学观念、价值观念在内的所有原初意义的发生并

① ［德］胡塞尔：《欧洲科学的危机与超越论的现象学》，王炳文译，450页，北京，商务印书馆，2011。

不是某个人内心中个别、偶然的心理活动，而是具有意义理解的公共性。胡塞尔说：就像几何学最初的发生，是在某个发明者的主观精神领域之中，"但是几何学上的存在，并不是心理上的存在；它并不是像个人的东西在个人的意识领域中那样的存在；它是对'每一个人'（对于现实的和可能的几何学家或那些懂得几何学的人）都客观地存在着的东西的那种存在"①。

由此可见，虽然价值观念、价值原则的发生最初可能是在某些人的主观精神之中，但是在人与人的交往中，这些价值观念、价值原则能够在主体之间达成价值共识，其存在的意义能够被人们广泛地理解和接受，并成为人们行动中自觉遵守的共同规范与准则，正是因为价值观念具有"观念的客观性"。

二、价值共识达成的前提：语言表达的"意义公共性"

如果价值观念最初是从某些个人心中起源的，那么它是如何达到观念上的客观性而成为所有人都能理解和遵循的价值共识的呢？胡塞尔现象学的回答是：通过语言。通过语言的意义表达，语言的意义被所有人共同理解，使得意义具有了公共性。这意味着，语言表达的公共性使得原初意义的发生与意义的相互理解、价值共识的达成成为可能。

这里的哲学理论实质上涉及现象学如何理解人与世界的关系问题，以及人、语言与世界的关系问题。"当我们清醒地生活于这个世界之中时，我们总是意识到这个世界，不管我们是

---

① ［德］胡塞尔：《欧洲科学的危机与超越论的现象学》，王炳文译，449 页，北京，商务印书馆，2011。

否注意到这一点。"①这正如海德格尔曾指出，人的本真存在方式是"此在—在世界之中—存在"。这意味着人与周围世界并不是如"水"冷冰冰地装在"瓶子"里一样，也不是孤立的"主体"住在"客体"环境之中那样，而是一种"意义的交织联系""意义的构成性联系"。我们意识到周围世界的存在，并赋予周围世界以意义，同时世界作为人的周围世界是一个意义的世界、文化的世界，向人显现其存在。正是在此意义上，胡塞尔将我们的周围世界看作人的地平线，周围的事物和人都是在世界的地平线中突显出来的。②

当我们在世界中生活时，"我"同时也能意识到"他人"的存在，并通过"移情"（empathy）达成价值共识。移情指向的是人与人之间具有设身处地地感同身受、同情共谋的能力。那么移情是如何发生的呢？按照胡塞尔的理解，"在相互通过语言进行理解的联系中，一个主观的本原的生产和产物，会被另一个主观能动地理解"③。人与人之间通过语言交流实现交互主体性的意义理解发生，使得原本在"我"内心中的价值体验也被他人共同感受和体验到，由此"我"的价值体验具有了"观念的公共性"，成为大家共同体验到的价值观念，从而达成价值共识。

---

① ［德］胡塞尔：《欧洲科学的危机与超越论的现象学》，王炳文译，451页，北京，商务印书馆，2011。

② ［德］胡塞尔：《欧洲科学的危机与超越论的现象学》，王炳文译，451页，北京，商务印书馆，2011。

③ ［德］胡塞尔：《欧洲科学的危机与超越论的现象学》，王炳文译，454页，北京，商务印书馆，2011。

由此可见，"我"与"他人"之所以能够相互理解、相互交往，根本在于"我"关于世界的意义感受与体验能够通过语言的表达而被"他人"所共同感受和体验到。因此，原本由"我"内心之中产生的价值意义体验就不再仅仅是"我"个人主观的心理体验，而为"他人"所能够共同理解，即具有一种"观念的客观性"。胡塞尔说："一般的语言正是属于这种人类的地平线。人类首先是作为直接的和间接的语言共同体被意识到的。很显然，只有通过作为可能的交流的语言及其范围广泛的文献记载，人类的地平线才能成为如它对于人们始终所是的那样的开放的无限的地平线。"[①]这意味着，如果一个人想要拥有人类的地平线，则必须能够理解和进入人类的文化世界，那么首先应当学会和理解人类的语言，即能够进入人类的语言世界。正是在此意义上，胡塞尔才说："成熟的正常的人类（其中没有反常的东西和儿童世界）作为人类的地平线和作为语言共同体在意识中具有优先地位。"[②]如果从教育的角度思考，我们在这里看到的恰恰是教育的意义和责任所在。儿童正是通过教育学会了语言表达、领会了人类语言共同体的意义，由此进入了人类的文化世界，真正成长为成熟的人类，成为人类文化共同体中的一员。

在此意义上，胡塞尔现象学从根本上改变了在自然主义态

---

① ［德］胡塞尔：《欧洲科学的危机与超越论的现象学》，王炳文译，452 页，北京，商务印书馆，2011。

② ［德］胡塞尔：《欧洲科学的危机与超越论的现象学》，王炳文译，452 页，北京，商务印书馆，2011。

度中人们关于客观世界的常识理解。所谓客观世界，并不是与主体无关或者在主体之外的世界，而是"大家的世界"，即对于所有拥有公共语言的人而言共同拥有的意义世界。正是在此意义上，人与世界的关系正如海德格尔指出的那样，是"此在—在世界之中—存在"的关系。其中，正是语言勾连起人与世界的这种本真存在关系。

三、价值共识的历史流传：原初意义的激活

作为人类社会的精神文化财富，人们所达成的价值共识是不能通过生物遗传自然传递给后代的。但是人类社会并没有因为上一代人去世，而使得之前人们达成的价值共识完全消失。价值共识如何能够超越时间和空间而在主体之间存在？发生现象学以"原初意义的激活"来理解和回答这一问题。

首先，对于个人自身而言，个人心中的价值观念如何超越时间和空间，而仍然在同一个体的观念中继续存在？对于某个个体而言，原初的价值意义体验发生之后并没有完全消失，"并没有变成虚无，它可以再被唤醒"，通过回忆，"已经过去了的经验活动仿佛被重新生动地体验到"。[1] "现在本原地被实现的东西，与此前曾自明地存在过的东西，是同一个东西。与此同时也形成一种在重复的链条中以同一性的自明性（同一性的一致）任意重复构成物的能力。"[2]

---

[1] ［德］胡塞尔：《欧洲科学的危机与超越论的现象学》，王炳文译，453页，北京，商务印书馆，2011。

[2] ［德］胡塞尔：《欧洲科学的危机与超越论的现象学》，王炳文译，454页，北京，商务印书馆，2011。

其次，对于"我"身边的"他人"、人类同伴而言，则是通过移情，"在相互通过语言进行理解的联系中，一个主观的本原的生产和产物，会被另一个主观能动地理解"①。正是通过交互主体性的意义理解，原本在"我"内心中的意义体验，也被"他人"共同感受和体验到，从而使得原初意义在这种重复活动的理解链条中，"作为对所有人都是共同的一个构成物被意识到"②。

如果我们就此以为观念的客观性已经实现了的话，胡塞尔显然没有满足于这样的论证回答，他严格地指出：如果只是从一个人向身边的另一个人实现了意义的传递，那么"理念构成物的客观性尚没有被完满地构成"。在胡塞尔看来，真正的观念的客观性表现在即使观念的创造者及其同伴都完全不再存活的时候，"理念的对象"仍然持续存在。③

最后，需要回答的问题就是：具有原初意义的价值共识如何超越时间和空间而持续存在呢？胡塞尔的回答是："文字"的语言表达使意义的流传可以超越时间和空间而持续存在。由此，"人类的共同体化也提高到一个新阶段"。"作为语言符号，它们与语言声音一样能唤起它们的熟悉的意义。"④因为我们赋

---

① ［德］胡塞尔：《欧洲科学的危机与超越论的现象学》，王炳文译，454 页，北京，商务印书馆，2011。
② ［德］胡塞尔：《欧洲科学的危机与超越论的现象学》，王炳文译，454 页，北京，商务印书馆，2011。
③ ［德］胡塞尔：《欧洲科学的危机与超越论的现象学》，王炳文译，454 页，北京，商务印书馆，2011。
④ ［德］胡塞尔：《欧洲科学的危机与超越论的现象学》，王炳文译，455 页，北京，商务印书馆，2011。

予了这些文字以意义，通过文字将我们的意义体验表达出来。这使得和"我"不在同一时间、空间的"他人"通过对"我"所书写的文字语言的阅读激活原初意义，从而共同体验和理解原初意义。价值共识正是通过对文字的理解与表达而超越时间与空间，实现代际传递的。

我们从 2020 年抗击新冠肺炎疫情期间，外国友人寄到中国的援助物资上写着的诗文"山川异域，风月同天"以及"青山一道同云雨，明月何曾是两乡"，就能生动、真实地体验到文字能够激活与唤醒原初意义的力量。这两句一千多年前写下的诗文，跨越悠悠岁月，跨越千山万水，在特殊时期感动和温暖了无数中国人的心。这些诗文之所以打动人心，是因为其能够在恰当的时机以恰当的方式激活与唤醒不同的人内心共同拥有的"我们生活在一起"的感受与体验。于是，语言文字所传递的同情与善意能够超越时间与空间，而被无数人所共享。

四、价值观念的发展与变迁：原初意义的增殖

在历史流传过程中，价值观念的原初意义并不是简单重复过去已有的意义理解，而是随时随地都处于不断创新之中，不断有新的价值意义理解产生出来。这样，人类的社会历史文化生活才会越来越丰富多彩，不断推陈出新。价值观念的创新、发展过程正是意义增殖的过程。

（一）价值观念的意义增殖：一个意义进入下一个意义

价值观念的意义增殖过程，既不是完全地从无到有，也不是与之前的意义理解毫无关系，而是前面的意义理解进入了后面的意义理解，并为后面的意义理解产生奠定了基础。正如胡塞尔所言："每个阶段的成果的本质而发生的，即成果的理念的存在意义不但是一种事实上较后的意义，而且由于意义是建立在意义之上的，较早的意义就在有效性方面将某种东西传给较后的意义，它甚至以某种方式进入到较后的意义；因此，在精神建筑物之中，没有任何构造成分是独立的，因此也没有任何构造成分能够直接地被激活。"①

原初意义一开始就拥有的根本性追求始终存在着，它不能从物理时间上去理解，即原初意义不是在一开始的时候发生了就不存在了，就与后面的意义增殖无关了。实际上正相反，原初意义有一种逻辑在先性，是在意义产生的逻辑上而言从最开始就产生的，并且是使后面的意义激活、意识流传和增殖得以发生的内在逻辑前提。随着社会历史生活的变化需要，原初意义的具体展开形式可以不断发展创新，这一过程就是意义增殖的过程。这体现着意义的连续性和统一性，同时体现着人的主观能动性和创造性。

（二）价值意义流传链条的同一性

价值意义不断增殖的过程，如何能够保持原初意义的同一性呢？胡塞尔继续追问道："像几何学那样的科学如何可能呢？它作为系统的能够无限增长的理念东西的等级结构，如何能以

① ［德］胡塞尔：《欧洲科学的危机与超越论的现象学》，王炳文译，457～458 页，北京，商务印书馆，2011。

生动的可激活性而保持它原初的意义呢?"①胡塞尔这里实际上
追问的是人类文明的意义链条如何在历经千百年的历史流传
中，仍然保持其原初的意义。胡塞尔的回答是：正是通过语言
的理解与逻辑的演绎，原初意义仍然能够实现意义的激活和不
断增殖与创造。但是，这里必须遵循一条基本法则："以绝对
普遍的自明性起作用：即如果前提实际上能回溯到最原初的自
明性，并能激活最原初的自明性，那么它的自明的结论也能回
溯到最原初的自明性，并能激活最原初的自明性。由此看来，
从原初的自明性出发，始源的真正性一定会通过逻辑推论的链
条传播开来，不管这链条有多么长。"②胡塞尔这里实质上是强
调了能够使得意义链条得以持续流传下去的前提就是"激活原
初意义的自明性"。

因为原初意义是使得概念符号、逻辑形式和价值原则得以
产生的前提，人们赋予了这些概念符号、逻辑形式和价值原则
以意义，在历史流传的过程中，可以直接通过对概念符号、逻
辑形式和价值原则的意义理解实现意义的表达与交流。但是，
胡塞尔提醒我们需要时刻注意的问题是：要谨防概念符号、逻
辑形式和价值原则代替了使这一切得以产生的原初意义，并抽
空了其意义的传统，而使得原初意义变成无意义的抽象概念和

---

① ［德］胡塞尔：《欧洲科学的危机与超越论的现象学》，王炳文译，458 页，北京，
商务印书馆，2011。
② ［德］胡塞尔：《欧洲科学的危机与超越论的现象学》，王炳文译，460 页，北京，
商务印书馆，2011。

空洞的逻辑形象。正如胡塞尔担心的那样："如果没有实际发展了的重新激活包含在基本概念之中的原初活动的能力，也就是说，如果不知道这些活动的前科学的材料的'是什么东西'和'是什么样的'，几何学就会成为一种空无意义的传统；如果我们自己没有这种能力，我们甚至连几何学是否有一种真正的意义，一种实际上能'兑现'的意义，或曾经有过这种意义，也不可能知道。遗憾的是，我们的情况正是如此，而且整个近代的情况也是如此。"①

胡塞尔指出，近代以来的科学主义让概念符号、逻辑形式和方法技术代替了原初观念的实际产生，"使人们越来越远离起源，并且使人们对于起源的问题，并因此对于整个科学本来的存在意义与真理意义变得无动于衷了"②。这正是胡塞尔所说的欧洲科学危机的本质所在。同理，如果在价值原则的历史流传中，人们也远离其原初意义，它会变成空洞的教条、抽象的说教，这也就是价值教育危机的本质所在。

第三节 重新理解价值的本质特征

在日常生活与学术研究中，价值既是人们大量使用的概念，又是内涵丰富、理解广泛的理论范畴。价值究竟是什么？

---

① ［德］胡塞尔：《欧洲科学的危机与超越论的现象学》，王炳文译，461～462 页，北京，商务印书馆，2011。
② ［德］胡塞尔：《欧洲科学的危机与超越论的现象学》，王炳文译，462 页，北京，商务印书馆，2011。

这是每一个思考和研究价值问题的人必须首先追问的问题。因为，只有从此基本理解出发，研究者才能确立自己如何理解价值的基本态度和观念，才能从根本上回答价值共识达成究竟是如何实现的。

一、价值成为现代西方哲学研究的主题

价值论（axiology）是现代西方哲学研究一般价值问题的哲学理论。尽管关于价值、价值论的问题古已有之，但是古典哲学中一般使用善、美、好、正义、正当等具体的价值词语，而没有价值这一统一的称谓，也没有统摄它们的一般价值理论。在近代哲学以前，价值一词都不是一个专门的哲学概念，价值论成为独立的哲学理论是近百年以来的事情。

（一）现代西方价值哲学的缘起

18 世纪后半叶，康德提出为道德、价值寻找决定根据，即"善之为善"的哲学价值论问题，开启了价值哲学研究之门。然而，真正使价值成为重要的哲学概念的是 19 世纪后半叶的新康德主义者，包括洛采、文德尔班、李凯尔特等哲学家。价值哲学的兴起主要有以下两个方面的原因：一是在 19 世纪，随着自然科学的兴起，诸多学科纷纷从哲学母体中独立出去，建立起分门别类的具体学科，古典哲学随之失去了传统的研究领地。于是，新康德主义哲学家们在古典哲学衰落之后，试图到价值领域中去寻找哲学的出路。二是在西方哲学发展的历史进程中，价值哲学的产生有其深刻的思想根源，价值论正是作

为对近代自然科学兴起以来所导致的科学主义、客观主义、工具理性的批判和反思而出现的。

洛采在其《形而上学》中最早从哲学本体论的角度阐述价值范畴，致力于建立一种价值哲学。他把世界划分为事实、普遍规律和价值三大领域，认为价值领域是最高的目的领域，一切观察的意义和认识的意义的标准就在于它们的价值意义。正是"由于洛采果断地提高价值观的地位，甚至将它置于逻辑学和形而上学〔以及伦理学〕之顶端，激起了许多对于'价值论'（哲学中一门新基础科学）的种种倡议"[①]。

文德尔班作为洛采的学生、新康德主义弗赖堡学派的创始人，进一步明确地将价值作为哲学的主题、哲学研究的主要对象，甚至试图将整个哲学变成价值哲学。文德尔班在其著作中宣告："哲学有自己的领域，有自己关于永恒的、本身有效的那些价值问题，那些价值是一切文化职能和一切特殊生活价值的组织原则。"[②]文德尔班把世界分为"事实世界"和"价值世界"，把知识分为"事实知识"和"价值知识"。前者涉及的是经验事实；后者涉及的是主体对对象的评价与态度，即主体的意志与情感。两者之间的关系是：事实命题归根到底从属于价值命题，以价值观念为根据。任何知识的标准都是价值，而价值是

---

① ［德］文德尔班：《哲学史教程：特别关于哲学问题和哲学概念的形成和发展：全2卷》，罗达仁译，472页，北京，商务印书馆，2017。

② ［德］文德尔班：《哲学史教程：特别关于哲学问题和哲学概念的形成和发展：全2卷》，罗达仁译，471页，北京，商务印书馆，2017。

由主体的情感意志决定的。^① 为了回避价值相对主义，文德尔班提出了普遍价值的学说：除了作为特殊的评价主体的特殊意识以及与之相应的特殊价值外，还存在着作为一般评价主体的普遍意识以及与之相应的普遍价值。特殊价值是心理学研究的对象，而普遍价值是哲学研究的对象。哲学就是关于普遍价值的学说。^② 随后，文德尔班的学生李凯尔特借助于作为文化科学的历史科学的材料，提出了一个文化价值系统，建立了价值哲学的体系。

（二）现代西方价值哲学研究的发展路向

现代西方价值哲学在一百多年的发展历程中，主要呈现出以欧洲大陆价值哲学为代表的意识分析——先验主义路向和以英美价值哲学为代表的语言分析——经验主义路向。

1. 欧洲大陆价值哲学中的意识分析——先验主义路向

这一路向的主要代表人物有布伦塔诺、迈农、艾伦菲尔斯和舍勒等。这一路向的哲学家基本上与欧洲大陆现象学有着密切的关系。所谓价值"先验主义"，强调价值是"先天"（a priori）的，即价值是超越于个别经验而普遍存在的。所谓"意识分析"则是强调从人的意识/心灵中寻找"价值之根"。

布伦塔诺与康德一样，承认先天道德原则的存在。然而在如何达到先天道德原则的方式上，布伦塔诺认为形而上学的原

---

① 吕青：《西方哲学简史》，198 页，西安，陕西人民出版社，2016。
② 吕青：《西方哲学简史》，198 页，西安，陕西人民出版社，2016。

则必须在现实生活中找到基础。他坚信在自明性情感的体验中找到了道德形而上学的基础，认为先天的道德原则并不是远离经验世界的空洞的"绝对律令"，而是在活生生的人的情感世界中的开显。

布伦塔诺在《伦理知识的起源》中提出，道德形而上学的根本问题是回答先天善的来源问题。而要回答这一问题，首先必须对人的意识和心理的发生过程有充分认识，由此提出了著名的"意向性"学说。他指出，人的心理现象区别于物理现象的根本特征在于心理现象的意向性，即任何心理现象都要指向某一对象。心理现象不能单独存在，它总是由意识行为与意识对象两者同时构成。按照布伦塔诺的理解，人类意识到的任何事物都是进入意向性的事物。布伦塔诺认为，我们确立真和善的知识的根本原则是内感知（德文为 wahrnehmung，英文为 inner perception）原则。他说："我们必须从未被证明的原则出发，从当下的确定出发……这些命题必须是当下得到保证的，也即，它们必须是排除了一切错误的可能性的——内观。这种命题（内观）才是惟一真正的知识的原则。"[1]布伦塔诺认为，内感知有两种形式：一是对个别事实的知觉（perception），二是类的通则。在布伦塔诺看来，内感知是一种与行为和意识活动同时发生的直接的、当下的、内在的伴随意识，而由内感知直接把握到的正是作为真与善的认识来源的自明性。布伦塔诺正是

---

① 冯平、翟振明：《价值之思》，319～320 页，广州，中山大学出版社，2003。

由内感知进达自明性，从而以自明性来确立价值产生的原则的。

　　布伦塔诺提出的意向性理论以及在意向关系中对价值判断的直接的、内在的知觉把握，对后来的价值哲学、现象学伦理学产生了深远的影响。一方面，直接影响了他的学生迈农与艾伦菲尔斯，他们各自阐述了主观主义的价值论思想。迈农在1894 年出版的《价值论的心理学——伦理学探讨》是西方系统阐述一般价值论的第一部著作。迈农通过对布伦塔诺的意向性理论的继承和发展，提出关于价值本质的理解，认为价值是一种价值情感，而这种价值情感由对象引起。另一方面，又影响了胡塞尔、舍勒、哈特曼等现象学家，使之建立了以现象学的本质直观方式为基本特征的价值论伦理学或现象学价值论。

　　2. 英美价值哲学中的语言分析——经验主义路向

　　这一路向的主要代表人物有杜威、摩尔、乌尔班、斯蒂文森、黑尔等。这一路向的哲学家基本上与英美实用主义哲学、分析哲学有着密切的关系。价值经验主义否认超越经验的绝对价值的存在，而强调个体经验是价值的真正来源，并且强调科学的价值研究应当奠基于心理学的研究成果之上，由此将价值经验化、心理学化。语言分析则强调，价值哲学首先应对价值论中核心概念的语言分析、价值判断的可实证性、内在价值与工具价值的分析等问题。

　　作为英国新实在主义创始人之一的摩尔在 1903 年写了《伦理学原理》。在这一著作中，其基于新实在主义立场区分了元伦理学与规范伦理学，开创了语言分析的伦理学研究方法，提出了客观主义和直觉主义的价值理论。

随着价值论在欧洲的兴起，美国哲学家乌尔班在 1906 年写了《评价：其性质和规则》一书，由此将价值论研究引入美国，最早在美国确立了客观主义价值论的统治地位。

逻辑实证主义者在价值问题上的共同点是：否认价值的客观性和实在性，从而否认价值判断的客观有效性及其存在的真实意义，进而否认关于价值的科学研究的可能性。逻辑实证主义者奉行的基本原则是：一切有意义的命题或者是能被经验事实所证明的，或者是能被逻辑分析的方法所证明的。价值被认为只是主观情感或情绪的表达，并不描述任何事实，是纯粹主观的事情。因此，价值命题既不是重言式的逻辑命题，也不是经验上可以实证的。正是在此意义上，逻辑实证主义者否认了价值本身的真实存在，其典型代表是罗素、卡尔纳普、斯蒂文森等人。罗素就曾指出："当我们断言这个或那个具有'价值'时，我们是在表达我们自己的感情"[①]，"根本不可能找到任何可以证明这个或者那个具有内在价值的论据"[②]。随着逻辑实证主义在西方哲学界占据主导地位，事实与价值分离的主张也产生了广泛的影响。

日常语言学派以语言分析的方式研究价值问题，认为一个

[①] ［英］罗素：《宗教与科学》，徐奕春、林国夫译，123 页，北京，商务印书馆，1982。

[②] ［英］罗素：《宗教与科学》，徐奕春、林国夫译，127 页，北京，商务印书馆，1982。

语句之所以有意义，既不是因为它是逻辑分析的，也不是因为它是经验上可证实的，而是因为其在生活中的具体使用。斯蒂文森在《伦理学与语言》中指出，价值语言通常同时具有描述意义和情感意义。例如，民主可以描述同一事实，但在不同时代和社会表达着不同的情感。黑尔在《道德语言》中指出，价值语言主要的意义不是陈述判断，而是规定判断。因为价值判断蕴含着命令，表达的是一种指导和建议。当某人说某事是好的或应当做时，他实际上在隐含地说"做它"。

二、西方价值哲学探究"价值是什么"的困境

价值是价值哲学的核心概念，价值哲学理应对价值是什么作出回答和解释。然而，在价值哲学的发展历程中，不同的哲学家对于价值的理解各不相同，甚至对能否定义价值是什么存在争议。摩尔就曾经指出，价值是一个单纯概念，不能用其他复合概念定义它，任何把价值界定为某种有价值事物的做法都犯了自然主义谬误。[①] 自然主义谬误的要害在于混淆了价值和有价值的东西，从而把价值等同于别的事物。因此，摩尔认为善就是善，不是别的什么东西，所以无法按照通常的方法给善下定义。[②]

虽然不同学者对于价值的含义有不同理解，但是从其所持的哲学立场和观点来看，通常可以分为三种主要类型：客观主

---

① ［英］乔治·爱德华·摩尔：《伦理学原理》，长河译，54页，上海，上海人民出版社，2003。

② ［英］乔治·爱德华·摩尔：《伦理学原理》，长河译，14页，上海，上海人民出版社，2003。

义价值论、主观主义价值论、价值关系论。

（一）客观主义价值论

持自然主义、客观主义价值论哲学立场和观点的学者通常认为，价值是独立于人的主观愿望之外的事物的客观属性。例如，木头的价值在于能够取暖、造工具、建房子等。由于基于客观主义的哲学立场，这种价值属性论将价值视为事物自身固有的、永恒不变的客观属性，以为由此可以采取自然科学的方式对其进行科学研究。

然而，这种理解的根本缺失在于忽视了价值中人的主体性，忽视了人的主观愿望、理想、追求和喜好对于价值产生的根本意义。于是也就无法合理地解释，为何不同的人对同一事物或现象会有不同的价值偏好、判断和选择。

（二）主观主义价值论

主张主观主义价值论的学者认为，价值是一种精神或心理现象，是一种主体的主观感受、愿望、兴趣、偏好。这种观点强调了价值与人的主体性、精神追求和内心感受有着密切的关系，是对客观主义价值论仅仅从物的客观属性理解价值的一种纠正。

然而，如果仅仅将价值理解为与主体的主观感受、愿望、兴趣、偏好有关的心理现象，那么，其失误和缺陷在于以下两个方面：一方面，忽视了客体（包括事物和人类活动）对于价值的构成性意义，抽掉了价值得以产生的现实基础，为那些情感主义者、非理性主义者通向价值多元主义、价值相对主义和价值虚无主义开辟了通道；另一方面，由于将价值现象的真实存在与主体的主观感受、愿望、兴趣、偏好等混为一谈，否认了价值本身的真实存在，进而否认了有关价值的科学研究的可能性。其典型代表是逻辑实证主义者罗素、卡尔纳普、斯蒂文森等人。

（三）价值关系论

价值关系论认为价值是主体与客体之间的一种关系，这是目前为大多数学者所支持的一种观点，如人们通常将"价值是客体满足主体需要的关系"这一理解作为对价值的定义。毫无疑问，价值关系论是理解价值问题的哲学观念和立场的重要变革，它超越了以往主客二分的近代认识论思维，进而关注到价值是建立在人的生活实践基础上的主客统一关系。然而，价值关系论的理解中仍然存在诸多问题，需要进一步追问和思考。具体而言，主要存在以下两个方面的根本问题。

其一，将价值关系理解为一种实体性的关系，即认为在主体和客体之外、在人的实践和生活发生之前，就已经现存着某种价值关系，似乎只有找到了这种关系本身，才能把握价值的本质。这实质上是将价值关系抽象为一种实体，无论这种价值关系是客观事实的实体，还是主观心理的实体，都体现出一种自然主义的思维方式。

其二，通常将价值关系视为客体对主体需要的满足关系，而主体需要的满足常常被简单地理解为客体对主体的有用性、效用和利益，导致仅仅从工具性、效用方面来理解价值，使价值关系论陷入一种价值效用论。这实际上是忽视了以价值本身作为目的所承载的丰富内涵。伦理学研究中通常会区分目的的善和手段的善：目的的善是事物自身的善，而手段的善是因其他事物而具有的善。同理，关于价值的研究，我们也可以区分作为手段的价值和作为目的的价值：作为手段的价值是将外在的事物或他人作为达到自己目的的手段，这时的价值意味着"有用的"。例如，我们评价食物之所以有价值是因为食物能维持人的生命，衣服之所以有价值是因为衣服能遮羞保暖。作为目的的价值是将周围的人和事作为目的本身，这时的价值意味着"好的""正当的"，即好的事情、正当的事情本身是值得去追求和维护的。因此，我们需要超越把价值作为手段的价值的简单理解，而应确立起将价值作为目的的价值的深刻理解。

综上所述，以往西方的价值论哲学主要面临着以下困境。

其一，如何克服客观主义、实体主义简单地将价值理解为某种客观现存的实在之物，而否认人的主观愿望、意向、信念、喜好、情感等对价值体验发生的根本意义，并忽视价值是在人的实践生活中才得以真正建构和发生的本质特征。

其二，如何克服主观主义、经验主义将价值仅仅视为主观感受、个人偏好而导致的价值相对主义和价值虚无主义。

其三，如何克服工具性的价值效用论，以建立体现价值目的论的价值内涵理解。

因此，这就需要我们进一步借鉴新的价值哲学思想，重新思考价值的本真存在方式及其根本性质特征。

三、重新理解价值的本质特征——基于舍勒的价值现象学

在西方价值哲学的发展历史中，以往的价值哲学研究关于价值的理解之所以徘徊不前，主要受困于价值先验主义和价值经验主义这两种思想的相互批评和无休止的争论。价值先验主义者对价值的理解就是将价值视为先天的、独立于经验的，并且超越经验的永恒的、绝对的价值，并把对这一永恒的、绝对的价值的诉说作为哲学研究的目标。[1] 但是，在价值经验主义者那里，不仅不追求超越经验的绝对价值，而且明确否认这种价值的存在，他们将经验世界作为价值哲学研究的唯一对象。[2] 价值经验主义者批评价值先验主义者理解的绝对价值是超经验性的，这样价值有可能变成缺乏具体内容的、抽象的和空洞的形式；然而，价值先验主义者批评价值经验主义者过分依赖个别经验，而他们通过对个别价值经验的归纳无法形成对价值本质的理解，因为这样始终无法达到一般和普遍，往往会陷入价值相对主义和价值虚无主义。

当以往的价值哲学深陷于上述困境而无法找到第三条道路时，现象学哲学家舍勒尝试以现象学的态度和方式创建一门新的价值伦理学——质料先天的价值伦理学，颠覆了以往所有价值先验主义和价值经验主义的伦理学思想。舍勒提出，质料先

---

① 冯平：《现代西方价值哲学经典·先验主义路向（上、下）》，4 页，北京，北京师范大学出版社，2009。

② 冯平：《现代西方价值哲学经典·先验主义路向（上、下）》，5 页，北京，北京师范大学出版社，2009。

天的价值伦理学实质上是要摧毁传统意义上的先天形式与后天质料的人为对立，并试图论证价值有其先天的秩序，而价值先天并不是某种抽象的形式，而是拥有其具体的内容和质料。舍勒的这一思想集中体现在其鸿篇巨制《伦理学中的形式主义与质料的价值伦理学：为一门伦理学人格主义奠基的新尝试》之中。正如倪梁康教授所指出的那样："舍勒在此书中运用了现象学本质直观的方法来探讨价值和人格，并主张他的价值伦理学的客观有效性是建立在一些可以通过意向感受而被把握的先天被给予的、明晰可见的价值内涵上，因而他在现象学研究课题中的确开辟了一个新的领域。"①由此可见，舍勒以现象学本质直观的方法来研究价值问题，不仅为现象学的研究开辟了新领域，而且这种现象学的态度和方式也必然会引起整个价值论、价值哲学的思维方式发生根本的变化。在此意义上，我们才能理解所谓"价值论只有作为现象学才是可能的"②的真正含义。

随着舍勒确立了价值作为一种拥有先天质料的意识和体验的根本理解，一个超越了传统的价值论哲学，并为伦理学奠基的全新领域逐渐被描绘出来。正是在此基础上，价值的根本性质特征得以体现在以下四个方面。

---

① ［德］舍勒：《伦理学中的形式主义与质料的价值伦理学：为一门伦理学人格主义奠基的新尝试》，倪梁康译，906 页，北京，生活·读书·新知三联书店，2004。

② ［德］舍勒：《伦理学中的形式主义与质料的价值伦理学：为一门伦理学人格主义奠基的新尝试》，倪梁康译，909 页，北京，生活·读书·新知三联书店，2004。

(一)价值的本真存在方式——超越价值实体主义

舍勒首先指出，价值并非现存的实体性的存在，而是在具体的事情或行为中直接显现出来的意识和体验。

价值是什么？舍勒在他 1897 年的题为《逻辑学原理与伦理学原理之间关系的确定》的博士论文中曾指出："至于'价值是什么？'的问题，只要'是'意指存在(而非作为单纯的系词)，我们便回答：价值根本不'是'。就像存在概念一样，价值概念也具有不可定义性。"[①]舍勒这里所指出的"价值根本不'是'"以及价值不是"存在"，实质上并不是否认价值本身的存在，而是要强调价值本身并非一种现存的实体性的存在。具体而言，舍勒认为价值自身原本既不是现存的事物的属性(如水的属性是无色无味的透明液体)，也不是某个固定的事物(如放在桌子上的杯子)，更不是逻辑的抽象(如柏拉图所说的理念世界)。[②] 如果价值既不是单独地现存于某处的实在之物，也不是事物固定的某种属性，更不是类似于柏拉图理念世界的抽象逻辑，那么价值究竟是什么呢？或者说，价值自身的原初状态和存在方式究竟是什么呢？

舍勒曾经通过简要地提及价值和颜色之间的类比[③]，帮助

---

① 转引自[美]弗林斯：《舍勒的心灵》，张志平、张任之译，16 页，上海，上海三联书店，2006。

② [美]弗林斯：《舍勒的心灵》，张志平、张任之译，16 页，上海，上海三联书店，2006。

③ [德]舍勒：《伦理学中的形式主义与质料的价值伦理学：为一门伦理学人格主义奠基的新尝试》，倪梁康译，11~12 页，北京，生活·读书·新知三联书店，2004。

我们理解价值的本真存在方式。正如某种颜色（如红色）总是人在对某个物体表面的"看"中呈现出来的。一方面，当没有表面基质和光线传播的介质时，光和颜色是不存在的，如在真空中传播的光线是不能被人看见的；另一方面，某种颜色又总是在人的"看"中直观地被感觉到的，人对颜色的"看"是无须任何中介、先于任何理性认知的直观体验。

价值的存在方式和颜色类似，其发生也需要某种基质。如果说光能够被人看见需要有延展的物质表面，那么价值的基质或载体则是无限丰富的，它们"可以是有生命的和无生命的事物，它们可以是人的事态，它们可以是有机的和历史的，它们可以是位格的——比如在道德的和宗教的经验中，这里提到的还只是少数的可能性"①。例如，"适意"这种特别的价值感受可以在不同的具体事物或活动中被人感受到和体验到，如我们可以通过躺在一张床上、阅读一本书或在一个聚会的氛围中体验到。正如舍勒进一步指出的那样，"善与恶仅仅'骑在'价值实现的'背上'"，"仅仅存在于通过实现其行为而实现其存在的过程中"②。因此，价值的"存在"并不是名词，而是动词"存—在"（be-ing）③，这实质上是强调了价值并不是一个现存的"实体"，而总是"呈现"在实现的行动之中的发生状态。

---

① ［美］弗林斯：《舍勒的心灵》，张志平、张任之译，314页，上海，上海三联书店，2006。

② ［美］弗林斯：《舍勒的心灵》，张志平、张任之译，39页，上海，上海三联书店，2006。

③ ［美］弗林斯：《舍勒的心灵》，张志平、张任之译，39页，上海，上海三联书店，2006。

与此同时，舍勒强调价值总是首先在人的意识体验和感受中直接"被给予"我们的："正如颜色只能在对它们的看'中'被给予我们，价值也只能在对它们的感受'中'被给予我们。没有'看'，就没有颜色；没有'感受'，就没有价值。就此而言，感受优先于思考和意愿——这是一种（客观的）秩序（order），而不是（人为的）顺序（sequence）。"[①]正是在此意义上，舍勒在《伦理学中的形式主义与质料的价值伦理学：为一门伦理学人格主义奠基的新尝试》中试图按照价值在意识体验和感受中被给予的方式来确定价值的本质，他在现象学价值论中指出："价值之为价值的本质在于：它是在我们的情感感受中被给予，又在具体的事物或行为中呈现出来，同时又独立于价值主体和价值载体的先验事实。"[②]

（二）肯定"价值本质"的存在——超越价值相对主义

舍勒指出，价值作为直接被给予的意识和体验，并不只是个别的感受或相对的感觉，而是拥有对价值一般和价值本质的意识和体验。

舍勒认为，价值本身的存在是绝对的。也许我们的价值对象是可变的，我们的价值经验也可以是相对的，但是价值的存在是绝对的、一般的、普遍的。一方面，价值是独立于价值对象的，它并不依赖于某种特定的价值对象而存在。这类似于颜

---

① [美]弗林斯：《舍勒的心灵》，张志平、张任之译，18页，上海，上海三联书店，2006。

② 张志平：《情感的本质与意义：舍勒的情感现象学概论》，66～67页，上海，上海人民出版社，2006。

色是独立于对象的，如"红色"并不在乎它是桌布的红还是太阳的红，即它是在所有个别的红的事物中所体现出来的"红的一般"。同理，诸如"神圣的"这样的价值同样不在乎它是属于上帝的，还是属于圣人或偶像的。[①] 因此，价值是在所有价值之物中体现出来的价值一般和价值本质。另一方面，价值还是独立于个别的价值主体而普遍存在的。例如，"适意"与"不适意"的价值虽然只有在人的具体价值体验和感受以及具体的令人"适意"或"不适意"的事物或行动中才能呈现出来，但无论我们是在阳光下感到"适意"还是在与人交谈时感到"适意"，"适意"与"不适意"这对价值始终存在。

由此可见，舍勒虽然强调价值是在具体的意识体验和情感中直接被给予的，但是这并不意味着价值只能是经验个体内心的个别的感受和相对的感觉，而是强调价值有其独立于客观事物和经验个体的价值一般和价值本质。这实质上批判了传统伦理学中经验主义导致的价值相对主义、价值虚无主义，并由此否认了关于价值普遍性、确定性、真理性研究的可能性。由此可见，舍勒不希望看到伦理学在经验主义或感性领域中迷失自身真正的使命和责任。在此意义上，舍勒指出："因为只要对人身上的感受活动、爱、恨及其规律性进行研究，就可以发现，它们相互之间以及在其质料方面都不是'特殊人类的'，正如思维行为不是特殊人类的一样。现象学分析的本质在于，撇

---

① [美]弗林斯：《舍勒的心灵》，张志平、张任之译，17页，上海，上海三联书店，2006。

开行为载体的特殊组织以及对象的现实设定不论，而去把握出建立在这些行为种类及其质料之本质中的东西；而对感受活动、爱、恨的现象学分析区别于所有心理学和人类学，就像现象学的思维分析不同于人类思维心理学一样。对于现象学分析来说也存在着一个精神层次，这个层次与整个感性领域，甚至与那个明确不同于此领域的生命或身体的行为领域毫不相干……就像思维规律独立于感觉驱动一样。"①由此可见，现象学对于价值意识、体验、情感的本质分析与传统的心理学、人类学只从对个别经验的观察和归纳中获得有限的规律和原则有着本质的不同。

(三)价值本质拥有先天质料的存在方式——超越价值形式主义

舍勒认为，虽然价值拥有本质的、先天的存在方式，但是并不意味着其一定是抽象的形式，而是拥有能够被本质直观的先天质料。他曾明确地指出："将'先天之物'等同于'形式之物'的做法是康德学说的基本谬误。这个错误同时也是伦理学'形式主义'的基础，甚至是整个'形式的观念论'(formaler Idealismus)——康德本人便是这样称呼他的学说——的基础。"②在舍勒的现象学价值论中，他强调价值论哲学的首要任务就是要澄清康德"形式主义"伦理学的误解：应该清楚地看到先天与

---

① [德]舍勒：《伦理学中的形式主义与质料的价值伦理学》，倪梁康译，113~114页，北京，商务印书馆，2011。

② [德]舍勒：《伦理学中的形式主义与质料的价值伦理学》，倪梁康译，99页，北京，商务印书馆，2011。

形式、后天与质料并不存在绝对的对应关系，因为先天的同样可以拥有其直观的、具体的质料，而不只是抽象的、空洞的形式。正如"红的本质""红的一般"总是在具体的某种"红的"事物中被我们直观地看到一样，我们可以在红的纸、红的布、红的灯光中直观地感受到"红的本质"。同样，我们也总是在具体的事物或行动中直观、具体地体验到价值的本质。例如，"正义"的价值本质可以在某位法官维护法律的公正时或在某个人捍卫某种正当权利的行动中被我们直观、形象地觉察和意识到。正是在此意义上，舍勒指出："本质性之间的关系也是'被给予的'，而不是由'知性'所引出或'生产'的。它们被直观到，而非'被制作出来'。……只有通过它们才能理解，那个贯穿在万物之中的逻各斯……究竟是什么。"①在这里我们可以看到，舍勒以现象学本质、直观的方式消解了自康德哲学以来先天形式与后天质料以及本质与直观之间观点的截然对立。这无疑是对以往伦理学、价值哲学中形式主义的深刻批判与巨大冲击，同时也为我们重新理解价值的本质、价值的存在方式提供了全新的理论视角和思维方式。

(四)价值体验拥有自身的秩序——超越价值效用主义

舍勒的现象学价值论的独特之处在于，它不仅强调了先天的价值本质是能被直观感受的并有其具体、充实的质料，而且提出了价值作为具体可感的意识和体验活动并不是杂乱无章

---

① [德]舍勒：《伦理学中的形式主义与质料的价值伦理学》，倪梁康译，118 页，北京，商务印书馆，2011。

的，而是有其自身的逻辑和秩序的。只是意识体验活动的逻辑
不同于认识活动的逻辑，有其自身独特的规律和特点。正是在
此意义上，舍勒在其专著中不断地借用帕斯卡尔的"心有其理"
"心的秩序"或"心的逻辑"的说法①，来表达他对价值感受和体
验自身的规律及其奠基关系的探索。正如倪梁康教授解释的那
样，舍勒"这里所说的'心'，是指我们对各种价值的不同意向
体验和感受活动；而这里的'理'和'秩序'、'逻辑'，则是指在
这些意向感受之间的奠基关系和奠基顺序"②。在舍勒看来，价
值在相互的关系中具有某种级序或体系，根据这个体系，一个
价值要比另一个价值更高或更低。③舍勒指出，价值的级序或
等级体系从低到高可以分为四个层次：从感性价值（适意—不
适意）到生命价值（高尚—庸俗），再到精神价值（善—恶、美—
丑、真—假），最后上升到神圣价值（神圣—世俗）。基于这样
的奠基关系，价值的等级秩序也可以划分为四个层次：感性价
值与有用价值、生命价值、精神价值、神圣价值。与之相对应
的是，情感感受也被划分为四种不同的类型：感性感受（如疼
痛、苦涩、温暖、舒适等），这种类型的感受总是和某个感官
存在本质关联；生命感受（如疲惫、衰弱、健壮、有活力等），
这种类型的感受和整个生命机体存在本质关联；心灵感受（如

---

① ［德］舍勒：《伦理学中的形式主义与质料的价值伦理学：为一门伦理学人格主义
奠基的新尝试》，倪梁康译，76页，北京，生活·读书·新知三联书店，2004。
② ［德］舍勒：《伦理学中的形式主义与质料的价值伦理学：为一门伦理学人格主义
奠基的新尝试》，倪梁康译，909页，北京，生活·读书·新知三联书店，2004。
③ ［德］舍勒：《伦理学中的形式主义与质料的价值伦理学：为一门伦理学人格主义
奠基的新尝试》，倪梁康译，104页，北京，生活·读书·新知三联书店，2004。

愉快、幸福、悲伤、痛苦等），这种类型的感受和人的心灵活动存在本质关联；最高层次是纯粹的形而上学的精神感受（如虔敬、安宁、悔悟、绝望等），这种类型的感受和纯粹的宗教的精神感受存在本质关联。

舍勒区分这四种价值类型的等级有何意义呢？如果这四种价值类型都是等级相同的，没有高低之分，那么，无论人们看重哪种价值类型，其行为的正当性都是一样的。我们将失去选择某种行为的内在依据，以及判断具体行为之好与坏、善与恶、正当与不正当的伦理规范。确立了这样客观的价值等级秩序后，不同等级的价值发生冲突时，我们将有明确的价值选择，并能由此判断行为的好坏、善恶和正当与否。由此可见，舍勒确立这四种价值类型的等级不仅为我们具体的伦理行为提供选择、判断和评价依据，而且为价值伦理学奠基。

舍勒还进一步确立了衡量价值等级高度的客观标准与原则："价值越是延续，它们也就'越高'，与此相同，它们在'延展性'和可分性方面参与得越少，它们也就越高；其次还相同的是，它们通过其他价值'被奠基得'越少，它们也就越高，再次还相同的是，与对它们之感受相联结的'满足'越深，它们也就越高；最后还相同的是，对它们的感受在'感受'与'偏好'的特定本质载体设定上所具有的相对性越少，它们也就越高。"[①]

①　[德]舍勒：《伦理学中的形式主义与质料的价值伦理学：为一门伦理学人格主义奠基的新尝试》，倪梁康译，108～109页，北京，生活·读书·新知三联书店，2004。

第一，"延续性"意味着一种价值的等级越高，它越能超越时空限制而在人的精神心灵和人类历史文化中持续地、永恒地存在；等级低的价值则会受到特定时空、特定价值载体的限制，因而往往是短暂的、易变的、仓促的。例如，感官的舒适、快乐只是一时的，很快就会被人忘记，而艺术作品承载的精神价值却能穿越时空，被世世代代的人所欣赏。

第二，"不可分性"意味着价值越高，也就越不可分，越不能技术性地制作或生产；而最低等级的价值是最可分的、最可量化的，人们可以技术性地制作或生产它们。例如，一块布的价值就比半块布多一倍，而一件艺术品就是天生不可分的，不可能从中分出半件艺术品。同时，布的价值可以被技术性地生产，而艺术品的美的价值情感体验却不能被技术性地生产，它只能产生于真正被艺术品的美所感染、震撼的心灵。另外，更高等级的精神感受的价值虽然不可技术化、不能量化分解，但是能够被任意数量的人广泛分享，如思想、精神、美德、艺术品可以在不作任何划分的情况下无限制地得到传播。①

第三，"奠基性"意味着"如果一个特定的个别价值 a 只有在某个特定的价值 b 已经被给予的情况下才能被给予，那么 b 这种价值就为 a 这种价值'奠基'"②。具体而言，有用价值（工

---

① ［德］舍勒：《伦理学中的形式主义与质料的价值伦理学：为一门伦理学人格主义奠基的新尝试》，倪梁康译，114 页，北京，生活·读书·新知三联书店，2004。

② ［德］舍勒：《伦理学中的形式主义与质料的价值伦理学：为一门伦理学人格主义奠基的新尝试》，倪梁康译，114 页，北京，生活·读书·新知三联书店，2004。

具价值)就奠基于适意价值，而适意价值又奠基于生命价值(如健康)，生命价值又奠基于心灵价值，最后心灵价值奠基于精神价值。因此，舍勒并不否认或完全排斥较低价值的存在，而是强调只有当较低价值指向更高的价值追求时，其存在才是合理的与有意义的。

第四，"满足深度"意味着价值的等级越高，它给人的满意度和充实程度也就越高。等级较低的价值较少使人感到充实和满足，因为它们带给人的感官享受只是短暂的。舍勒认为："当且仅当我们在我们生命的'更为中心'的领域中——在它对我们来说是'认真'的地方——感受到满足时，感性的娱乐或无伤大雅的外在喜悦……才能完全'满足'我们。"①对于那些享乐主义者来说，虽然每天都纵情声色，但是由于心灵精神的空虚，总会很快陷入新的不满足。因此，一个人内在的喜悦越多，他就越不需要借助于外在的也就是可分割与可控制的刺激物来获得快乐。②

第五，对价值载体的事实性存在的"依赖性"程度越低，价值等级就越高。舍勒称其为"现象的解脱性"：从我们生活的同时感受中，更从我们感性状态的同时感受中解脱出来。③ 例如，

----

① ［德］舍勒：《伦理学中的形式主义与质料的价值伦理学：为一门伦理学人格主义奠基的新尝试》，倪梁康译，117页，北京，生活·读书·新知三联书店，2004。
② ［美］弗林斯：《舍勒的心灵》，张志平、张任之译，27页，上海，上海三联书店，2006。
③ ［德］舍勒：《伦理学中的形式主义与质料的价值伦理学：为一门伦理学人格主义奠基的新尝试》，倪梁康译，120页，北京，生活·读书·新知三联书店，2004。

在对一个人的纯粹的爱的行为中，无论是贫穷还是富裕，无论是美貌还是丑陋，无论是健康还是疾病，都矢志不渝地爱着这个人。这样的爱的价值体验已经从我们的感官和生活感受的束缚中解放出来了，是一种绝对的爱。

第二章

追溯价值教育的产生与发展

价值原则作为人类社会的精神文化财富，是不能通过生物遗传传递给后代的。但是，人类社会并没有因为上一代人离开这个世界，而使得之前人们所达成的价值共识完全消失。那么，具有原初意义的价值共识如何能够超越时间、空间而实现代际传承与发展？年青一代学生的价值观念是如何发生与发展起来的？学生价值观的形成有何规律？教师在对学生进行价值教育的时候应当遵循怎样的原则？价值教育有哪些基本的途径与方法？本章将对这些问题展开论述，并以此建构教师进行价值教育的内在依据。

第一节　价值教育何以必要

从人类的产生与发展历史来看，价值教育伴随并建构着人类的发展。人类社会从来没有哪个时代、哪个民族或哪个国家完全取消过价值教育，反而是从古至今，各个时代、各个民族或各个国家都十分重视对年青一代的价值教育。只是，在现代学校教育产生之前，价值教育是以习俗化的方式进行的，大多是在生活中自然而然地进行着。人们既不质疑其存在的必要性、合法性，也不刻意讨论其可能性。那么，从什么时候开始，对年青一代进行价值教育成了需要讨论的问题呢？教育学术界为何会专门提出价值教育研究呢？

一、价值教育的兴起及其原因

20 世纪中后期以来，随着西方社会发展的转型及其思想文化领域发生的变革，价值教育在西方国家悄然兴起，并且日益成为席卷全球的国际性教育改革思潮。2012 年 11 月，党的十八大报告明确提出：倡导富强、民主、文明、和谐，倡导自由、平等、公正、法治，倡导爱国、敬业、诚信、友善，积极培育和践行社会主义核心价值观。[①] 国内关于价值教育的理论与实践研究呈现迅速蓬勃发展的态势。具体而言，在社会领域中，"社会主义核心价值观已经成为我国社会生活中的重大政治文化概念"[②]；在教育领域中，如何培育和践行社会主义核心价值观、如何有效地将社会主义核心价值观融入国民教育成为各级各类学校教育的重要使命和教育研究的热点问题。

回顾与梳理价值教育在中西教育领域兴起的过程与发展的特点，深入分析各国在教育改革进程中提倡价值教育的根本原

[①]　胡锦涛：《坚定不移沿着中国特色社会主义道路前进　为全面建成小康社会而奋斗：在中国共产党第十八次全国代表大会上的报告》，31 页，北京，人民出版社，2012。

[②]　吴向东：《社会主义核心价值观的若干重大问题》，载《北京师范大学学报（社会科学版）》，2015(1)。

因，不仅有助于我们更加清晰地了解价值教育产生的历程及其针对的教育改革问题，而且有助于教师们更加深入地思考我国教育改革中面临的诸多问题与挑战。

（一）价值教育在西方教育界的兴起与发展

美国是西方国家中较早提出价值教育的国家之一。其价值教育传统可以追溯到 19 世纪末 20 世纪初的人格品质教育；20 世纪 20 年代至 30 年代，美国价值教育逐渐过渡到公民教育，主要强调公民的职责和权利；20 世纪 40 年代至 50 年代，为了摆脱战争和使国家繁荣富强，美国价值教育主要强调为国家奉献的精神的培养。[①]

美国最早明确提出价值教育并展开正式的深入研究，始于 20 世纪六七十年代的价值澄清德育模式（values clarification）。其最具影响的著作是 1966 年拉思斯、哈明和西蒙（Louis E. Raths，Merrill Harmin，and Sidney Simon）合著的《价值与教学：课堂上的价值观》（*Values and Teaching：Working with Values in the Classroom*）。价值澄清德育模式建立在"自由主义"的两个假设基础上：其一，个人是本原性的，社会是第二性的，因此，个人权利先于公共权利，国家不能以任何理由干涉或牺牲个人的权利。其二，国家对公民的生活必须保持"价值中立"的原则，即国家不能把自己的意愿、价值观强加于公

---

① Kirschenbaum Howard，"From Values Clarification to Character Education：A Personal Journey，"*Journal of Humanistic Counseling Education & Development*，2000，39(1)，pp. 4-20.

民。受此影响，价值澄清德育模式的主要观点是：学生对于经过自己认真思考并且作出决定的价值比对于强加在他们身上的价值更关心，在多元文化社会中强加价值是错误的。然而，价值澄清德育模式过于强调价值的多元性，造成价值相对主义，片面强调完全由学生自己进行价值选择，而忽视了教师对学生价值素养的培养责任。

随着校园暴力、青少年犯罪逐渐增多，加之文化上回归公共伦理的"社群主义"势力日益强大，美国教育界开始反思并回归传统的道德教育模式。发展到 20 世纪 80 年代左右，品格教育运动（Character Education）开始在美国价值教育领域兴起。1988 年，美国课程发展监督协会（ASCD）邀请 11 位德育专家组成专家组，起草了一份题为《学校生活中的道德教育》（Moral Education in the Life of the School）的文件，公开呼吁学校应当正面帮助学生养成六种"品德"（公正、无私、勤奋、尊重、民主、诚实），并提出了八条教育上的建议。其中主要的代表人物托马斯·利可纳（Thomas Lickona）教授在他的名著《为品德而教育：我们的学校怎样教育尊重与责任》（*Education for Character：How Our School Can Teach Respect and Responsibility*）一书中曾经尖锐地指出，价值澄清理论流派的问题在于：将一些琐碎的生活问题与重要的价值观混为一谈，四处扩散肤浅的道德相对主义；将"你想做什么"和"你应做什么"混为一谈，忽略了价值标准存在的必要性；同时将儿童当作大人看待，忘记儿童有一个需要成人帮助建立价值观的过程，而不是仅仅澄清已有的价值观。^① 正是基于此，品格教育运动认为价值教育的两个主要任务是：确定合适的价值，这是学校、教育者、被选出来的社会代表共同确定的基本价值原则和规范；把这些价值传递给学生。^②

英国的价值教育虽然起步比较晚，但是发展很快，不管是理论领域还是实践领域都有着突出的贡献。英国价值教育发展的主要特点体现在以下两个方面。

其一，强化国家、学校和教师在价值教育中的责任。英国的价值教育得到政府的重视，出台了相关的国家性教育法规和政策，为价值教育发展提供了政策和法律的保障，促进了价值教育的全面开展。英国1988年的《教育改革法案》在重点关注对课程进行控制的时候，就明确要求学校提供一种广泛而和谐的课程，注意学生在学校和社会中的精神、道德和文化的发展，以便使他们为获得成年人生活的机会、责任和经验而作好准备。^③ 随着该法案的颁布和实施，国家课程委员会(NCC)制定了价值教育方面的相关政策和标准，针对学校教育实践提出了学校应当促进学生精神、道德、社会和文化(SMSC)的发展，并由教育标准办公室(OFSTED)派出视察员去督查价值教育在全国各级各类学校的具体实施。英国《道德教育杂志》的主编莫

---

① Thomas Lickona, *Education for Character: How Our School Can Teach Respect and Responsibility*, New York, Bantam Books, 1991, p. 11.

② Halstead J Mark & Monica J Taylor, *Values in Education and Education in Values*, London & Washington D. C., The Falmer Press, 1996, p. 9.

③ [英]莫尼卡·泰勒：《价值观教育与教育中的价值观(上)》，杨韶刚、万明编译，载《教育研究》，2003(5)。

尼卡·泰勒在其《价值观教育与教育中的价值观》一文中，详细介绍了英国教育行政部门在教育政策中制定的关于价值教育方面的政策和标准。该文以英国的中小学教育为基础，阐释了与学校教育有关的价值观问题，评析了现代多元社会中存在的价值观危机，探讨了教师怎样通过努力改善学校中的价值教育，以及评价学校价值教育有效性的基本方法。

其二，英国的一些价值教育提倡者建立了全国性价值教育联盟以及多所价值教育示范学校，推动价值教育从理论研究走向丰富的教育实践。其中，内尔·霍克斯(Neil Hawkes)作为英国价值教育领域的主要倡导者，于 1999 年出版了对英国价值教育产生深远影响的著作《静悄悄的革命》(*A Quiet Revolution*)。他还在一所小学坚持开展价值教育实践探索，使其成为全球范围内的价值教育示范校。2002 年，内尔·霍克斯组织成立了价值教育联盟(Values Education Trust)以及国际生活价值教育联盟(Association of Living Values Education International)。

2003 年，澳大利亚国家课程部提出了相应的价值教育计划，并且开始筹备价值教育研究。同年，国家教育、就业、训练与青年事务委员会(Ministerial Council on Education，Employment，Training and Youth Affairs)公布：教育不仅是教给学生具体的职业技能，而且是塑造学生的品格；立足于价值的教育可以增强学生的自我认同，使学生对个人成就持积极和负责的态度，帮助学生作出伦理判断、增强社会责任感；家长希望学校能够帮助学生理解和建立个人与社会责任感。[①] 2005年，澳大利亚政府颁布了《澳大利亚学校价值教育全国框架》，提出"关心与同情、努力、公平、自由、诚实与信任、表里如一、尊重、责任、理解、宽容和包容"十大理念，作为学校教育的价值追求。政府专门设立了"教与学单元""专业化学习项目"这两个价值教育的资源项目，以便中小学更好地实施价值教育。此外，教育行政部门在政策、资金、资源和人力等方面给予了专门的支持，并设计了与不同年龄阶段相匹配的中小学价值教育课程、价值教育活动课程及价值教育网站。澳大利亚还针对儿童早期、儿童中期、青年早期和青年晚期四个不同的阶段设计了课程计划和活动，以便有差异性和针对性地开展价值教育。

(二)价值教育在我国教育界的兴起与发展

价值教育在我国教育界的兴起与发展主要可以分为两个阶段：第一阶段是 20 世纪 90 年代末到 21 世纪初期部分教育学者的自发研究，但是价值教育并未作为相对独立的教育研究内容为大多数教育理论与实践工作者所熟知；第二阶段是自 2012 年党的十八大明确提出培育和践行社会主义核心价值观以来，价值教育作为教育的重要组成部分被明确提出，社会主义核心价值观教育逐渐成为我国教育界普遍关注的热点问题。

---

① Terry Lovat & Ron Toomey, *Values Education and Quality Teaching*, Dordrecht, Heidelberg, London, New York, Springer, 2009, p. xiii.

1. 第一阶段：价值教育在国内教育界的兴起

20世纪90年代以来，随着素质教育的广泛开展以及新课程改革的深入推进，我国部分教育学者开始关注到西方价值教育的研究，并且认为宣传和推广价值教育是我国教育改革向深层次发展的选择之一，也是全面实施素质教育、培养社会主义合格公民的重要途径，还是应对科技理性对人类社会生活的宰制以及经济全球化进程中价值多元化挑战的重要举措。

王逢贤教授2000年在其发表的论文《价值教育及其在新世纪面临的挑战》中指出，人类的生存是价值生存，因而教育与价值的关系就是一切教育活动和教育理论研究中的最核心问题，价值教育的实质是创造人的价值的教育或真善美的人的创价教育。由此，他提出使价值教育从仅限于道德教育的传统观念中走出来，将智育价值、体育价值、美育价值……全吸纳到价值教育的视野之中。① 这就意味着在教育中不存在无价值的目标和内容，即不存在无价值的教育。

王坤庆教授2003年在其论文《论价值、教育价值与价值教育》中提出，哲学中的价值理论是价值教育的理论基石。他通过梳理西方哲学中价值论的发展历史指出，在当代唯科学主义思潮盛行的背景下，西方价值哲学特别注重人文价值的弘扬和重建，注重人的自身价值的提升和维护，这些价值观对于当代中国进行价值教育特别是克服过于强调考试、分数和升学的基

① 王逢贤：《价值教育及其在新世纪面临的挑战》，载《高等教育研究》，2000(5)。

础教育的弊端是有启发意义的。文中还对教育价值与价值教育之间的内在关系作出了解释：教育价值主要是理论研究的内容，旨在判断教育活动有哪些价值以及如何去追求和实现这些价值，并形成一种有逻辑联系和基本概念的理论体系；而价值教育主要是教育实践活动的一种类型，是对人们在正确的教育价值观的引导下所从事的教育实践活动的一种称谓。这两者都离不开一定的哲学价值观的导向，教育价值是哲学观指导下的教育理论的一种表述形式，而价值教育是哲学观的教育实践运用，哲学是两者共同的基础理论。[①]

石中英教授 2009 年在论文《价值教育的时代使命》中指出：价值教育所关注的不是学生有关事实性知识、程序性知识或与职业活动直接有关的知识与技能的获得，而是学生价值观念和价值态度的形成、价值理性的提升、价值信念的建立以及基于正确价值原则的生活方式的形成。[②] 2010 年，他在论文《关于当前我国中小学价值教育几个问题的思考》中指出，教育学领域中的价值不能等同于经济学领域中的价值，即指事物或社会服务对人的"有用性"，教育学和伦理学领域中的价值只能被理解为"主体满足需要的正当性原则"。正是根据对两种价值概念的区分，他提出价值教育并不是有关如何增加物品或社会服务"有用性"的教育，而是有关人们如何行为才是"正当的""对的"

---

① 王坤庆：《论价值、教育价值与价值教育》，载《华中师范大学学报(人文社会科学版)》，2003(4)。

② 石中英：《价值教育的时代使命》，载《中国民族教育》，2009(1)。

"好的"或"高尚的"的教育，是有关人们行为正当性原则的教育，因而也是有关培养正直的、真正的、有良好品格的人的教育。①

2009 年，国内正式出版了两本关于价值教育研究的书：王葎的《价值观教育的合法性》和吴亚林的《价值与教育》。王葎在其《价值观教育的合法性》一书中就价值教育在当代学校教育中出现的危机为价值教育的合法性进行哲学辩护，在此基础上提出了价值教育的合理性重建。② 吴亚林在其《价值与教育》一书中详细介绍了国际价值教育思潮的兴起与发展过程，并基于哲学人学思想，就价值教育的含义与目的、特征及其实践形态作出了具体论述。③

2. 第二阶段：价值教育在国内教育界的发展

2012 年 11 月，党的十八大报告明确提出：倡导富强、民主、文明、和谐，倡导自由、平等、公正、法治，倡导爱国、敬业、诚信、友善，积极培育和践行社会主义核心价值观。国内关于价值教育的理论与实践研究呈现迅速蓬勃发展的态势。学者们主要对培育和践行社会主义核心价值观的内涵、意义、基本原则、方法、路径、机制和方法论等问题展开了深入研究。有关培育和践行社会主义核心价值观的研究在经历了"体系建构""理念凝练""顶层倡导""制度设计"之后，进入了"融入

---

① 石中英：《关于当前我国中小学价值教育几个问题的思考》，载《人民教育》，2010 (8)。
② 王葎：《价值观教育的合法性》，北京，北京师范大学出版社，2009。
③ 吴亚林：《价值与教育》，北京，北京师范大学出版社，2009。

转化"的新阶段。如何能够让社会主义核心价值观真正融入中小学日常的教育教学全过程，如何让中小学生发自内心地理解、认同并真正践行社会主义核心价值观，成为我国中小学价值教育的重点所在。

2014年，石中英教授在《人民教育》上连续发表了系列论文《中小学校开展社会主义核心价值观教育的基本原则》《中小学校开展社会主义核心价值观教育的基本途径》《中小学校开展社会主义核心价值观教育的主要方法》，系统阐述了我国中小学校开展社会主义核心价值观教育应当遵循价值教育的规律，遵循青少年身心发展和价值观学习的特点。价值教育应当遵循整体性原则、行动性原则、层次性原则、协同性原则；学校教育可以通过课程育人、实践育人、文化育人、管理育人等基本途径，将社会主义核心价值观融入学校教育的每一个细节之中；价值教育需要克服抽象说教的方式，教师需要将价值教育与真实、具体的价值行动结合在一起，可以采用榜样示范法、活动体验法、案例讨论法、角色扮演法和环境熏陶法等主要方法。

我们可以看到，在我国社会转型时期，教育学领域中一些有社会责任感和实践关怀的学者开始在中小学教育中提倡价值教育，以此解决社会转型带来的价值多元化以及商品化社会的发展导致的"物化"、功利化取向给中小学教育带来的诸多挑战，并且将价值教育作为引领中小学校改革的重要举措。

二、价值教育意味着什么

人们开始热切地关注并讨论价值教育的时候，如何理解价值教育的内涵却一直缺乏应有的清晰性和严格性。正如布列钦卡曾尖锐地指出的那样，许多人在没有对价值教育的有关问题进行充分思考之前就已经接受了它。这种自发的接受之所以产生，部分原因在于价值这个概念几乎带有积极的情感色彩，因而一般被认为对于个体生活取向和群体团结都很有必要。但稍作反思，我们就会产生疑问：价值是什么？当人们谈及价值这个概念时，他们是在同一个意思上使用它吗？人们在价值教育方面应该重视、促进和追求哪些价值？按照什么样的等级秩序对之加以选择？[①]

实际的情况常常是这样的：在日常语言中，人们提到价值的时候，对价值所指含义的理解通常是混乱的、模糊的。现在，许多现象不仅在日常语言中而且在科学语言中被指称为价值，如财富、规范、目标或目的、标准、理想、模式、基本原则、主观的偏爱、兴趣、观念、态度和取向规则，而这些在以前的严格的价值理论意义中很少被视为价值。所有客观上和主观上对人重要的一切都被称为价值——所有推动人的、人所追求的、人实际作为人生取向的和人应该作为人生取向的一切。价值一词有许多意思，但大多数是空洞、模糊的。[②] 因此，教

---

① ［德］布雷钦卡：《信仰、道德和教育：规范哲学的考察》，彭正梅、张坤译，125页，上海，华东师范大学出版社，2008。

② ［德］布雷钦卡：《信仰、道德和教育：规范哲学的考察》，彭正梅、张坤译，127页，上海，华东师范大学出版社，2008。

师首先应当对价值、价值教育究竟意味着什么有清醒的意识。

(一)何谓价值教育

事实上,对价值含义的不同理解必然会影响到对价值教育含义的理解。从相关的研究中我们可以看到,关于价值教育的含义主要有以下三种理解。

其一,将价值理解为目的,价值教育则意味着以目的为导向的教育。价值教育主要讨论的是教育的目的是什么,教育应当追求怎样的目的,应当如何选择教育的目的等问题。然而,如果从广义的教育目的来看,任何教育都是有目的的,那么价值教育就只是教育的另一种称呼而已。由此,价值教育便失去了独立存在的必要性。

从深层次而言,这种观点的根本问题其实是没有理解"有意识的目的"和"合目的性"之间既有联系又有区别。一方面,不是所有"有意识的目的"都是"合目的性"的,即"有目的"不代表其目的的方向是正当的。另一方面,不能以"有意识的目的"是否达到或实现作为其行为正当与否的评价标准,即不能把"成功"与"正当""正确"画上等号,否则就会导致为了达到目的而不择手段的功利主义取向。

其二,将价值理解为个体对人生意义、美好生活的理想追求,价值教育则意味着教师应当帮助学生理解人生意义,形成对美好生活的追求,学会如何选择有意义的生活。于是,价值教育的目标被描述为:"学生们在学校里应该能够过上一种相当平衡的生活，被友谊包围着，跟成人建立有意义的关系，能够进行真正的交谈（而不仅仅是讨论），能够表达自己的情感，能够领略各种各样的艺术，有各种体育活动，有各种业余爱好，有厨艺，有聚会，还可以放轻松。"①毫无疑问，在此意义上理解的价值教育是对现行学校教育中所出现的各种功利主义做法和现象的深刻反思和批判，是真心呼唤我们的教育能够让学生的学习生活是真正丰富多彩的，能够在师生之间、同学之间的真诚交流中形成对人生意义、美好生活的理解，这对于促进学生个人的身心健康成长有着重要的意义。

但是，价值教育的根本意义并不仅仅停留于关注个人生活领域的丰富多彩和内心情感的自由选择与表达，更为重要的是，价值教育应当在公共生活领域培养学生在与他人交往过程中形成为人处世的正当行为方式。这是因为：一方面，如果价值教育只是关注个体的个体性、差异性、多样性，片面强调完全由学生自己作出价值选择，而忽视了培养学生在公共生活中学会达成价值共识，那么其结果就会不可避免地导致价值相对主义和价值个人主义；另一方面，事实上，在与他人交往的时候，个人只有依据正当的价值原则行动和处事，其对幸福生活的追求才是真正有意义的。

其三，将价值理解为人们在社会交往中进行选择、判断和评价时所遵循的原则、理想、标准和规范，价值教育则意味

---

① 克里夫·贝克：《优化学校教育：一种价值的观点》，戚万学、赵文静、唐汉卫等译，中文版序言 7 页，上海，华东师范大学出版社，2003。

着："学生价值观念和价值态度的形成、价值理性的提升、价值信念的建立以及基于正确价值原则的生活方式的形成。"①英国教育学者霍尔斯特德(Halstead)曾明确地提出"价值"的定义："价值是对行为提供普遍指导和作为制定决策或是对信念、行动进行评价……的参照点，是使人据此而采取行动的一些原则、基本信念、理想、标准或生活态度。"对个体(包括对教师)来说，价值"与个人的同一性和整体性密切相关"。② 因此，"价值教育的任务不是要帮助学生掌握有效满足自己各种不同需要的方式方法，而是要帮助他们认识、体验、认同并在日常生活中践行那些被社会所公认的正当性原则"③。

在此意义上，本书关于价值教育内涵的理解主要依据第三种理解。价值教育意味着教师应该帮助学生理解、认同并践行好的、正当的价值原则、理想、标准和规范，教师应当帮助学生理解在与他人交往过程中什么样的行为是好的、怎样的行为方式才是正当的、应当依据哪些正当性原则和规范为人处世。

(二)价值教育与道德教育的关系

价值教育与学校教育中的道德教育、学科教育有着密切的联系，同时它们也有着各自的特点。

首先，价值教育是对道德教育的拓展和延伸。虽然道德规

---

① 石中英：《价值教育的时代使命》，载《中国民族教育》，2009(1)。

② Halstead J Mark & Monica J Taylor, *Values in Education and Education in Values*, London & Washington, D. C. , The Falmer Press, 1996, p. 5.

③ 石中英：《关于当前我国中小学价值教育几个问题的思考》，载《人民教育》，2010(8)。

范对于人与人之间的社会关系有着普遍的规范性和约束性，在整个人类价值体系中处于核心的位置，但是，价值原则并不仅仅限于道德领域，价值还包含着人类社会生活的各个领域所应当坚持和遵循的正当性原则和规范。正是在此意义上，价值教育能够将社会价值、政治价值、经济价值、历史价值、艺术价值、科学价值等方面的价值原则纳入研究视野之中，从而扩展到整个教育领域，而不再仅仅局限于教育的某个方面。

其次，价值教育对包括道德教育在内的各项教育活动都具有引领性意义。价值作为人们在社会交往中所遵循的理想、信念、规范、标准、倾向、态度等，时时处处都对人的发展起着引导、规范和激励的作用。因此，价值教育对于教育的各个部分都具有方向引领和激励作用，由此确立了在整个教育中应有的核心地位。

最后，价值教育需要合理借鉴道德教育所取得的重要研究成果和成功实践经验。价值教育与道德教育都属于理想信念、态度倾向领域的教育，需要回答和解决的基本问题具有内在一致性，两者可以相互学习和借鉴。与此同时，道德教育在人类社会中有着悠久的历史，千百年来先贤哲人们在道德教育领域留下了诸多重要研究成果，这一切也是我们从事价值教育研究不可或缺的宝贵精神财富。

三、传承价值共识——教育者的价值教育责任与使命

价值教育研究的兴起主要与现代社会中价值多元主义、价

值相对主义所造成的价值混乱与迷茫有着直接的关系。在个体层面体现为，个体面临着诸多价值观念选择时，可能会产生混乱与迷茫；在社会层面则体现为，在社会转型时期，当传统的价值认同受到质疑而新的价值共识尚未达成的时候，人们关于社会是否还应当倡导某些价值观念以及这些价值观念如何才能够被人们普遍地理解、认同和践行都产生了诸多争论。教师只有对这些争论和质疑有着清醒的理解，才能够真正回答"我们是否有充分的理由去信仰我们要信仰的，我们是否有充分的理由去做我们所要做的"①。

（一）价值教育中的"阿伦特困境"

汉娜·阿伦特（Hannah Arendt）曾经非常深刻地指出价值多元时代的教育困境："教育本质上不能放弃权威或传统，但它又必须存在于一个既非权威所建构，又无传统可维系的世界里。"②"阿伦特困境"实质上也体现出置身于现代社会中的价值教育面临着两大基本危机。

其一，在价值多元的社会中，价值共识是否还应存在受到质疑。传统社会中人们长久以来一直遵循着的较为稳定、持续、同一的价值观念分崩离析，而被现代社会纷繁复杂的多元价值观所代替。由此，世界陷入多元图式，价值领域分而不合。公共领域消遁了终极、崇高的价值祈望，价值观成为私人

---

① ［美］劳丹：《进步及其问题》，刘新民译，145 页，北京，华夏出版社，1990。
② ［美］汉娜·阿伦特：《教育的危机》，见《过去与未来之间》，王寅丽、张立立译，181 页，南京，译林出版社，2011。

事务。^① 这就意味着价值观"遁入神秘生活的超验领域，或者走进了个人之间直接的私人交往的友爱之中"^②。由此导致的是价值相对主义：如果没有什么价值观是可以让大家共同遵循的，或者在公共领域不能再达成具有普遍意义的价值共识，那么，人类社会将何以维系、何去何从？如果真是这样，对于价值教育而言，这实则是在宣布要取消其存在的基本前提，亦即取消价值教育本身。

其二，随着现代社会中公共权威的消解，教师进行价值教育的合法性也开始受到质疑。正如阿伦特所言，"权威"在公共政治生活中的失落，也必然影响其在私人领域中的失落。这就意味着一件事：成年人拒绝为他们把孩子带入的这个世界负责。^③ 阿伦特充满担忧地指出，现代社会教育危机的根源正是这种"平等主义"，它不仅是机会平等，而且尽可能抹平一切差异。^④ 正是这种所谓"平等主义"抹平了成年人与儿童、教师与学生之间的差距，认为教师无权对学生进行价值教育，一切价值选择都应该由儿童自己做主，而不能由教师作为价值权威的代表要求儿童接受某些价值观念。这样所导致的可怕后果是"儿童被排斥在成人世界之外，人为地被封闭在自己的世界内

---

① 王葎：《价值观教育的合法性》，3 页，北京，北京师范大学出版社，2009。

② ［德］韦伯：《学术与政治：韦伯的两篇演说》2 版，冯克利译，48 页，北京，生活·读书·新知三联书店，2005。

③ ［美］汉娜·阿伦特：《教育的危机》，见《过去与未来之间》，王寅丽、张立立译，177 页，南京，译林出版社，2011。

④ ［美］汉娜·阿伦特：《教育的危机》，见《过去与未来之间》，王寅丽、张立立译，168 页，南京，译林出版社，2011。

（如果我们可以将之称为一个世界的话）"①。这将导致人类文明能否得以延续的集体危机，以及作为人类后代的儿童能否继续被人类文明传统所滋养和启迪，而使得自身有所创新和发展的个体危机。

（二）反思价值教育中"阿伦特困境"产生的原因

我们关于教师对学生进行价值教育是否拥有合法性权威的讨论，实际上与我们究竟应当怎样理解"学生的主体性"有关。在关于师生关系的讨论的过程中，如果说"儿童为中心"代替了"教师为中心"代表着近代教育对于传统教育的超越，那么现代教育关于师生关系的理解，又如何超越片面的"儿童中心论"呢？

阿伦特在《过去与未来之间》一书中曾经深刻地讨论美国教育的危机。当美国社会在进步主义教育思想影响下提倡一切以"儿童为中心"，导致年青一代的基本素养下降时，阿伦特在追问：导致美国教育危机的思想观念中存在的深层次问题是什么？为什么会产生这样的观念？我们应当依据什么在当今社会重新确立教育者应当承担的教育责任？

阿伦特对问题的表达是这样的：人们强调"平等主义"，这样一种平等化的实现只能以牺牲教师的权威和学生当中的少数天才为代价，这将引起对人类文明的未来以及年青一代成长的

---

① ［美］汉娜·阿伦特：《教育的危机》，见《过去与未来之间》，王寅丽、张立立译，172 页，南京，译林出版社，2011。

担忧。"我们可以把下面的断言看作一条普遍法则：在本世纪，任何发生在一国之内的事情，在可预见的未来都同样有可能发生在几乎任何一个国家。"①

阿伦特回答问题的方式也是追根溯源的方式，即追问危机产生的思想根源，而不是停留在问题的表面。

阿伦特指出，美国教育危机的根源在于"平等主义"。使美国的教育危机如此严峻的乃是这个国家的政治氛围，它本身争取平等和尽可能抹平一切差别：年轻和年老的差别、有天分和没天分的差别，最终抹除儿童和成年人的差别，特别是学生和教师的差别。正是这种"平等主义"抹杀了一切差别并牺牲了教师的权威，教师由此放弃了自己的教育责任。

阿伦特认为，在这样的"平等主义"观念之下，被人们广为接受的三个假设及其给教育所带来的危机不仅是美国的教育危机，而且是整个人类社会的危机。

第一个假设是关于"儿童"的假设：存在着一个儿童的世界，"一个儿童组成的社会，它本身是自主的，必须尽可能地把它留给儿童自己去管理，成年人只能在旁边帮助他们"②。其结果并没有给予儿童更多的自由，反倒使他们屈服于更可怕、更专横的多数的权威。最终导致的是儿童被驱逐出成人的

---

① ［美］汉娜·阿伦特：《教育的危机》，见《过去与未来之间》，王寅丽、张立立译，164 页，南京，译林出版社，2011。
② ［美］汉娜·阿伦特：《教育的危机》，见《过去与未来之间》，王寅丽、张立立译，169 页，南京，译林出版社，2011。

世界。①

　　第二个假设是关于"教"的假设：严重忽视教师在其所教科目上的培训。由于教师不需要精通他所教的科目，所以教师仅仅比学生提前一小时学会知识的情形屡见不鲜。②

　　第三个假设是关于"学"的假设：人只能认识和理解自己亲身做过的东西，所以尽可能地"以做（doing）来代替学（learning）"。教师只要投入学习活动的持续操练中，就可以说他不是在传授"死知识"③，就是以技术操练活动代替系统的知识学习。这样做的结果是"为了保护孩童世界的自足价值，我们反而放弃了为孩子进入成人世界做准备，逐渐培养他们工作而不是玩的习惯的责任"④。

　　（三）传承价值共识：教师应当担负的价值教育使命

　　像阿伦特这样充满着强烈的社会责任感与使命感的学者，当然不愿看到教育者放弃自己的责任。因此，她强调教育者担负着双重责任：一方面是对世界的责任，另一方面是对孩子的责任。阿伦特严肃地指出："教育的要义在于，我们要决定我们对世界的爱是否足以让我们为世界承担责任，是否要让它免

---

　　① ［美］汉娜·阿伦特：《教育的危机》，见《过去与未来之间》，王寅丽、张立立译，170页，南京，译林出版社，2011。
　　② ［美］汉娜·阿伦特：《教育的危机》，见《过去与未来之间》，王寅丽、张立立译，170页，南京，译林出版社，2011。
　　③ ［美］汉娜·阿伦特：《教育的危机》，见《过去与未来之间》，王寅丽、张立立译，171页，南京，译林出版社，2011。
　　④ ［美］汉娜·阿伦特：《教育的危机》，见《过去与未来之间》，王寅丽、张立立译，172页，南京，译林出版社，2011。

于毁灭，因为若不是有新的、年轻的面孔不断加入进来和重建它，它的毁灭就是不可避免的。教育同时也是要我们决定，我们对我们孩子的爱是否足以让我们不把他们排斥在我们的世界之外，是否要让他们自行做出决定，也就是说，不从他们手里夺走他们推陈出新、开创我们从未预见过的事业的机会，并提前为他们重建一个共同世界的任务做准备。"①

阿伦特的上述思想，对于教师重新理解价值教育的必要性有以下启示。

其一，教师需要重新理解学生的主体性。一方面，学生的主体性是处在建构发展过程之中的，并不是生而就是完善的现成状态。因此，学生的主体性是在教育过程中不断被人类文明所充实、丰富起来的。由此可见，学生的主体性是需要教育引导和激活的。另一方面，学生的主体性体现在学生学习过程中思想与行动的能动性、主动性和创造性上，即体现为学生对于每个价值原则的理解都是其自主建构起来的，这一过程是不能被其他人所代替的。如果缺失这一主动性，这些价值观念对于学生而言就只是抽象的形式与外在的规则。

其二，教师需要重新理解教师的价值教育责任。教师作为人类文明的成人代表，应当肩负起双重责任：一方面，教师有传承人类社会所达成的重要价值共识的责任；另一方面，教师需要通过价值教育使学生能够真正理解、认同并自觉践行人类

---

① ［美］汉娜·阿伦特：《教育的危机》，见《过去与未来之间》，王寅丽、张立立译，182 页，南京，译林出版社，2011。

社会所需要的价值共识。由此可见，教师的价值教育责任应当同时包含着对社会价值共识形成与传播的责任和对学生价值引领的责任，教师通过价值教育将学生引入我们共同生活的世界。

第二节　价值教育的基本原则

教师能够真正承担起价值教育责任的前提条件是教师能够深入理解学生价值观形成的特点与规律，遵循价值教育的基本原则开展有效的价值教育。

一、学生价值观形成的基本特点

基于发生现象学的视角，我们需要以本原性和构成性的思维方式重新理解学生价值观究竟是如何形成的。我们可以将其形象地理解成"种子长成大树"的过程。价值教育应当让学生内心拥有"种子长成大树"的"基因"，在相应的环境中，学生才能在心中真正"长出"一棵生机勃勃的"价值品质之树"。在此意义上，学生的价值观学习过程才充满了内在的活力与不竭的动力。这就要求中小学教师在开展价值教育的时候，应当遵循学生个体价值观形成的内在特点和规律，通过体验、参与和理解的方式，在学生的心中重新唤醒与激活价值观的"原初意义"，培养年青一代拥有"我们如何生活在一起"的意识与能力。

（一）价值观的学习内容：学生价值观的形成表现出由近及远的特点

孩子的价值观最初源自对父母等家人的熟悉和亲近。在与父母等家人亲密的生活中，孩子熟悉和理解了父母等家人的语言表达、态度倾向、行为习惯、价值观念、思维方式，并在此过程中逐渐形成有自己民族文化特点的语言、行为习惯、价值观念、思维方式等。实质上，个体对价值共识的理解和认同起源于个体身边的、可感的、切近的、面对面的具体的人和事。随后，在孩子的成长过程中，他/她不只了解身边的家人、朋友、同学、教师，其社会交往的范围会由内而外地扩大。

由此可见，学生关于"共同体"中人们所达成价值共识的体验与理解，会随着其社会交往范围的逐渐扩大向周围的其他人扩展。因此，价值教育应当从家庭成员之间人际意识的建立，到学校的同学、教师之间人际意识的建立，再到班级、学校、社区/社会的社会意识的建立，最后到国家意识、全世界的人类命运共同体意识的建立，沿着这样由近及远的体验过程展开。由此，学生逐渐展开关于家庭生活、班级生活、学校生活、社会生活等诸多领域的生动、丰富的价值体验。

（二）价值观的认知方式：学生价值观的形成表现出由具体到抽象的特点

学生的认知发展特点是从具体形象逐渐发展到抽象的理性认识。越是年纪小的孩子，越是需要从身边的、可感的、切近的人和事之中，从亲身参与的活动中去体验"我们如何生活在一起"。学生通过参与各种公共活动，在与他人真实生动的交往过程中获得对他人与社会的理解与认同。

随着学生认知水平的发展，其关于"共同体"的理解也由具体形象的亲身体验发展到更为抽象和一般的理性认识。因此，个体可以超越自身经验有限范围的感受，获得对更广领域、更加抽象意义上的人类共同体的认识。在现代社会，这个变化过程主要是通过学校教育完成的。正是通过系统的学校教育，个体能够更加深入地置身于人类的文化共同体之中，价值观念受其影响和塑造。中小学的基础教育课程承载并传递着民族、国家、人类共同体的价值观念、思维方式、文化理念。如果说"认同使民族成员个体和群体之间的关系得到确认、一定的文化符号得到使用、相同的文化理念得到秉承、共有的思维模式得到礼拜、共同的行为规范得到遵守"[1]，那么，基础教育课程的内容恰恰承载并传递着民族、国家的价值观念、思维方式、文化理念、行为规范等。实质上，正是基础教育课程内容充实着、丰富着学生关于价值原则的理解和认同。学校教育应当通过基础教育课程，让学生形成对社会主义核心价值观的理解与认同。

（三）价值观的学习方式：学生价值观的形成表现出由"直接经验"到"间接与直接经验互补交融"的特点

学生价值观的形成来自生活经验，学生的经验可以分为直接经验和间接经验。直接经验是学生在实践中直接感知和体验到的个体经验，而间接经验是学生通过与他人交谈、浏览书刊与网页以及接受教育等途径学习到的人类在长期实践中积累起

---

[1]　詹小美、王仕民：《文化认同视域下的政治认同》，载《中国社会科学》，2013(9)。

来的种族经验。来自个人的直接价值经验，具有鲜活性、生动性、情境性特征；来自人类种族的间接价值经验，具有抽象性、系统性、一般性特征。

但是，这两种价值经验并不是各自孤立存在的，而是相互交融、相互补充的。一方面，个人的价值经验需要不断融入种族经验，才能超越个体经验的偶然性、个别性、随意性；另一方面，人类种族的价值经验需要不断汇入个体经验，才能让人类价值共识的传承与创新拥有生生不息的力量。杜威曾指出："不能把经验和教育直接地彼此等同起来。因为有些经验具有错误的教育作用（mis-educative）。任何对经验的继续生长有阻碍或歪曲作用的经验，都具有错误的教育作用。有一种经验可以使人感觉淡漠，使人们缺乏感受性和反应性，因而，就会限制将来获得比较丰富经验的各种可能性。再则，一种特定的经验虽然可能在一个特殊领域内增加一个人的机械的技能，然而，又会使他陷入陈规旧套，其结果也会缩小经验继续增长的范围。……再则，一些经验可能彼此互不联结，虽然每个经验本身是令人愉快的或者甚至是令人兴奋的，可是它们彼此之间不能够持续地连贯起来。因此，人们的精力就浪费了，同时，一个人也就变得粗率浮躁了。"[①]

二、学生价值观发展的基本规律

价值教育得以真正实现的关键在于让价值共识成为年青一

---

① ［美］杜威：《我们怎样思维·经验与教育》，姜文闵译，248～249 页，北京，人民教育出版社，2005。

代愿意遵守和自觉践行的行为准则。教师做到这一点的前提在于，价值教育必须遵循学生价值观发展的基本规律。

(一)反思引起价值行为的不同动机

教师思考如何让学生养成符合一定价值原则的行为时，首先需要理解学生符合价值原则的行为可能由不同的动机引起。美国发展心理学家柯尔伯格(L. Kohlberg)曾经论述过，学生符合道德原则的行为可能由以下动机引起。

①利益驱使：行为以利害关系为依据。此时学生心里想到的是：我不想惹麻烦，我害怕受到惩罚；我想要奖赏。

②习俗遵守：行为盲目服从习俗或权威。此时学生心里想到的是：我要取悦某人，我身边的人都这样做，某权威或规则要求我这么做。

③价值理性觉醒：行为拥有意志自由。此时学生心里想到的是：我会理性思考规则的合理性，我有自己的行为准则并奉行不悖。

以上行为动机之间的根本区别在于：从他律到自律，从外在要求到内在追求，从被动遵守到主动建构。真正有效的价值教育方式，应当是能够让外在于学生的价值原则内化为学生自觉的价值理性和内在的价值追求，让学生的价值行为实现从他律到自律、从被动到主动的转变。

(二)柯尔伯格的个体道德发展阶段理论

柯尔伯格在 1957 年测验了 72 名 10～16 岁男孩的道德判

断情况，方法是提出包含道德两难的问题要求儿童予以回答。这个典型的道德两难问题讲述的是一个人为了救垂死的妻子而去偷窃药品的故事。药品的发明者要以十倍于药品成本的价格出卖，这个妇人的丈夫无法攒足这笔钱，而药品的发明者又不肯降价出售或让买者延迟付款。在这种情况下，她的丈夫应该怎么办？①

柯尔伯格指出，判断学生道德发展水平的依据不只是让学生简单回答"应该偷"或者"不应偷"，更为关键的是需要学生回答自己为什么认为"应该偷"或者"不应偷"。柯尔伯格认为，阶段不是由特定的观点或判断限定的，而是由关于道德的思维方式和选择依据决定的。因此，根据儿童的回答所体现出的道德思维方式和选择依据，柯尔伯格将个体的道德判断发展划分为六个基本类型。

1. 以惩罚和奖励为定向，并且服从于体力和物质上的力量。

2. 以对人类关系的工具性观点和享乐主义为定向。开始有了互惠的概念，但是强调恩惠的互换，"你替我抓背，我也帮你抓背"。

3. 以"好孩子"为定向；重视社会的期望，获得他直接所在的团体的赞赏；道德是由人与人之间的关系决定的。

4. 以权威、法律和义务为定向，维护固定的秩序，而不

---

① ［美］柯尔伯格：《道德教育的哲学》，魏贤超译，5 页，杭州，浙江教育出版社，2000。

管是社会秩序还是宗教秩序，因为它们被看作是首要的价值。

5. 以社会契约为定向，但这是在通过民主方式建立起来的秩序内强调平等和相互间的义务，可以用美国的官方道德为例子。

6. 以逻辑综合性和普遍性的个人良心为原则的道德，最高的价值在于人类的生命、平等和尊严。①

在柯尔伯格的个体道德发展阶段理论基础上，美国学者拉瑞·P. 纳希(Larry P. Nucci)划分了学生从5～7岁开始一直到成年共7个阶段的道德与习俗发展水平(表2-1)。②

表2-1　道德与习俗发展水平

大约年龄	概念框架		
	道德领域	习俗领域	柯尔伯格的阶段
5～7岁	能认识到表层的义务(如不能打人和伤人)，在基本要求之外，按照自我利益来给公平排序。	习俗被"具体"描述为经验上的规定(如女人应该穿裙子，是因为平常女人穿裙子而男人不穿)。	阶段1　要遵守规定。人应该避免伤害人和物品。不能协调自我和他人的观念，认为对自己有益的事就是正确的事。
8～10岁	公平与互惠的"公正"概念相协调，后者主要根据严格的均等而被界定，开始关心平等。	否认习俗的概念是经验上的规范性。把习俗的特例(如一些女人穿裤子)作为证据证明习俗是武断的。准则仅仅是一种存在，不能作为遵从的充分依据。	阶段2　道德作为有用的交换——"你帮我抓背，我也会帮你抓背"；行为是为了满足自己的利益和需要，也允许别人这么做。与某人的利益一致时才会遵从规定。

---

① ［美］柯尔伯格：《道德教育的哲学》，魏贤超译，5～6页，杭州，浙江教育出版社，2000。

② ［美］拉瑞·P. 纳希：《道德领域中的教育》，刘春琼、解光夫译，103～105页，哈尔滨，黑龙江人民出版社，2003。

续表

大约 年龄	概念框架		
	道德领域	习俗领域	柯尔伯格的阶段
10~ 12岁	不只是把公平看成严格的均等，开始把对公正（考虑到特殊的需要、情况或别人的贡献）的关心与道德决定过程中的互惠联系起来。	将习俗规定具体地理解为保持秩序（如禁止在大厅里跑步）。认为社会权威的概念和规律是自上而下的，管理人制定规则和保持秩序，可以随环境的不同改变。	阶段3A　做得好的意思是说达到周围人期望或自己角色要求（如好哥哥、好姐姐）的标准。公平是金箴。人应该关心他人。
12~ 14岁	在社会关系中考虑什么是公平和关怀的概念时，巩固公平和均等的关系。	将习俗看成"不过是"社会所期望的东西。认为习俗的武断本性削弱了规则的力量。对行为的评价与规则无关。	阶段3B　基于公平和行为的有害影响作出的决定不受主导规则和角色期望的影响。道德先于习俗。没有"先于社会"倾向的证据。
14~ 17岁	继续巩固。	社会结构的体系概念出现。认为习俗是标准的，并被束缚在有固定规则和稳定等级组织的社会体系之内。	阶段4　认为道德交织在主导体系的法律之中。遵守法律为正确的事情提供了一个客观的基础。保持社会体系是道德秩序和免受伤害的平等保护的基础。如阶段3，对公平和均等不加区分。
17~ 20岁	过渡到成人道德。	否认一致的准则用来保持社会体系。习俗不过是一些社会标准，通过习惯的使用而成为文化。规范的体系是武断的。	阶段$4\frac{1}{2}$　道德和法律及规范体系有关。没有体系会要求先有道德。正义是一个人在其特殊情况下做看起来最正确的事情的一种功能。

续表

大约年龄	概念框架		
	道德领域	习俗领域	柯尔伯格的阶段
成年	道德领域推断。运用公平和有益的概念来对某人的社会体系进行推理。将道德理解为独立于特定体系的准则。将道德的普遍性和规定性与所有人的不相称的/内在的价值协调起来。在逻辑上将道德义务扩展到对待所有的人。	习俗作为一致的东西，在协调社会交往方面有一定的作用。社会团体成员共有的习俗的知识有助于他们的交往和整个体系的运作。	阶段5 "先于社会的观点"：道德是价值观和权力，先于社会依恋和契约。任何一个理性的人都希望这样的价值观和权力是在一个道德社会中反映出来的。

(三)道德判断发展理论对价值教育的启示意义

基于柯尔伯格和拉瑞·P. 纳希的研究结果，我们可以比较清晰地看到，学生价值观的发展过程体现出了以下三个方面的特点。

1. 学生对价值观理解的变化

对于学龄前的儿童而言，其道德发展阶段还处于"前道德阶段"，往往不能够真正理解为什么一定要遵循某些价值观念。这时候，儿童还只是以是否受到惩罚为标准，或者是工具性的互惠交换原则："你帮我抓背，我也帮你抓背。"

对于小学生而言，其道德发展阶段处于"习俗的水平"的第一阶段。小学生之所以愿意遵守价值规范，是由于在乎周围人的看法，希望做父母或教师眼中的好孩子，为了赢得父母或教师的赞同和表扬而做他们希望自己做的事情，因而，这一阶段的学生还只是将价值观作为"外在的原则和规定"。

对于中学生而言，其道德发展阶段处于"习俗的水平"的第二阶段。中学生将价值共识视为维系社会良好秩序和人际和谐的重要准则，认为其应当被遵守。

当学生的道德水平趋于成熟的时候，其道德发展阶段会达到"后习俗、自主的或有原则的水平"。这时，学生会思考制定规则的依据及其合理性，以及价值两难问题及其合理解决方案。

2. 学生价值行为的变化

随着学生价值观的成熟和对价值原则内在意义的深刻理解，学生的价值行为也开始发生变化：从他律到自律，从被动服从到坚守自我原则。学生对价值规范从外在服从、被动遵守到将其视为与自己并行不悖、愿意自觉坚守的价值原则，同时也伴随着学生的世界观、人生观、价值观的形成和稳定。

3. 学生价值思考的出发点的变化

学生从以自我的感受和利益为中心到能够考虑别人的感受和利益，学会由己及人，从关心个人的利益到关心他人的利益、集体的利益，乃至社会的公平、正义。

三、价值教育的基本原则

学生价值观念的产生与发展有其基本特点与规律，教师在开展价值教育时应基于这些特点与规律，形成对价值教育的基本原则的深刻理解。

（一）价值教育的内容应当遵循由内而外的原则

价值规范是人与人在相互交往过程中建立起来的。基于儿童道德认知规律，儿童从小到大对价值规范的体验与建构过程遵循由内而外的原则，即从熟悉、亲近的家庭成员之间的人际交往开始，建立对价值规范的体验与理解，并随着年龄的增长和社会交往范围的逐渐扩大，向周围的其他人扩展价值原则的建立。因此，价值教育应当由内而外地开展：首先，在家庭成员之间相处时，开始确立共同遵守的价值规范；其次，儿童进入学校之后，开始学习如何与同学、教师建立价值规范，并参与社区/社会价值规范的建立；最后，可以思考和参与国家、人类价值规范的建立过程（图 2-1）。

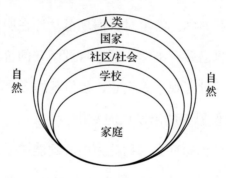

图 2-1　由内而外的原则

（二）价值教育的方式应当坚持由活动体验到理性认识的原则

学生的价值认知发展过程是从具体形象逐渐发展到抽象的理性认识的过程，价值教育的方式必须符合学生道德认知发展的规律和特点。越是年纪小的孩子，越是需要在具体形象的感受与亲身参与的活动中去体验一些基本的价值规范。随着认知水平的发展，学生逐渐能领悟价值规范的意义，并能从理性上认识其存在的合理性与必要性，真正内化和自觉践行价值规范。因此，价值教育的基本方式应坚持"活动—体验—领悟—理解—内化"的基本原则，实现学生由体验价值到理解价值再到建构价值的飞跃(图 2-2)。

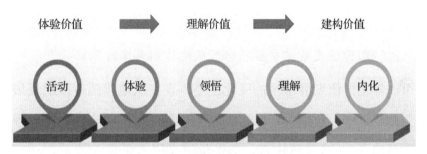

图 2-2　由活动体验到理性认识的原则

(三)价值教育的过程应当坚持知、情、意、行相统一的原则

学生价值品质的培养是一个知、情、意、行整体统一的过程，任何价值观的学习最终都应当体现在学生价值行动的改善之中。然而，价值行动不是孤立发生的，其背后需要价值认知、价值情感、价值意志、价值信念的支持(图 2 3)。个人价值理想会朝着更高的理性阶段发展，也就是作为价值观基本内容的知、情、意、行不断理性化的过程。价值教育的目标是要形成学生的价值判断力、价值敏感性和价值行动力。

图 2-3　知、情、意、行相统一的原则

（四）价值发展水平应当体现从他律到自律的原则

学生价值发展水平的变化主要体现在从他律到自律的发展变化过程中，所谓"在道德上受过教育的人"，应当是一个"理性自律者"。这就意味着，学生价值发展水平体现为从把道德规范当作外在的强制性要求转变为将其当作自己内心的自觉追求的过程。在此过程中，学生的价值发展经历了从价值习惯的养成到价值规范的确立再到价值理想的树立的过程（图 2-4）。

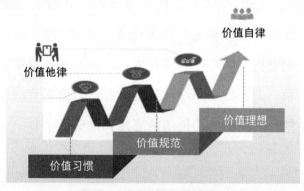

图 2-4　从他律到自律的原则

（五）学校、家庭、社会协同育人的原则

人的价值观念来源非常复杂，有的来自家庭，有的来自学校，有的来自同伴群体，有的来自社会。因此，学校价值教育与外部环境的联系非常密切，学校应当发挥好主导作用，积极主动地与家庭、社区、网络媒体等开展协同活动（图 2-5）。

图 2-5　学校、家庭、社会协同育人的原则

第三节　价值教育的基本途径与方法

教师进行价值教育，应当从学生价值观念所处的具体发展阶段出发，提出合理的价值教育要求，安排适当的价值学习内容并运用恰当的价值教育途径与方法，以促进处于不同年龄阶段的学生的价值观发展。

一、追溯价值观得以传承的基本方式

从人类社会的发展历史来看，价值观在流传过程中主要通过"移情"和解读"文字"这两种方式来激活与唤醒其原初意义。

因此，相应的价值教育方式也主要有两种：基于口耳相传的习俗化习得方式和基于文字符号的认知性学习方式。

第一，人们通过面对面的口头语言或肢体语言交流，实现人与人之间价值观的"移情"，并达成价值共识。由此，价值观最初的流传就是以口耳相传的社会习俗方式存在着，这时的价值教育方式表现为习俗化的生活习得方式。就像孩子在日常生活交往中学会说母语一样，孩子的价值观也是在日常生活交往中自然习得的。这种口耳相传、耳濡目染的社会习俗式的价值教育是人类社会最悠久的教育方式。其优点在于：年青一代能够在真实、具体的生活情境中随时随地获得鲜活的价值体验，能够直接真实地理解价值共识达成的原初意义。对于今天的价值教育而言，我们应当重视并合理利用社会习俗式的价值教育方式，因为这是人类社会最自然和有效的价值教育方式。

但是，我们还需要理解这种价值教育方式得以实现的前提条件：通常需要社会成员能够较长时间地同时在场，来实现面对面的直接经验交往。此外，还需要理解社会习俗式的价值教育通常存在经验性、偶然性及缺乏系统性和反思性等局限。

第二，当文字产生后，人类社会所达成的重要价值共识、社会的核心价值观能够用文字记录下来，成为价值规范乃至社会法律制度。这时的价值教育开始运用以文字符号为载体的认知性学习方式。以文字方式传承的价值教育的特点是：超越了个人的直接经验范围，并且能超越时间、空间的限制，由此使得价值观能够长久、广泛地流传与存在，而且能得到理论化和系统化的理解与表达。虽然语言文字的产生对社会价值观的代际传递有着重要的意义，但价值观念也面临着原初意义被抽空的危险。这就是说，如果后来的人只是将这些用文字记载下来的价值观念当成空洞的教条，并不理解使其产生的原初意义，那么这些价值观念就不会被后来的人所真正理解和认同。这也正是中小学进行社会主义核心价值观教育存在的问题的根本症结。

从发生现象学的角度来看，以文字符号形式存在的价值观念的实质是人们将价值观的原初意义赋予了文字。因此，其对价值观的传承能否真实有效的关键在于能否实现对文字意义的激活，而不是能否记住抽象的概念和符号。所以，如何激活与唤醒文字所承载的原初意义，让语言文字所表达的价值观念重新鲜活起来，就成为中小学开展价值教育的关键所在。

二、价值教育的基本途径：直接的价值教育和间接的价值教育

价值教育的基本途径可以分为直接的价值教育和间接的价值教育。直接的价值教育主要有以下几个基本特征：有明确的价值教育意图，有计划性的价值教育活动，有专门的课程形式（包括道德与法治课、班会课、专题教育活动等）；以直接教授的方式，使学生能够系统、正面、明确地认识、理解、践行正当的价值原则。间接的价值教育主要有以下几个基本特征：价值教育意图不直接和明显；非计划性、非课程性、随机性、情境性、生活化；发生在全体教师的教育教学活动之中，以及师生交往的全部生活之中；以间接感染的方式使得学生的价值观念、价值情感、价值行动力受到潜移默化的影响。由此可见，直接的价值教育主要是指直接的"专门之教"，间接的价值教育主要是指间接的"相机而教"。

在学校教育中，直接的价值教育与间接的价值教育通常是同时发生作用的。但是教师要想自觉、合理地利用这两种途径开展价值教育，则需要深入理解这两种途径产生和演变的过程，深入思考这两种途径各自的优势和局限性及有效开展方式。

(一)价值教育的途径变迁：从间接的"相机而教"到直接的"专门之教"

长久以来，人类社会的价值教育主要以间接的"相机而教"方式进行。"古代教育以伦理为本，而且是个别教育。这种个别化教育以学生的自我修养和道德实践为主，教师只在学生自修和践行中相机施教。"[1]这时的价值教育始终是与教师之教和学生之学相伴随的，即"教书育人"始终是同一的，教师以言传身教、潜移默化等间接渗透的方式影响着学生价值观的形成。我们可以看到，"相机而教"的间接的价值教育具有生动性、情境性、交互性、广泛性，因此其效果通常更具有生命力。

但是，由于间接的价值教育的发生具有经验性、偶然性、随意性，其往往缺乏反思性、系统性、计划性。因此，我们在

---

① 黄向阳：《德育原理》，178页，上海，华东师范大学出版社，2000。

教育实践中看到，虽然间接的价值教育可以开展的时空场景非常宽广，但是由于受到教师自身的价值意识和教育意识的限制，不同专业水平层次的教师把握价值教育时机的能力和对学生价值观形成的影响往往会呈现出显著的差异性和不确定性。

19世纪初期，教学中的智育与德育仍然是紧密联系在一起的。赫尔巴特将"教学"作为教育的一个基本概念单独提出，同时提出了著名的"教育性教学"思想。赫尔巴特断言，不存在"无教学的教育"，也不存在"无教育的教学"，主张"通过教学来进行教育"。[①]

到了19世纪末，随着近代学校教育制度的确立、班级授课制的普及以及分科进行各门学科教育，直接的"专门化"的德育、价值教育逐渐兴起。直接的价值教育的产生主要有以下几个方面的原因。

其一，教学观念的改变。智育的地位越来越重要，而德育、价值教育日益被边缘化。早在18世纪，法国社会学家孔德就主张排除教育中的宗教和政治思想成分，在国民教育中只实施智育。20世纪30年代，美国的公立学校也强调教师不能随意在课堂上传授道德观、价值观，否则他们就是在进行违法的宗教宣传。[②] 随着学科教学逐渐与德育、价值教育相分离，学科教学变成了实施智育的主要途径。如果学校教育要实施德

---

① ［德］赫尔巴特：《普通教育学·教育学讲授纲要》，李其龙译，12～13页，北京，人民教育出版社，1989。

② ［美］加里·鲍尔：《课堂上的德育》，全博编译，载《外国中小学教育》，1988(1)。

育、价值教育，就必须单独开设德育课程或价值教育活动。这就产生了直接的"专门化"的价值教育。

其二，教学目标趋于功利化，价值教育被边缘化。学校教育以升学应试和就业为主要目标。当教学完全围绕着考试这根指挥棒转的时候，教师通常会考什么就教什么，不考的就不教。特别是当学生的价值品质很难通过纸笔测验而得到有效评估时，价值教育就被学科教学排除出去了。

其三，价值教育方式知识化、技能化。虽然教师"相机而教"的价值教育方式始终存在，但是价值教育方式受到了学科知识教育方式的影响，开始走向知识化、技能化，于是"教学在近代成为德育的基本途径"①。

其四，价值教育方式自身的发展也需要从偶然的、零散的、经验自发的教育方式上升为计划性、系统性、有学科理论依据的教育方式。一方面，学生价值品质的养成需要专门的知识、专门的训练和专业的能力；另一方面，价值教育值得专门的关注和研究。因此，价值教育需要建立在价值哲学、伦理学、政治学、教育学、社会学等诸学科的科学研究成果基础上。通过对价值教育究竟应当教什么、怎么教的专业研究，教师才能够清醒、自觉地开展价值教育。

(二)反思直接的价值教育的困境及其改进之道

学校教育通过专门的课程、专门的时间、专职的教师队伍

① 黄向阳：《德育原理》，179 页，上海，华东师范大学出版社，2000。

开展直接的价值教育时，原本是希望从课程、时间、师资上保
证价值教育能够得以充分、有效开展，但是在教育实践中带来
了一系列的问题。

　　首先，直接的价值教育被简化为传授关于价值的知识的教
学，教师通常以教授知识的方式来教授价值观念，使价值教育
成为"关于价值"的课，这样价值教育就不免流于说教或道德灌
输。正如杜威所指出的那样：所谓"关于道德"的课当然就是别
人有关德性和义务的想法的课，只有在学生以同情和尊敬之情
关注别人的思想情感并受到激励时，这样的课才有效果。如果
没有这种关注别人感情的态度，这种功课对性格的影响不会大
于关于亚洲山脉的知识对性格的影响；如果只有一种奴性的关
注，就会增加对别人的依赖，而把行为的责任交给有权势的
人。事实上，直接的道德教学只有在少数统治多数的社会群体
中才有效果。这种教学之所以有效，不是由于其本身，而是由
于整个政权加强这种教学，其不过是一件小事情。在民主主义
的社会中，企图让"关于道德"的课产生类似的效果，就是依靠
感情用事的魔术。①

　　其次，价值教育被窄化为在特定时间、特定地点、特定课
程由专门教师负责的事情，由此失去了全方位的支持，而处于
孤立无援的境地。具体而言，一方面，如果价值教育成为部分
教师的专门责任，那么，其他教师就可以不用承担起价值教育

---

① ［美］杜威：《民主主义与教育》，王承绪译，371 页，北京，人民教育出版社，
1990。

的责任。另一方面，如果价值教育只是在专门的课程、专门的活动中开展，那么，教师就不会太关注弥散在整个教育教学活动中的价值教育时机，也不会太注意自己在与学生交往的每时每刻所拥有的价值教育的影响力。

最后，价值教育从学生完整的生活中被抽离出来，由此使得价值教育失去了与学生生活鲜活的联系，导致学生不能够真切感受和理解价值教育之于生活的意义，因而对其不能发自内心地认同和相信。

面对直接的价值教育所存在的问题，解决之道并不是简单地取消直接的价值教育。因为直接的价值教育有利于系统、全面地向学生传递正面的价值观念，有利于提高学生价值判断力、辨别力。

随着德育和价值教育研究的不断深入，道德发展模式、体谅模式、社会行动模式等德育和价值教育方式的出现使得教师可以通过直接的价值教育促进学生价值判断力、敏感性和行动能力的发展。但是，这些直接的价值教育方式都是非常专业的，需要对教师进行专业培训。

(三)教师如何有效利用间接方式开展价值教育

间接的价值教育以耳濡目染的方式弥散在整体的教育教学时空之中，教师应当充分利用每次与学生相处时的价值教育机会。

1. 充分利用间接的价值教育的优势

首先，间接的价值教育不需要额外增加教育的时间。教师在日常的教育教学工作中只要尽职尽责地完成教书育人的任务即可达到效果，这就使得价值教育不会成为教师额外的工作负担。这有利于拓展教师开展价值教育的思路，"人们开展德育活动的思路往往流于狭隘的'加法'思维——加强德育等于安排更多直接德育课程与德育活动。由于直接德育有需要占用一定时间也需要某些物质条件支持等特点，而学校资源、条件总体上是有限的。因此，只做'加法'的思维是没有出路的，因为学校不可能将所有时间、所有资源都用于直接德育"①。

其次，真实的共同生活作为价值教育的内容，使得间接的价值教育能够让学生的内心被鲜活、真实的故事、案例和切身的经历所充实，因而能够相信、有理解地认同这些价值观，使价值教育能够取得有长久生命力的效果。杜威曾强调，学校德育需要与学生真实的生活发生联系，"学校是一种社会生活，而不是生活的准备"②。

最后，真实、亲切和自然而然的价值教育方式，使得教师可以结合教育教学中遇到的具体问题因势利导地开展价值教育。这就使得价值教育能够超越枯燥说教、刻意灌输的教育方式。

2. 理解间接的价值教育的主要途径

在学校教育中，间接的价值教育主要有以下四个基本途

---

① 檀传宝：《德育形态的历史演进与现实价值》，载《教育研究》，2014(6)。

② ［美］杜威：《道德教育原理》，王承绪等译，2页，杭州，浙江教育出版社，2003。

径：课程育人、实践育人、文化育人、管理育人。

课程育人是间接的价值教育的重要途径。课程育人要求教师在学科教学过程中，将社会主义核心价值观的内容和要求细化，并落实到学科课程的德育目标之中。学科教师能够依据课程标准和学生实际情况设计相应的教学活动，在传授知识和培养能力的同时，将积极的情感、端正的态度、正确的价值观自然融入课程教学全过程。

实践育人是间接的价值教育的重要形态。实践育人要求教师充分利用好校内外的实践育人资源，设计和组织丰富、生动的社会实践活动，将价值教育落实在学生的实践行动之中。例如，组织学生定期参加参观体验、专题调查、研学旅行、红色旅游等活动。

文化育人是间接的价值教育的重要特点。文化育人要求教师将社会主义核心价值观融入校园物质文化、精神文化、制度文化、行为文化之中。教师应当加强校风、班风、学风建设，为学生的价值观养成营造体现主流意识、时代特征、学校特色的校园文化氛围。

管理育人是间接的价值教育的重要体现。管理育人要求学校管理者和教师将社会主义核心价值观的要求贯穿于学校管理制度的每一个细节之中。教师应当鼓励学生积极参与到学生的行为规范管理、班级民主管理和各种面向学生制定的规章制度的设计和实施过程中来，让学生真正参与到价值共识达成的过程中。

间接的价值教育可以发生在学校教育的时时处处，这对教师的价值教育意识和能力提出了较高的要求。一方面，教师自己必须"学高为师，身正为范"，即一言一行都要能够"为师""为范"；另一方面，教师还需要有价值教育的敏感性、判断力和行动力，能够随时随地利用教育时机，针对学生的具体情况开展价值教育。

3. 正确发挥课程育人的价值教育主渠道作用

随着社会主义核心价值观教育进入常态化阶段，教师越来越强烈地意识到，课程育人、学科育人作为价值教育的主渠道，是实现价值教育的关键所在。

然而，我国中小学教师还存在着以简单的"贴标签式"的方式开展课程育人的问题。教师往往会将需要传递的价值观与学科课程内容进行机械的、牵强附会的结合。

究其原因，有以下两点：其一，教师其实是将课程育人理解为"课程"＋"育人"，因此会将学科教学和价值教育分成两个教学环节，在学科教学工作完成之后再生硬地加上价值教育的内容。其二，教师并没有深刻地理解学科的性质特点和教育意义，因此在课程育人过程中没有办法在需要传递的价值观与所教授的课程内容之间真正建立起内在的、实质性的联系。

重建课程育人之道的关键在于以下两点。

第一，教师应当深刻理解学科性质特点，呈现学科独特的育人价值。正如叶澜教授所指出的那样："每个学科对学生的发展价值，除了一个领域的知识以外，从更深的层次看，至少还可以为学生认识、阐述、感受、体悟、改变这个自己生活在其中并与其不断互动着的、丰富多彩的世界(包括自然、社会、人，生活、职业、家庭，自我、他人、群体，实践、交往、反思，学习、探究、创造等等)和形成、实现自己的意愿，提供不同的路径和独特的视角，发现的方法和思维的策略，特有的运算符号和逻辑；提供一种惟有在这个学科的学习中才可能获得的经历和体验；提升独特的学科美的发现、欣赏和表达能力。惟有如此，学生的精神世界的发展才能从不同的学科教学中获得多方面的滋养，在发展对外部世界的感受、体验、认识、欣赏、改变、创造能力的同时，不断丰富和完善自己的生命世界，体验丰富的学习人生，满足生命的成长需要。"①

第二，重新激活与唤醒学科知识与人类的社会生活、学生的现实生活之间的价值联系。一方面，学科知识是人类创造的文明成果，原本与人的生活世界充满着丰富、复杂的联系，承载着人类社会从古至今最为珍视的价值理想和追求。另一方面，学科独特的育人价值需要从学生的内在发展需要出发，课程育人需要让学生真切地感受和体悟到，通过学科课程的学习不断丰富和提升自己对周围世界意义的理解。

三、价值教育的基本方法：激活与唤醒学生的价值体验

人们常说"教无定法"，其实价值教育的方法也是多种多样的。但是教师在选择合适的价值教育方法时，应当清醒地意识

---

① 叶澜：《重建课堂教学价值观》，载《教育研究》，2002(5)。

到学生的价值意识是一种"体验之知"而不是一种"概念之知"。"概念之知"主要是理智的认知，可以通过口授式的方式进行教授，它意味着学生的价值学习以听讲、记忆、复述等方式为主。"体验之知"则意味着知、情、意、行的统一，它意味着学生的价值学习不仅有认知层面的价值知识，而且有动心、动情的价值体验以及具身化的价值行动。因此，真正有效的价值教育方法应当超越"概念之知"的价值讲授方式，走向养成"体验之知"的价值体验方式。

（一）价值教育发生的关键：价值体验的发生

1. 价值体验的发生之于价值教育的必要性

第一，价值教育能够重新激活与唤醒价值观的原初意义的前提在于学生价值体验的发生。教师在进行价值教育的时候，不能理所当然地把价值观当作不言而喻、既定现成的概念符号或抽象的方法知识，而应当将其放到人类社会发展的历史进程中，回溯使其产生和发展的原初意义，这样才能让学生像前人一样对价值观之于人类社会生活的意义感同身受。由此，学生才能真切地体验和感受到这些价值观之于人类社会的历史发展与自己今天生活的鲜活意义，并真正愿意积极主动地学习、内化和践行。

第二，价值教育要传承的不是被动接受现成价值知识的能力，而是启发学生主动思考和真正理解使价值观得以产生的原初意义，从而使学生真正形成价值理解力、价值判断力和价值行动力。

第三，价值观的原初意义能够被真正激活与唤醒的前提是拥有直观性的体验。胡塞尔在其著作中明确提出"直观"是"一切原则之原则"：每一种原初给予的直观都是认识的合法源泉，在直观中原初地（可以说是在其机体的现实中）给予我们的东西，只应按其被给予的那样，而且也只在它在此被给予的限度之内理解。① 因此，"最原初的明见性"就是直观，直观是一切认识得以产生的原初形态，是一切认识得以形成的前提条件。从人类总体和个体认识的产生与发展的真实历史进程来看，直观性是一切认识得以产生的原初形态，人类总体和个体认识的发生以及符号、概念的产生都奠基于直观性这一原初起点。能够真正激活与唤醒价值观的原初意义的前提就是让学生拥有关于价值观的直观体验。

2. 现象学视域中体验的基本内涵

第一，现象学视域中的体验和意识是同义词，体验是一种直观意识。伽达默尔指出："体验概念在胡塞尔那里就成了以意向性为本质特征的各类意识的一个包罗万象的称呼。"②"体验概念构成了对客体的一切知识的认识论基础"。③ 这意味着我们是通过直观的体验来认识和理解这个世界的，抽象的概念、符

① ［德］胡塞尔：《纯粹现象学通论：纯粹现象学和现象学哲学的观念（Ⅰ）》，李幼蒸译，32页，北京，中国人民大学出版社，2004。
② ［德］伽达默尔：《诠释学Ⅰ 真理与方法：哲学诠释学的基本特征》修订译本，洪汉鼎译，100页，北京，商务印书馆，2011。
③ ［德］伽达默尔：《诠释学Ⅰ 真理与方法：哲学诠释学的基本特征》修订译本，洪汉鼎译，99页，北京，商务印书馆，2011。

号、理性的逻辑、技术的方法等都奠基于直观的体验。

第二，直观的体验并不等同于感觉经验，而应当被理解为意向活动建构起意向对象之意义体验发生的过程。因此，在现象学视域中，体验不等于感觉经验。

第三，现象学意义上的体验与通常意义上的体验有所区别。"通常意义上的'体验'概念或是与日常的经历有关，或是与心理行为的领域有关。在胡塞尔的超越论现象学中，'体验'概念基本上是'意向体验'或'意识体验'的简称；它区别于前两种意义上的'体验'。所谓在超越论现象学意义上的'体验'概念也就是指在排斥所有与经验—实在此在(与人或自然动物)的关系的情况下所把握的'体验'概念。"①因此，现象学视域中的体验不等于心理体验，而是一种意向体验。

3. 现象学视域中价值体验的基本特征

第一，价值体验具有主动性和构成性。价值体验不是主体对客观所产生的被动价值反应，而是一种意向性的意义构成关系，这就意味着价值体验的发生是一种意向活动建构意向对象之价值意义体验发生的过程。正如胡塞尔所说：对象不是一个像藏在口袋里一样的藏在认识中的东西，好像认识是一个到处都同样空洞的形式，是一个空口袋，在这里面这次装进这个，下次装进那个。相反，被给予性就是认识对象在认识中构造自身。② 因此，价值意向对象并不是等着被发现的藏在口袋里的

---

① 倪梁康：《胡塞尔现象学概念通释》增补版，152 页，北京，商务印书馆，2016。
② ［德］胡塞尔：《现象学的观念》，倪梁康译，63 页，北京，人民出版社，2007。

东西，价值意向活动也不是一个只是被动地等着被一个个东西装满的空洞的形式，而是意向活动激活的意向对象并被赋予价值意义。

第二，价值体验具有意义的统一性。现象学所关注的体验不是偶然的、个别性的体验，而是"意识体验一般"，"现象学就是纯粹体验的描述性本质论"。① 这意味着，意向对象向我们的感官显现其繁杂的感性材料，同时也向我们的意识显现其同一性的意义。因此，我们总是能够在直观中赋予对象以价值的同一性。正如伽达默尔所指出的那样：如果某种东西不仅被经历过，而且它的经历存在还获得一种使自身具有持续存在意义的特征，那么这种东西就属于体验。② 如果某物被称为体验，那么该物就通过它的意义而被聚集成一个统一的意义整体。③

第三，价值体验的类型包含直接的亲身经历的体验，同时也包含间接的想象构造的体验。胡塞尔指出，现象学的直观并非肉眼之"看"，而是一种意识、精神之"看"，它需要通过知觉与想象尤其是想象的自由变更才能达到。④ 因此，价值体验不仅包括直接的亲身经历的感性价值体验，而且包括在意识中所建构的想象价值体验。这意味着价值体验不再局限于个体的直接经验对感性材料的知觉，而是可以通过想象、移情将体验的

---

① 转引自倪梁康：《胡塞尔现象学概念通释》增补版，153 页，北京，商务印书馆，2016。

② ［德］胡塞尔：《现象学的观念》，倪梁康译，93 页，北京，人民出版社，2007。

③ ［德］胡塞尔：《现象学的观念》，倪梁康译，100 页，北京，人民出版社，2007。

④ ［德］胡塞尔：《经验与判断：逻辑谱系学研究》，邓晓芒等译，399～400 页，北京，生活·读书·新知三联书店，1999。

来源扩展至他人的间接经验。价值体验的对象可以延伸至符号、概念、逻辑等抽象认识。

如果教师只是生硬地讲解或者机械地背诵价值观念，其实很难真正引起学生内心的价值共鸣和价值认同。学生价值观形成的过程，是从直接的亲身体验和想象的体验逐渐发展到深刻、抽象的价值理性的认识过程。因此，价值教育的方法必须符合学生价值观发展的规律和特点，这样才能真正让学生体验到价值原则的意义。随着认知水平的发展，学生逐渐能通过想象和移情理解更加抽象的价值原则，并能够从理性上认识其存在的合理性与必要性，真正内化和自觉践行价值规范。

（二）榜样示范法

真正有效的价值教育，首先是教育者自己相信并能够以身示范的。学生置身于这样的价值氛围中并深受感染，才会在心中产生真正的价值影响力。榜样示范法可以分为直接示范和间接示范两种方式。

第一，直接示范意味着教师通过以身作则、为人师表、言传身教等方式向学生直接示范良好的价值品质。学生通过观察教师的言谈举止，体会教师如何为人处世，并模仿教师的为人处世方式，由此形成自己的为人处世方式。教师在日常的教育教学活动中营造友善、诚信、平等、民主等价值氛围，使学生自然而然地学会关心他人、诚实守信、公平公正地对待他人。因为思想品德不同于知识技能，它主要不是通过直接教来使学生习得，而是通过间接感染使学生习得。促进未成年人道德成长和思想进步最可靠的外部力量，是成年人言谈举止的道德表率作用，以及富有道德感染力的社会氛围。孩子长期生活在团结友爱的氛围里，耳濡目染，将习得关心他人、体谅他人、乐于合作、乐意分享等亲善品质。①

第二，间接示范意味着教师以历史上或现实生活中的道德榜样为典范，鼓励学生见贤思齐，效仿榜样的理想追求、思维方式和行为方式。通常直接示范的教育效果要强于间接示范的教育效果，因此间接示范需要和直接示范相结合。教师为学生树立的榜样也应当是教师本人的学习榜样，这样的榜样教育才会对学生有吸引力和感染力。

榜样示范法的价值教育案例——"深度学习，致敬成志榜样"②

榜样示范法是中小学开展价值教育时最为常用的一种方法，但是许多中小学开展榜样教育时通常缺乏全面的思考、整体的设计以及全方位融会贯通的制度安排。这样导致榜样教育只是一阵风拂过，很难在学生心中留下深刻的印象和理解。清华大学附属小学(以下简称"清华附小")所开展的榜样教育为我们呈现了整体设计、系统规划、有针对性地具体实施的榜样教育典型案例。

第一，清华附小的榜样教育是以年为单位的。清华附小每

---

① 黄向阳：《激发社会的道德感染力：谈未成年人思想道德建设如何取得实效》，载《解放日报》，2004-05-13。

② 中国教育科学研究院：《中小学培育和践行社会主义核心价值观. 行有示范：案例篇》，87～94 页，北京，教育科学出版社，2019。

年都会选择一个成志榜样人物，使学生从情感上不断浸润、得到洗礼。一名学生在清华附小求学六年，就会对至少六个成志榜样人物进行深度学习。对于学生而言，他们可以在整整一年的时间里，在不同的学习场景和丰富多彩的学习内容中接触到与榜样人物有关的课程与活动。由此，学生能够逐渐系统地了解榜样人物，不断深入体会榜样人物的精神境界。对于教师而言，他们有充足的时间准备相关的课程和实践活动，能够充分利用教育教学的实际情况，有机融入榜样教育的元素。

第二，清华附小的榜样人物是全校师生通过民主投票的方式来确定的。清华附小提出了一个重要的榜样教育理念：榜样人物的选择就是榜样教育的开始。学校会从历史节点和榜样人物精神价值等角度向学生展开问卷调查，让学生来选择榜样人物及其作品。选择榜样的过程，也是学生鉴别和学习榜样的过程。比如：2017 年纪念苏轼诞辰 980 周年，选择苏轼作为榜样人物；2018 年是朱自清逝世 70 周年，加上他曾经是清华附小的校董，所以学生们选择朱自清作为该年度的榜样人物。学校将所选榜样人物的人生经历、艺术成就、人格魅力与儿童生命成长的契合点和生长点联系起来。比如，苏轼几次遭贬，但依然乐观向上，是典型的在逆境中坚持的好榜样；又如，怎样让鲁迅与当下的儿童相遇，怎样让童年鲁迅与对国家未来的忧思相遇，确定儿童与未来的主题。

第三，将榜样教育与学科教学融会贯通。清华附小明确课堂是价值教育的主阵地，榜样教育首先要从课堂教学的设计入手。学校通过多学科进阶式的教学设计，实现了榜样走进课堂的目标。以苏轼为例，表 2-2 展示了学校如何通过常规教学进行榜样教育。

表 2-2　榜样教育学科课程群

年段	学科课程		
低年段	三分钟演讲	苏轼成语	美术：成语绘画 道德与法治：吃饭有讲究
中年段		题西林壁	体育：障碍接力 音乐：《念奴娇·赤壁怀古》、竹笛《水调歌头》
高年段	晨读吟诵	苏轼组诗 戴嵩画牛 苏轼之交	英语：Sushi（苏轼） 美术：苏轼的样子

在语文学科中，教师围绕在逆境中坚持的主题，深度挖掘苏轼的原生价值，生发教学价值，实现语言、思维、精神的共同提升。在语文学科三分钟演讲中，学生收集有关苏轼生平的资料。在每天的呈送时间，学生利用呈送读本，诵读苏轼的诗词。在低年段美术课上，学生尝试进行苏轼成语绘画；道德与法治课"吃饭有讲究"切合苏轼的养生之道。中年段体育课"障碍接力"是学生的自主创意，他们用苏轼跌宕起伏的人生地图做障碍接力跑的情景；在音乐课上，学生唱《念奴娇·赤壁怀古》、吹竹笛曲《水调歌头》。学生在高年段英语课"Sushi"上尝试苏轼诗词的英语表达；美术课"苏轼的样子"是学生在语文课上对苏轼的人生有所了解之后的一种艺术表达。学科融会贯通，以语文学科带动全学科，立足课堂教学开展榜样教育，从

多维度、多层次丰富学生的价值体验。

第四，鼓励学生个性创造，激发榜样学习的热情。清华附小鼓励学生发展有个性的爱好，让学生站在榜样教育的正中央。以学习苏轼为例，根据兴趣爱好的不同，学生可以自主选择小课题研究，参与美食烹饪、诗词创作、苏轼养生、苏轼书法、书词人文化、团扇创作等不同的个性化活动。学生充分结合自身的兴趣特长，从多种视角开展小课题研究，或者进行各种各样的创意制作，将自己的理解与感受体现在丰富的小制作上。这些都是具有创意的榜样学习，进一步丰富了榜样教育的儿童视角。

第五，家校共育，形成榜样教育的合力。教师和家长都是学生生活的榜样，榜样教育需要教师和家长以身作则。清华附小鼓励和提倡师生共同学成志榜样、亲子共同学成志榜样。

在每一年的成志榜样人物学习中，教师们都先学起来，利用升旗仪式开展致敬榜样人物微课堂活动。每一次升旗仪式，教师都与学生一起讲一个成志榜样的故事，学一段经典名言。

每年的成志榜样人物学习，学校都通过家委会向家长们发起号召。无论学习鲁迅、朱自清、苏轼还是孔子，学校都号召家长利用周末的亲子阅读时间、利用家庭的阅读时光，和孩子一起阅读、一起致敬榜样人物。在暑假期间，家长们还陪伴孩子一起进行致敬榜样人物的主题游，走进鲁迅博物馆和故居，走进苏轼曾经生活的地方，进一步凸显榜样教育的立体效果。

(三)活动体验法

价值教育的关键在于培养学生的价值行动能力。因此，价值教育应当让学生在活动中切身地参与其中，经历价值共识达成的真实过程，体验到价值共识达成的现实意义。杜威反复强调："民主主义不仅是一种政府的形式，它首先是一种联合生活的方式，是一种共同交流经验的方式。"①"作为一种生活方式的民主的关键，在我看来，似乎可以这样表达出来：在形成调节人们共同生活的价值的过程中必须要有每一个成熟的人的参与。"②虽然中小学生是未成年人，但是他们作为正在走向成熟状态的主体，仍然有意愿、有权利也应该有机会参与到社会价值共识的达成过程中。同时，他们的公共精神与公共理性也正是在参与公共生活的过程当中成熟和发展起来的。

活动体验法可以分为直接体验和间接体验两种方式。直接活动体验法主要发生在学生与身边社会成员的人际交往活动中，主要包括家庭成员、班级成员、学校成员、社区成员之间的人际交往。大家围绕公共生活领域所产生的价值观问题进行对话和协商，最终形成价值共识。比如，可以鼓励和引导学生直接参与家规、班规、学校关于学生行为的规范乃至社区文明公约的讨论与制定过程。间接活动体验法主要发生在学生了解国家和国际公共事务和公共决策的学习活动中。比如，中学生

---

① ［美］杜威：《民主主义与教育》，王承绪译，97 页，北京，人民教育出版社，2001。

② ［美］杜威：《人的问题》，傅统先、邱椿译，45 页，上海，上海人民出版社，2006。

可以模拟人大代表参与人民代表大会，或者模拟联合国代表参与联合国国际会议。参与的关键在于让学生在真实的价值情境中真切地思考与理解"我们应当如何生活在一起"，以及为了"我们能够更好地生活在一起"应当达成哪些价值共识。

每个班在组建之初都会制定班规，但是如果班规只是由教师主导制定，学生被动遵守，这样的班规往往很难真正起到应有的作用。李镇西老师将制定班规的过程视为一次学生民主启蒙的价值教育机会。李镇西老师的这节班会课主要围绕三个问题和学生展开对话与讨论：①我们班是否真想成为一个优秀的班集体？②为了成为一个优秀的班集体，我们班是否需要制定班规？③这个班规应当由谁制定？如何制定？

学生正是通过积极参与班规的制定过程，真切地感受到制定班规不只是教师的事情，也不只是班集体中少数班干部的事情，而是大家在班集体里共同达成价值共识，并获得如何过"民主"生活的切身价值体验。

活动体验法的价值教育案例——一堂班级民主管理的班会课①

1. 讨论是否真想成为一个优秀的班集体

李老师在班会课的一开始就说："我有三个问题要问大家，请大家一定说实话。第一个问题：同学们是不是真想让我们班以后成为一个优秀的班集体？"

李老师的话音未落，学生们已经纷纷点头说是。当然这在

① 李镇西：《做最好的班主任》，89～99页，桂林，漓江出版社，2014。有改动。

李老师的意料之中，谁不愿意生活在一个美好的班集体中呢。但这个问题一定要问，因为这是让学生明确大家拥有共同的目标——建设优秀的班集体。这个问题暗含一个答案：制定班规正是达到这一理想的必经之路。李老师没有一步到位地说出来，而是一步一步地引导着学生。

2. 讨论为了成为一个优秀的班集体，是否需要制定班规

李老师说："好，我也和你们一样，希望我们班成为优秀的班集体。但是我们在建设班集体的过程当中肯定会遇到许多困难，包括我们会犯各种各样的错误，这些都妨碍着我们实现自己的目标，怎么办呢？所以李老师想问的第二个问题是：你们是不是真的觉得应该制定班规？这个问题不要着急回答，一定要想想再回答，不要揣摩李老师的意愿，为了让李老师高兴而说违心的话。"

学生们真的想了想，然后纷纷说应该制定。

李老师说："究竟有多少人同意呢？这样吧，凡是觉得有制定班规的必要性的同学，请把手举起来。"

这时大多数学生把手举了起来。

李老师又说："有没有不同意的？也请把手举起来。反对的同学不要有什么顾虑，我最愿意看到同学们能够勇敢地、真实地表达自己的意愿。"

这时有两名学生把手举起来了。

李老师说："好，不同意就不要违心地同意，我非常赞赏你们的独立精神。"李老师表扬了两名学生，接着问："不过，

你们能够说说为什么不同意制定班规吗?"

张同学说:"制定班规让我们受到束缚,不自由,会影响我们班的和谐气氛。"

刘同学说:"我觉得没有必要制定班规,同学们犯了错误,老师教育就可以了,而且班规是对大家的不信任。我以前看到过一个故事,说一个校长坚持在学校里不装铁门而装玻璃门,因为他相信学生们不会把门撞破,结果几年后玻璃门一点都没有破。所以我觉得应该相信我们同学。"

李老师继续问:"刚才同意制定班规的同学中,有没有听到了这两位同学的观点,认为他们说得有道理,而改变了主意,觉得还是不制定班规的好?"

这时有四名学生举起了手。

李老师又问:"同意制定班规的同学,你们怎么看这两位同学的意见呢?"

这时许多学生争相发言。

唐同学说:"肯定应该有班规,一个班没有规矩怎么行?刘同学说的那个玻璃门的故事不能说明问题,如果玻璃门撞坏了还是得赔偿,这不就是一种规矩、一种惩罚吗?"

王同学说:"不能说制定班规就不自由了,班规是给不守纪律的同学制定的。"

何同学说:"当然应该制定班规,一个集体必须有统一的行为规范,不然会乱套。"

海同学说:"班规不是约束我们,而是引导我们怎么做才最好。国有国法，家有家规嘛。"

当海同学说到家有家规时，李老师插了一句："你们把我们班比作家非常好，但我要问这个家谁是家长？"

学生齐声说："李老师。"也有学生补充说："还有王老师。"

李老师笑了，但斩钉截铁地说："大错特错！"

学生一愣，李老师接着说："我们班集体的每一个成员都是平等的，包括李老师和王老师，都是这个集体中平等的一员。我和你们不是父子关系，而是朋友关系，我们一起建设班集体，共同追求我们的理想。你们说我是家长，里面隐藏了一个观念，认为这个班就靠李老师了。不，我要说李老师是靠不住的。同学们千万不要把这个班的兴衰寄托在一个人身上，无论这个人是李老师还是王老师。大家要把希望寄托于制度，这就是我们即将制定的班规。如果一定要说这个班有家长的话，这个家长应该是体现我们集体意识的制度，就是班规。我们不服从任何人，而是服从班规，班规制约着每一个人，包括李老师。"

学生们显然非常惊讶于李老师的观点，没有一个人说话，教室里很安静。但是从他们认真聆听的神态中，李老师知道绝大多数学生理解了他的观点。

李老师又对张同学和刘同学说："制定班规就是不信任同学们吗？我认为不是。尊重和信任同学们，和严格要求同学们是不矛盾的。这里的严格要求，就包括合理的规章制度。要知道，人的天性里有懒惰的因子，有自我放纵的潜意识，因此需要外在的约束，这些约束就包括制度的约束。我多次和同学们说过'战胜自己'，还说过'真正的教育是自我教育'，这和我们今天所说的外在的约束不是矛盾的。既有自我教育，又有外在约束，自律和他律的统一才是完整的教育。或者说，通过他律最后达到自律——也就是自我教育、自我约束的最高境界。其实，我们的班规也是同学们自我教育和自我约束的一种形式，因为班规是大家制定的呀。教育还包括行为的养成，而行为养成就包含行为的训练，该做什么，不该做什么，都要有规矩。其实好的制度应该让遵守的人感觉不到制度的存在，同时又使不遵守的人处处感受到制度的约束。比如，李老师就感觉不到刑法的存在，我一点不觉得受到了约束：不让犯罪，太不自由了！（学生大笑）但是我常常感受到交通法规的制约，因为我现在开车上班，前几天为了赶在你们出操之前到学校和大家一起跑步，我差一点儿闯红灯。每当这时我就想，如果闯了红灯，不仅可能危及他人和自己的生命安全，而且我要被扣分，还要被罚款，所以我不敢闯红灯。无论我们多么相信人，要知道从理论上说人都会犯错。那么根据这一点，我们制定出规章制度，就是为了防止大家犯错或让大家少犯错。因此我认为制度是必需的，班规也是必需的。"

李老师继续问张同学："听了刚才同学们的发言和老师的话，你对制定班规想通了吗？你原来的想法有没有改变？"

张同学说："快了。"

学生们善意地笑了。

李老师又问刘同学：“你呢？同学们和老师把你说服了没有？”

刘同学说：“没有，我还是不同意制定班规。”

李老师说：“不要紧，没有被说服就保留你的看法。但是——”李老师转身问大家，“这个班规还制定不制定呢？”

学生们都说：“要制定！要制定！”

李老师说：“我们只能少数服从多数，制定！”但李老师同时补充了一句：“我们也尊重两位同学的意见。”李老师特别大声地强调：“民主有两个原则：行动上，少数服从多数；精神上，多数尊重少数。”

3. 讨论班规究竟应当由谁制定

李老师看到绝大多数学生同意制定班规，便提出了第三个问题：“这个班规由谁制定？”

这次学生们能够自信地说出：“由我们自己制定。”

“非常好！”李老师赞叹道，“班规是应该由同学们制定，而且是每一个人参与制定，注意是每一个人，而不仅仅是班干部。李老师当然也要参与制定，但我主要和大家讨论制定班规的原则。”

4. 讨论制定班规应当遵循的原则

李老师继续引导大家：“班规制定应该遵循怎样的原则呢？”

同学们面面相觑，显然没有想过这个问题。李老师只好说：“我先谈谈我的想法，仅供同学们参考。我想，制定班规是不是应该遵守这样三个原则？第一，广泛性。"

学生们对李老师的说法好像不太理解，眼睛里充满了迷惑。

李老师解释说："这个班规应该尽可能穷尽我们同学们和李老师今后可能发生的任何违纪现象。打个比方，如果刑法里头没有规定不能盗窃，那我盗窃就不能算犯法。"

学生们笑了，同时说："不可能！"

李老师说："是呀，之所以不可能，是因为法律规定，盗窃违法呀！同样的道理，如果我们的班规没有对迟到作出限制，那么，同学们天天迟到，李老师也不能批评你们，因为你们没有违反班规呀。我们是'依法治班'嘛！当然，这里的'法'不是真正意义上的'法'，一个班是没有立法权的。我只是从精神实质上打个比方。我要说的是，今后我们的班规相当于我们班的法律，而制定法律的时候尽量不要有漏洞。"

学生们点头表示同意。

李老师接着说："第二个原则是，可行性。就是说班规制定出来以后，要能够落实，而不能成为一纸空文。要做到具有可行性，我想是不是有这些要求：第一，班规的条文应该是对行为的约束，而不是对思想道德的提倡。也就是说我们班的班规只管行为，也只有行为我们才能约束。比如，我们不能将'勤奋学习'作为班规，这不可监督，但如果写成'课堂认真听讲，按时完成作业'之类就具备可行性了。第二，班规的可行性还体现在所作出的规定要有弹性，不能太绝对。如果没有一点弹性，以后是很难实行的。举个例子，我们可以规定按时交作业，但总有一些时候因为特殊原因如生病呀，或者忘记带作业本啊，有同学可能不按时交。那么我们可以制定这样的规则，'每学期缺作业或不按时交作业不得超过一次'，也可以规定'两次'，但同时要写明，'缺作业必须向老师作出说明'。这样的弹性并不是降低要求或迁就不交作业的同学，而是让班规更加符合实际，从而真正能够实施。"

同学们纷纷点头，觉得李老师说得有道理。

李老师继续说："但这样还不算有可行性，因为有一点没有作出规定——违反班规了怎么办？也就是说需不需要惩罚？"

学生们齐声说："需要。"

李老师接着问："怎样惩罚？"

有学生说罚打扫卫生，有学生说罚抄作业，有学生说罚款。

李老师说："劳动是光荣的，怎么成了惩罚呢？抄作业我也不同意，学习应该是愉快的。至于罚款，我更反对，又不是你们的钱，是家长的钱。你们犯了错，怎么要罚家长的款呢？"

学生们没辙了，他们望着李老师，似乎在问："那您说怎么办？"

李老师说："和同学们一样，我也主张有惩罚，没有惩罚的教育是不完整的教育，但我要说的是惩罚不等于体罚。我想我们的惩罚措施能不能既有精神的也有行动的？前者比如谁犯了错误，我们就让他给大家表演一个节目，给大家带来一些愉快，以表达他的歉意。后者比如谁打扫卫生不认真，可以规定他必须重新做。你没有做好，让你重做一遍是理所当然的。前几天我看到有的小组打扫卫生就不太认真，但没有叫他们重做，是因为没有班规。现在我们可以作出这样的规定，这就是我理解的惩罚。"

学生们纷纷说："可以，应该这样。"

李老师继续引导："但是这样还不具有彻底的可行性，因为谁来监督执行没有明确。我们国家的法律专门有司法部门执行，但班规的每一条由谁执行呢？"

学生们说："班干部。"

这次大家没有说由李老师来监督，已经能感受到学生们观念上的进步了。但李老师对他们说，班干部也不合适。

李老师说："班干部应当起到执行班规的作用。我随便假设一个例子，比如一个同学打扫卫生不认真，按班规应该重做，假如生活委员杨海峰不惩罚这个不认真打扫卫生的同学，因为他当晚便请杨海峰吃了一顿火锅。同学们，你们别笑，制度必须把一切可能的情况考虑到。如果杨海峰不要求那个同学重做，该怎么办？"

学生们不笑了，他们一下子被这个问题难住了。

李老师说："因此班规上除了规定哪一条由谁执行之外，还得写上由谁监督。"

学生们便问李老师："如果那个监督的同学不负责任怎么办？"

李老师说："我们定期，比如一周、一个月或半学期进行一次民主评议，评议每一条班规的执行情况，特别是评议执行者和监督者的表现。我们的制度要把每一个人包括李老师都置于监督之中，这就是我所说的可行性，这一条非常重要。其实你们原来小学或初中时也一定有班规，但是有的班规只不过是贴在墙上的装饰，为什么？因为缺乏可行性。因此我们必须考虑班规的可行性，当然特别要说明的是，具有可行性的班规也是对中小学生日常行为规范的补充或者具体化。"

李老师开始对学生说最后一个原则："我们制定班规，除了尽量做到广泛性和可行性，还有第三个原则——制约性。即同学之间和师生之间相互制约，也就是说这个班规不是班干部和老师拿来约束同学们的，而应该制约每一个人。我特别要强调的是，这个班规必须对班主任进行制约。"

学生们又一次没想到李老师会这样说。李老师耐心地解释道："对于一个国家来说，任何公民包括国家领导人都必须守法，这是常识。对于一个班集体来说，任何一个成员包括老师都必须遵守共同制定的班规，这应该是常识。因为李老师也会犯错，如果你们不通过班规制约我，我会肆无忌惮地犯许多错误。比如，过去李老师做班主任是从不拖堂的，从来都按时下课，但开学以来我已经拖堂好几次了，为什么呢？我们还没有班规嘛，同学们还没有从制度上对我提出规定嘛，因此我拖堂也不算违规。如果以后班规作出了不允许拖堂的规定，我就不会，不！是不敢拖堂了。再说了，班规对老师的制约并不是为难老师，而是帮老师改进工作。我问你们：你们觉得李老师脾气好不好？"

大家都说："好！"

李老师说："可是，你们知道吗？李老师以前的脾气可暴躁了。但现在为什么变得越来越温柔，越来越有耐心呢？这就是我以前的学生对我的帮助。怎么帮助的呢？通过班规对李老师作出规定。如果李老师对同学们发火了，必须接受惩罚，这样一来，我的脾气就慢慢变好了，我的教育也慢慢走向成功了。你们看，班规对老师的制约多么重要。"

李老师又说："关于制定班规的原则，我就说这么多，同学们不同意也不要紧，你们可以谈谈你们的想法。"

学生们说："我们同意李老师说的几个原则。"

李老师说："好，那我们今天的最后一个问题是，这个班规由谁来制定？"

"我们制定！"学生们大声说。

"对，是你们！但是——"李老师说，"所谓'你们'应该是指你们每一个人，而不仅仅是班干部！这几天同学们可以根据三个原则思考班规内容，下周四开始军训，你们军训期间可以继续思考或打草稿。等国庆节放假回来，请每一个同学交一份班规。"

学生们很惊讶，为什么制定班规会花这么长的时间？

李老师说："制定班规是一件非常严肃的事，如果老师匆匆抛出一份班规，让大家照着做，效率是很高，但这样的班规多半不能执行。我们还是多花一些时间好。过了国庆节，我们请班干部将每一位同学制定的班规进行综合整理，提出一份草案，大家再来修改。最后，我们将以无记名投票的方式对班规进行表决。如果通过了，就执行；如果没有通过，我们重新制定！总之，这是大家的事情，一定要严肃认真。"

学生们都表示同意。

下课的音乐声响了，李老师简单总结道："这份班规将是我们班的'法律'，而法律面前人人平等。李老师多次说过，班主任是靠不住的，唯有集体的智慧和意志以及体现这些智慧和意志的制度也就是班规，才能保证我们班逐步成为一个优秀的班集体！这是我们共同的理想！而在这个过程当中，同学们在成长，李老师也将和你们一起成长！"

下课后，不少学生对李老师说，原以为班规就是一开学老师给大家提几条规定，然后要大家照着做——以前就是这样，没想到制定班规还有这么多讲究。他们觉得这班规真正是自己制定的。

不仅仅出台一份班规，更着眼于学生自我教育和自我管理意识的唤醒与能力的培养；不仅仅让学生遵守纪律，更着眼于教师和学生的共同成长；不仅仅达到民主管理的结果，更着眼于民主教育——把制定班规的过程同时变成对学生进行民主精神启蒙和民主实践训练的过程。

通过上述案例我们可以看到，教师要有意识地邀请学生参与到班规的制定过程中，亲身经历价值共识达成的过程。与此同时，教师还要引导和培养学生具备达成价值共识的能力。学生在这样的价值体验过程中收获颇多：学会了如何既能够表达自己的利益诉求，又能够维护公共利益；学会了如何合理面对与恰当处理自己的价值诉求与他人的价值诉求的不一致；学会了在达成价值共识之后如何设置合理的惩罚与奖励机制，如何建立可行的执行和监督机制；学会了如何检验价值共识的合理性，如何组织与协调大家一起修改与完善所达成的价值共识。这样的价值教育能切实培养学生参与社会公共事务的公民素养。

（四）角色扮演

人们生活在群体之中，担当各自的角色。角色与行为之间有着密切的关系，人一旦确定了自己的角色，就会确定自己的行为方式。因此，角色制约着行为，角色扮演成为价值学习的重要方式之一。

角色扮演需要教师向学生提供各种以经验为基础的学习情境，通过人际或社会互动情境，再现学生真实生活中可能发生的人际或社会难题。由角色扮演所引起的一系列言语或行动、理智或情感反应，成了学生价值探索的直接经验。借助于这些经验，学生可以去探究和识别自己及他人的思想、情感，洞察和理解自己及他人的立场、观点和内心感受，形成解决人际或社会问题的技能和态度。角色扮演有助于培养学生对他人处境、需要、利益的敏感性以及设身处地为他人着想的移情能力，有助于引导学生处理人际冲突，改善人际关系。

美国学者谢夫特(Shaftel)指出，在角色扮演的过程中必须有设计，要有表演前对问题的描述，还要有表演后对问题的深入讨论。谢夫特列出了角色扮演模式的结构序列(表 2-3)。[①]

表 2-3 角色扮演模式的结构序列

阶段	内容
第一阶段 使小组活跃起来	认定或提出问题。 使问题明确起来。 解释问题，探讨争端。 说明角色扮演的经过。
第二阶段 挑选参与者	分析角色。 挑选角色扮演者。
第三阶段 布置舞台	划定表演的行动路线。 再次说明角色。 深入问题情境中去。
第四阶段 培训观察者	决定要注意什么。 指定观察任务。
第五阶段 表演	开始角色扮演。 继续角色扮演。 中止角色扮演。
第六阶段 讨论和评价	回顾角色扮演的表演(事件、观点、现实性)。 讨论主要观点。 设计下一次的表演。
第七阶段 再次表演	扮演修正后的角色，提出此后的步骤或行为选择的建议。
第八阶段 讨论和评价	同第六阶段。

[①] 丁证霖等：《当代西方教学模式》，317 页，太原，山西教育出版社，1991。

续表

阶段	内容
第九阶段 共享经验与概括	把问题情境与现实经验同现行问题联系起来。 探索行为的一般原则。

角色扮演的价值教育案例——通过角色扮演正确处理同伴冲突①

1. 案例背景

高中生正处于青春期,这一时期的学生具有以下特点:一方面,人际交往的需求进一步增强,渴望认识和了解更多的人;另一方面,自我意识快速发展,进入了第二个自我中心期。这就容易导致他们在极度看重他人的看法、希望被人接纳和喜欢的同时,凡事从自己出发,不太顾及别人的感受,从而容易与人发生冲突。

通过对高一年级200多名学生的调查发现,超过60%的学生认为同伴冲突是他们经常遇到的人际交往问题,而几乎所有学生都希望教师能在这一问题上帮他们排忧解难。

采用破坏性方式解决冲突,往往会导致个人的适应不良和人际关系的紧张。而在建设性地解决冲突的过程中,个体能够逐渐获得观点采择能力,学会协商、互助与合作,增长社会交往能力,并最终促进个体社会化与良好个性品质的发展。可见,同伴冲突对个体的发展既是一种挑战,也为个体练习冲突解决技能、提高社会适应能力提供了良好契机。

---

① 本案例由北京市第十二中学一位心理健康教育教师提供。

2. 价值教育目标

在情感层面，克服对同伴冲突的畏惧，树立与同伴和谐相处的信心；在认知层面，正确认识冲突的价值和合理处理冲突的重要性；在行为层面，掌握处理冲突的一般策略和最佳策略，学会与同伴和谐相处。

3. 价值教育方案

以发生在学生身边的案例为切入点，通过角色扮演，将冲突处理策略与学生生活经验相联系，从而使学生对各种冲突处理策略的利弊产生深刻认同，进而激发学习和掌握处理冲突的最优策略——问题解决策略——的动机。通过小组讨论，让学生结合自己成功处理冲突的经验进行生成。指导学生得出问题解决策略的关键步骤，最终学会积极的冲突处理方法。

4. 价值教育实施过程

角色扮演的价值教育实施过程如图 2-6 所示。

图 2-6 角色扮演的价值教育实施过程

(1)角色扮演

①活动目的：

用学生身边的故事导出冲突主题，同时引导学生认识冲突的两面性，唤起学生积极解决冲突的愿望。

②活动内容：

两名学生表演小薇与小云的故事。小薇与小云是高一同班同学。舞蹈课上，教师将全班分组进行自编舞排练，各班的优秀舞蹈将参加全年级的展演。小薇、小云和其他3名学生被分到了一组。小薇自小练习舞蹈，因此被推选为组长，负责编舞、配乐并组织大家练习。然而，小薇的工作不断受到小云的挑战。小云在练习中处处挑毛病，有时还给出一些替代性的建议，甚至要求换掉小薇的方案。但因为小云没有学过多少舞蹈，她的意见总得不到小薇的采纳，两人的关系随即紧张起来。终于有一天，两人大吵了一架，自编舞活动也因此停滞不前。日子一天天过去，其他组的学生早就开始按部就班地练习了，可小薇她们组连跳什么舞都还没定下来。

学生思考：对小薇/小云来说，冲突是好事还是坏事？

教师总结：不同处理方式会得到不同的结果。引出本节课的主题。

(2)故事续写

①活动目的：

让学生通过对小薇与小云的故事的续写，梳理生活中常见的冲突处理策略。

②活动内容：

学生思考：假如你是小薇或小云，你将如何续写故事？面对当前情境，小薇或小云会怎么做？

学生通过思考，生成常见的冲突处理方式。

教师概括并板书。

(3)心理知识窗

①活动目的：

让学生了解冲突处理的一般策略及其适用情境，并通过比较找出处理冲突的最优策略——问题解决策略。

②活动内容：

教师讲解处理冲突的五大策略：心理学家布莱克(Blake)和穆顿(Mouton)按照人们处理冲突时对自我和他人关注程度的高低，将常用的处理冲突策略归为五大类，分别是逃避、服从、强制、折中和问题解决。

学生思考并回答：我们在故事续写中提到的策略与以上策略具有怎样的对应关系？

教师启发学生思考五大策略各自的适用条件：在刚才续写的故事中，你一定会发现，有一种策略取得了最好的结果，就是问题解决策略。因为这种策略既体现了坚持自我的勇气，也体现了成全别人的胸怀。但是，在日常生活中，未必所有的冲突都是使用问题解决策略处理的，因为使用这种策略需要具备很多条件(你自己会不会，对方愿不愿意，客观条件允不允许，等等)。在条件不具备时，使用其他策略是不是反而具有优势呢？

学生思考并回答其他四种策略——逃避、服从、强制和折中的适用情境。

教师启发学生思考：然而，从长远来看，只有问题解决策略能比较彻底地解决冲突，实现双赢。大家想不想知道，如何使用问题解决策略呢？

（4）小组讨论

①活动目的：

让学生通过自身经验生成处理冲突的最优策略的具体步骤，了解各步骤之间的关系，找出应对冲突的关键点。

②活动内容：

学生讨论：回忆自己亲历的一次成功的冲突解决过程，回想其中的细节，是哪些关键步骤促成了这次成功？4人一组，讨论并归纳出2～3个要点。

教师总结：应对冲突"四步走"，并以小薇与小云的故事为例进行解析。

第一步：聚焦引发冲突的主要问题。因为冲突必然以某事为导火线，但是导火线未必就是主要的问题，问题根源更可能是累积的不愉快，必须予以澄清。

——小薇以为小云质疑的是自己的编舞能力，但小云不满的是小薇的领导风格。

第二步：了解彼此的需求。找到问题症结后，还要求冲突双方既能坚守自己的需求，又能允许对方表达不同的需求或愿望。

——小薇作为组长，希望大家都能服从要求（尊重组长、完成任务）；小云却希望组长能听取组员的意见，包括实际困难或具体建议（人文关怀）。

第三步：讨论解决办法。冲突双方讨论有哪些可能的解决方法。

——小薇提供的方案是：愿意听取不同意见，多考虑别人的感受。小云提供的方案是：愿意服从大局，增强合作能力。

第四步：达成共识。将所有解决方法列出后，讨论各方法的优缺点，找到双方都同意的方法后加以实施。

——小薇和小云都同意对方作出的改变，小云认可小薇编的舞蹈，小薇也觉得小云在音乐上给出的一些建议值得尝试。

教师引导学生思考：如何看待以上四步之间的关系？其中比较关键的步骤是哪些？

学生思考并回答。

教师总结：第一，四步都很重要，环环相扣，缺一不可；第二，具体情境具体分析，自己最难实现的那一步通常是冲突处理的关键；第三，我们应该在充分认识四步重要性的基础上给予第二步更多的关注，不仅因为它体现了问题解决策略的主旨，而且因为给予别人充分的理解和关注恰恰是我们这个年龄段容易忽略的。

学生观看视频《朋友》片段并分析：在这段视频中，冲突双方使用了"四步走"中的哪些关键步骤促成了冲突的顺利解决？

（5）分享收获

①活动目的：

进一步加深学生对本节课主要内容的印象。

②活动内容：

学生分享本节课的收获与感受。

(6)总结提升

①活动目的：

用一则小故事和一首歌曲的片段唤起学生积极面对冲突、宽容对待他人的美好情感。

②活动内容：

故事分享：两个同伴在沙漠中旅行，途中他们吵架了，一个还给了另一个一记耳光。被打的觉得受辱，默默地在沙上写下："今天我的同伴打了我一巴掌。"他们继续往前走，来到水边。被打的那位差点淹死，幸亏被同伴及时救起。获救后，他用小刀在石头上刻下："今天我的同伴救了我一命。"打人的同伴问："为什么我打了你，你写在沙上，我救了你，你刻在石头上呢？"另一个回答："同伴的伤害要放在易忘的地方，风会抹去它；同伴的好要刻在心的深处，任何东西都不能将它抹去。"

教师总结：希望同学们也能像故事中的人一样，把同伴的伤害放在易忘的地方，把同伴的好放在心的深处，因为同窗相聚是一种难得的缘分，让我们做相亲相爱的一家人，携手共进，和谐相处。

播放《相亲相爱的一家人》音乐片段：

我喜欢快乐时，马上就想要和你一起分享。

我喜欢受伤时，就想起你们温暖的怀抱。

我喜欢生气时，就想到你们永远包容多么伟大。

我喜欢旅行时，为你把美好记忆带回家。

因为我们是一家人，相亲相爱的一家人。

有缘才能相聚，有心才会珍惜。

何必让满天乌云遮住眼睛。

5. 教学效果反馈

本节课得到了以下三种方式的反馈：学生辅导过程中的参与度、课后学生访谈及同行评议。

①学生辅导过程中的参与度。本节课涉及学生的负面生活事件和负面情绪体验，容易引发学生的防御心理和回避态度。但学生对教师关键问题的回应能切中肯綮，呈现了积极思考的状态。学生在分享环节能准确概括出本节课的要点，自述能感受到本节课的价值。

②课后学生访谈。对5名学生进行课后访谈，学生表示本节课丰富了他们应对冲突的经验。

③同行评议。本节课上过区级和市级公开课，受到了一致好评。

6. 价值教育案例评析

本节课通过角色扮演，将学生带入价值冲突的情境之中，帮助学生设身处地体会和理解他人的感受和思想。教师引入了冲突管理坐标网格来帮助学生理解和掌握冲突管理的一般策略和最优策略，具有理论指导意义。在此基础上，教师带领学生生成了最优策略的四个步骤，具有实践指导意义。案例讨论一案到底、多个互动环节由浅入深，实现了对冲突主题较为深刻与细致的剖析，成功传递了友善价值观。

（五）价值两难问题讨论法

以往的价值教育往往采取说教式的讲述方式，有时教师只是讲述一些抽象的理论与道理，学生常常听得云里雾里，并不明白这些理论与道理对于自己的日常生活有何实际意义。教师可以和学生一起讨论价值两难问题，促进学生的价值判断不断向更高水平和阶段发展，并且增强学生价值判断和行为的一致性。

首先，价值两难问题讨论法需要教师设计问题情境，让学生设身处地地感同身受，真正体验和理解到使价值观念得以产生的原初意义究竟何在。其次，通过提出价值两难问题或话题，让学生深入思考如果自己面临这样的价值困境会怎么办，如何作出可行的价值选择。最后，让学生在充分表达自己的理解与师生讨论的过程中，经历价值共识产生的过程，而不是由教师直接告知其结论。

哈佛大学桑德尔（Micheal J. Sandel）教授开设的"正义"公开课为我们提供了如何用价值两难问题讨论法进行价值教育的经典案例。

价值两难问题讨论法的价值教育案例——桑德尔教授的"正义"公开课[①]

1. 设置价值两难问题情境

在上课一开始，桑德尔教授并不是直接告知学生有关正义的各种名词或概念，而是通过讲述故事的方式设置了一个价值

---

① ［美］迈克尔·桑德尔：《公正：该如何做是好？》，朱慧玲译，22～25页，北京，中信出版社，2011。有改动。

两难问题情境。

假设你是一辆有轨电车的司机,电车以 60 英里^①的时速沿着轨道疾驰。在前方,你看见五个工人手持工具站在轨道上。你试着停下来,可是你不能,因为刹车失灵了。你感到无比绝望,因为你知道,如果电车冲向这五个工人的话,他们将全部被撞死(我们先假定你是知道这一点的)。

突然,你注意到右边有一条岔道,那条轨道上也有工人,不过只有一个。你意识到,你可以将有轨电车拐向那条岔道,撞死这个工人,而挽救那五个工人。

你该怎么做呢?

这时,桑德尔教授向学生提出这个问题情境所包含的有争议的两难问题:"究竟应当牺牲谁?""牺牲一个人,还是五个人?"

2. 讨论作出选择的理由

桑德尔教授并没有直接给出答案,而是让学生思考和回答:"当你面临这样的情况时,你会怎么办?"并且进一步追问学生作出选择的理由是什么。这样做的目的是让学生明确自己的立场。随后,桑德尔教授开始密集地提问,引导学生展开讨论:"以牺牲一个无辜的人而拯救五个人,是正当的吗?"

---

① 1 英里合 1.6093 千米。

3. 将案例极端化，凸显价值困境

桑德尔教授通过引出更为极端的案例，让各种立场的矛盾进一步凸显出来。

这一次，你不是司机，而是一个旁观者，站在桥上俯视着轨道。这次旁边没有岔道。轨道的那一头开来一辆电车，而在轨道的这一头有五个工人。刹车又一次失灵了，电车即将冲向那五个工人。你感到自己没有能力去避免这场灾难——可是突然你发现，你身旁站着一个身材魁梧的人。你可以将他推下桥，落入轨道，从而挡住疾驰而来的电车。他可能会被撞死，但是那五个工人将获救（你考虑过自己跳下轨道，可你意识到自己太矮小了，无法阻挡电车）。

桑德尔教授接着问：将那个身材魁梧的人推到轨道上是否为正当之举呢？

绝大多数学生会说：当然不是！这是谋杀。

桑德尔教授指出，这时的价值难题在于：“为什么同样是牺牲一个生命以挽救五个生命，在第一种情况下看起来是正确的，而在第二种情况下看起来是错误的呢？”

4. 引导学生反思自己的价值立场

桑德尔教授继续引导学生深入思考：“我们考虑问题的时候，究竟应当站在什么价值立场之上？”随后，桑德尔教授指出：“某些道德困境源于相互冲突的道德原则。例如：一种在失控电车故事中起作用的原则认为，我们应当尽可能多地挽救生命；而另一种原则认为，即使有一个很好的理由，杀害一个无辜的人也是不对的。当面对一种情形——我们要挽救一些人的生命，就必须杀害一个无辜的人的时候，我们便遇到了道德困境。我们必须弄明白哪一种原则更有说服力，或者更适用于这种情形。"

5. 探究价值选择背后的道德哲学原则

在学生们对两种道德原则有了鲜活的理解之后，桑德尔教授才结合电车案例向学生介绍了功利主义的道德哲学原则和康德主义的道德哲学原则各自的理论主张是什么。

按照功利主义的道德哲学原则，让多数人的幸福最大化才是符合伦理道德的正确决定，五个生命比一个生命更重要，即使作出这个决定意味着要牺牲一个生命。康德主义者反对这种看法，他们认为任何社会都应当坚持某些底线原则，如人的生命神圣不可侵犯，不应当为了任何社会效应牺牲他人生命。这种底线原则就是康德所说的绝对命令，也是人之为人所享有的基本权利。任何社会功利的获取，都不得以人类的基本权利为代价。

我们可以看到，桑德尔教授的道德哲学课能够深深地吸引学生，主要有两方面的原因：其一是在故事开场精心设计了一个价值原则发生情境，增强了课堂的吸引力，让学生从一开始上课就被带入了问题情境之中；其二是通过提问、追问以及学生对两难问题的讨论，模拟和还原了价值原则原初意义产生的现场。学生因为经历了某种价值原则或价值立场得以确立的思考、质疑、讨论过程，通过归纳、概括、分析得出相关的理论学说，所以对于教师所讲述的价值原则和哲学理论印象非常深刻。

下面，我们将分别以中小学生的友善、爱国价值观如何养成为案例，深入探讨教师究竟应当如何开展价值教育。

四、中小学生的友善价值观如何养成

个人的核心价值观是社会道德生活的基础，而友善在个人层面的社会主义核心价值观中相对居于基础的地位。友善是个人道德的本原：每个公民都能友善地对待他人，才会在人际交往中做到尊重他人、诚信无欺；每个公民都能意识到自己的工作不只是为个人谋利益，还是为他人谋幸福、为社会谋发展，才会在自己的工作岗位上真正爱岗敬业、无私奉献，贡献自己的智慧与汗水，承担起自己应有的社会责任；亿万中国公民都有敬业、诚信、友善的品格，才会真正促进社会的良性发展，实现中华民族的伟大复兴。因此，在基础教育中积极倡导和培育友善价值观，对于社会主义核心价值观的整体培育与践行具有极为重要的意义。

随着培育和践行活动的深入开展，社会主义核心价值观教育越来越多地被各级学校领导和广大一线教师所关注和重视。学校将社会主义核心价值观教育真正落到实处，教师有效开展社会主义核心价值观教育，其关键和核心就在于：教师真正了解学生从小学到中学的核心价值观是如何形成的、学生价值观的发展过程是怎样的、每个年龄阶段学生的价值认知方式有着怎样的特点，以此为依据，深入探讨如何根据学生不同年龄阶段的特点有效开展社会主义核心价值观教育。这也将成为我们思考问题的依据和解决问题的基础。

（一）学生友善价值观形成过程的特征

1. 学生如何体验到友善价值观

学生关于友善的价值体验究竟是如何发生的呢？儿童是从身边真实发生的事情以及自己的亲身经验开始感受和了解友善是如何作为人与人相处应当遵循的价值原则和规范的。人从出生开始就在学习如何与亲人建立起亲密的依恋关系，这样的亲密依恋关系就是儿童对于自己与他人之间友善关系的价值体验。随着年龄的增长、社会经验的丰富，儿童认识的领域与对象不断扩大，不仅能够对身边熟悉的人友善，也开始逐渐学会对陌生人友善（这是学龄前儿童的主要体验方式）。儿童进入小学之后，随着文化课程的深入学习，开始能够理解更加抽象的对象，如集体、民族、社会、国家、人类，并逐渐形成对这些集合概念的深刻理解。

学生道德认知对象和领域发展变化的特点主要表现为：由近及远，由亲及疏，从个体到集体，从具体到抽象，从直接经验到间接经验。实际上，儿童道德认知发展与人类社会道德认识水平发展的过程是一致的。

2. 学生道德认知的方式或者道德学习的方式

人类的认识是从直接经验中获得的，儿童也是通过直接、感性的经验体验到友善价值观的。儿童在与身边的人和事直接打交道的过程中，通过一次次亲身的经历形成并增强对友善价值观的理解。直接的经验是儿童体验和学习友善价值观最原初的方式，也是低年龄阶段学生道德认知和学习的主要方式。

儿童进入学校学习之后，其逻辑思维能力和理解能力都在逐渐增强，初中以上的学生可以理性地思考和抽象地理解友善价值观。但是，学生能够抽象地理解友善价值观并不意味着他们从此就不再需要直接的经验了，也不意味着他们可以没有关于友善的感受和体验了。实质上，高年级的学生可以带着理性去思考，并以自己所学到的历史文化知识形成关于友善的更加深刻的理解，因而内心的感受和体验也就更加丰富了。

(二)培育学生友善价值观的基本原则

1. 友善价值观教育的直观性原则

价值观教育应当从学生身边的小事情做起，让学生在日常的活动中表现出友善之情；从日常的小事情做起，让学生对友善有直接、直观的感受和体验。

美国希望之山小学曾经在教室里张贴"与他人相处的十种好方法"。

①尽可能地帮助别人。

②真诚、诚实待人。

③三思而行。

④礼貌待人。

⑤使用温和的语言。

⑥倾听别人。

⑦想想别人的感觉。

⑧控制你的脾气。

⑨分享。

⑩公平地工作和游戏。

学校还提倡学生可以通过以下一些方式来表达自己的关怀。

①询问需要帮助的人。

②帮助一个受伤的朋友。

③游戏时和别人分享你的玩具。

④在外面穿好你的鞋。

⑤帮助朋友穿外套。

⑥邀请一个朋友一起游戏。

我们可以看到，美国希望之山小学向学生提出的这些要求都是每天日常的学习生活中就能做到的具体事情。

2. 让学生在社会交往行动中产生直接的友善感受和体验

友善作为人与人之间相处的基本价值原则，在其产生和实际发生作用的时候并不是一种抽象的教条或机械的命令，而是鲜活地体现在具体的实际行动之中。同样的道理，儿童关于友善的道德认识源自社会交往中的体验，而不是抽象的教条或机械的命令。正如美国教育家拉瑞·P. 纳希教授所指出的那样："儿童对道德、社会制度和个人问题的认识来源于不同性质的社会交往，是与每个领域相关的社会交往。各种性质不同的交往形式其教育意义在于，为最大限度地施加对儿童的社会和道德成长的影响，围绕道德和制度规范方面的教育应该与这个社会/规范问题的道德或制度的性质保持一致。这就要求教师对学生遵守规范和违反学校规定时要有不同的反馈，要考虑规范是否涉及到道德和制度问题。"①

拉瑞·P. 纳希教授在美国基础教育做过这样一项调查研究：

让三年级、五年级、七年级和九年级的学生观看素描，素描中儿童的行为要么违反了道德规范要么破坏了制度规定。在看了每一幅素描之后，接下来让他们听录音磁带，磁带中给出了老师对这些儿童行为可能有的五种反应。然后让学生用四分评定法对教师的反应加以评价……这五种反应是研究中最具有普遍性的、教师对课堂中的违规行为的反应模式：

1. 对行为内在特征的说明，表明该行为本来就具有伤害性或本来就是不公正的。（如，"约翰，马克确实受到伤害了"。）

2. 观点采择的要求，要求违规者考虑如果自己是该行为的受害者时的感受。（如，"克里斯丁，如果别人偷了你的钱包你会有什么感受？"）

3. 宣读准则，阐明对各种行为的规定。（如，"吉姆，数学课上不准擅自离开座位"。）

4. 对混乱失常行为的态度，表明该行为正引起了混乱或

---

① ［美］拉瑞·P. 纳希：《道德领域中的教育》，刘春琼、解光夫译，178 页，哈尔滨，黑龙江人民出版社，2003。

非常不合适。(如，"萨利，穿裙子坐下时不要把两腿分开，那样太不雅观了"。)

5. 命令，要求停止不加考虑的行为。(如，"豪伊，不要骂人！")①

这项调查研究的结果表明，学生们普遍比较赞同和欢迎教师的1、2项反应，而普遍不喜欢教师的3、4、5项反应。

但是，事实上，教师在日常教育学生的过程中，往往较多地采取了类似3、4、5项的回应方式。虽然这些方式看似简单省事，使教师可以节省一些时间和精力，但其实是低效的方式。如果面对学生做出的某个行为，教师只是简单地向学生重复学校的纪律规则或者强硬地命令学生必须遵守规定，如告诉学生学校的规定，让学生对他人友善，或者班规要求大家关心同学，学会与同学分享与合作，往往会发现：虽然自己有时候说过很多遍，但是学生们还是没有听进去，依然我行我素。也许教师有时候会因为自己这样的教育方式不能起效而迁怒于学生，或者责备学生"朽木不可雕也"。事实上，应当反思的首先是教师自己。教师应当重新思考，自己教育学生的方式是否违背了学生道德认知发生与发展的规律。

因此，教师应当避免生硬说教、简单复述规定和原则，或者只是简单粗暴地对违反规定的学生进行责骂或惩罚，而应当帮助学生学会站在别人的立场上考虑问题，体会别人此刻的感

---

① ［美］拉瑞·P. 纳希：《道德领域中的教育》，刘春琼、解光夫译，178～179 页，哈尔滨，黑龙江人民出版社，2003。

受是怎样的，激发内在的、纯真的同情之心、友爱之心，更加直接地感受和体验到友善价值原则的意义。

3. 让人类文明的知识和文化充实和坚定学生的友善意向与行动

人的信仰、道德、认知与行动有着内在的一致性，我们前面也曾论述过学生对道德原则的理解有其成熟和发展变化的过程。学生对友善价值观的认识理解越深刻，其信念就越坚定，行动就越自觉。苏霍姆林斯基就曾经强调："人的智力发展越是深入而广泛，其信念就越坚定，在其道德实践中就越能表现出奋斗和变革的精神。"[1]他在剖析学校思想政治教育低效的原因时就十分深刻地指出："学校不一定总能达到自己的目的，这不仅是由于学生缺乏丰富的生活实践。在很多情况下，即便在生活实践丰富多彩的地方，仅仅是因为活动没有思想的光辉，学生的活动对他们内心世界也没有发生应有的影响。……忽视教学过程中进行思想教育的机会，经常表现为教师在教给学生周围世界现象和规律的概念时，没有激发学生对人类智慧力量的自豪感，没有介绍人类为认识周围世界而奋斗的历史。"[2]

因此，我们提倡在基础教育领域深入开展培育和践行社会主义核心价值观的时候，并不是要教师在日常的教育教学工作

---

[1]　蔡汀、王义高、祖晶：《苏霍姆林斯基选集（五卷本）. 第 2 卷》，102 页，北京，教育科学出版社，2001。

[2]　蔡汀、王义高、祖晶：《苏霍姆林斯基选集（五卷本）. 第 2 卷》，111 页，北京，教育科学出版社，2001。

之外再额外增加一项工作，而是应当帮助教师思考：如何结合学科教育的特点和内容进行价值观教育？如何让人类的知识和文化充盈和丰富学生的价值观体验？实质上，各门学科知识的内容本身都蕴含着丰富的价值观教育资源，因为这些知识都是前人思想精神创造的结果，凝聚着人们创造时的全部思想、情感、态度、价值观。教师教授给学生这些知识的时候，应当重新激活其原初蕴含的思想情感以及价值意义，而不是简单地离开知识的学习单独弄一套价值观教育的方法。

随着对不同年级开设的各门学科的学习，学生对友善价值观的理解应当逐渐成熟起来。因此，不同年级应当提供符合不同年龄阶段特点的友善价值观教育。在小学阶段，有效的教育方式是让学生拥有丰富的直接经验，教师应当为学生营造友善的氛围，并在日常教学中以身示范，包括教师对学生的关爱以及教师设计小组活动鼓励和引导学生之间建立友爱关系。而到了中学阶段，教师在注意营造友善、关心、温暖的集体文化氛围的同时，应当注重学生关于友善的社会文化知识的学习与理性的思考。中学阶段的学生应当学会思考真正的友善究竟意味着什么，与人为善是否需要提高自己的素质和水平，如何以自己的专业知识为他人奉献智慧和才华，为社会、国家乃至全人类作出自己的贡献，帮助更多的人过上幸福的生活。在社会主义现代化建设的关键时期，我国急需成千上万具有专业知识的友善公民在自己的专业领域中和工作岗位上坚守责任、服务社会。

(三)培育学生友善价值观的基本方法

根据学生友善价值观形成过程所呈现出的特征，我们提出培育学生友善价值观有两个主要的方法：一是学生通过自身直接经验的方法，如在日常交往中获得友善体验，以及教师组织学生参与一些范围广泛的社会实践活动；二是学生通过间接经验的方法，同样能够有类似亲身经历的感受，并能引发关于友善的深刻思考，如阅读大量历史和文学作品、讲故事、写作、情景剧表演、朗诵、辩论赛、案例讨论等。

这里需要说明的是，这些价值教育方法的划分只是根据学生的价值观发展特征给出的初步建议，并不意味着价值教育方法只限于这些，并且有的教育方法不是只限于某个年龄阶段，而是可以在各个年龄阶段合理采用。因此，我们只是提出了一些培养方法的建议，教师们可以根据学生的实际情况和水平特征及时作出灵活的调整和改变。

小学低年级(注重学生的感受与体验)：引导学生与身边的同学、家人、教师建立友善关系，可以主要采用讲故事、游戏体验的方法。

小学中年级(注重学生的体会与思考)：引导学生在日常交往中体会与思考，可以主要采用情景再现、案例讨论、帮助和关心他人的实践活动方法。

小学高年级(注重学生的理解与思考)：可以主要采用阅读、案例讨论、情景剧表演的方法。

初中：让学生在对社会历史文化的学习中深刻地理解友善作为人类社会交往基本准则的历史与传统，了解人类社会历史上那些感人肺腑的善举和伟大的友谊。

高中：有更多的理论性思考，可以思考友善的来源、友善原则的合理制定。此外，友善的范围不局限于身边的人和事、不局限于私人交往，可以结合国际局势，思考民族之间如何友善相处、国家之间如何友善相待。可以开展经典文献阅读、辩论会、案例讨论、模拟联合国等实践活动。

根据上述研究，我们用表 2-4 和表 2-5 来呈现本书所做研究的主要内容与逻辑结构。

表 2-4 学生友善价值观养成的过程、原则与途径

年级	学生价值观发展过程基本特征			价值观教育基本途径	价值观教育基本原则
	认知的对象与领域	认知方式	个体道德发展的阶段特征		
小学低年级（6～8岁）	直接接触到的身边的人与事。	直接经验。	阶段 1：惩罚与服从阶段。认为对自己有益的事就是正确的事。	在真实的事例中直接感受。	①由内而外。②从活动体验到理性认识。③知、情、意、行相统一。
小学中年级（9～10岁）	身边事例、故事中的人与事。	直接经验。	阶段 2：个人的工具主义目的与交易阶段。一切能满足自己利益和需求的行为就是对的，对的也就是公平的，是一种平等的交换、交易或协定。	在身边的事例中感受和理解、讲故事。	④从他律到自律。⑤学校、家庭、社会协同育人。

续表

年级	学生价值观发展过程基本特征			价值观教育基本途径	价值观教育基本原则
	认知的对象与领域	认知方式	个体道德发展的阶段特征		
小学高年级（11~12岁）	身边事例、故事中的人与事。	从经验和事例中理解和思考。	阶段3：相互性的人际期望、人际关系、人际协调阶段。希望达到家长、教师对好孩子、好学生的标准和要求。	阅读、情景剧表演。	
初中（13~15岁）	超越个人经验范围，进入社会、历史与文化中。	认识和理解人类社会的友善历史与文化。	阶段4：社会制度与良心维系阶段。所谓对的，是对社会尽职尽责、恪守社会秩序、维护社会或群体的福利。	知识的学习、表演、演讲、社会实践、案例讨论。	
高中（16~18岁）	超越个人经验范围，思考民族、国家、社会成员之间的友善。	开始理性思考友善价值观如何作为一种社会契约。	阶段5：至上的权利、社会契约或权利阶段。所谓对的，就是要维护基本的权利、价值观和合法的社会契约。	理论的学习、案例讨论、辩论会、模拟联合国。	

表 2-5   友善价值观教育各学段的阶段性目标理解

目标维度	学段			
	小学低年级 （1～3 年级）	小学高年级 （4～6 年级）	初中 （7～9 年级）	高中 （10～12 年级）
认知目标	①识记友善这个核心价值观，理解友善意味着对他人友好相助。 ②掌握与友善有关的一些词语、成语。 ③知道在日常生活中如何关心身边的家人、同学、教师、邻居等。	① 理解友善不仅是一种言语或态度，更是需要付诸行动的。 ②背诵和理解古诗词中一些表达友善的句子。 ③能够理解别人的善意并懂得以口头、书面及其他多种方式表达感谢。 ④扩大对友善对象的认识，不局限于亲人、同学，也包括那些需要关心和帮助的人。	①了解中国历史上各个时期感人肺腑的善举和名人之间伟大的友谊。 ②理解友善是中华民族优秀传统价值观和社会交往的基本准则。 ③建立正确的交友观。 ④ 理解针对性别、地域、种族及国家的刻板印象及其成因。	①了解友善的价值基础：尊重、平等、信任、仁爱、同情等。 ②理解中华优秀传统文化中的友善观念。 ③懂得人与人之间、城乡居民之间、各民族成员之间、世界各国人民之间应该互相信任、友好相待、相互帮助，对社会冷漠、隔离和歧视进行批判性分析。 ④了解国内外的公益和慈善事业，理解它们的社会价值。
情感目标	①肯定、赞美友善的行为。 ②在接受别人关心和帮助的同时，能够主动表达对别人的关心和帮助。 ③体验到关心和帮助别人是一件令人高兴的事情。	①肯定和赞美同学当中的热心人、好心人与有心人。 ②愿意为共同建设友爱的、温馨的集体和学校付出自己的努力。 ③有同情心，能够设身处地从他人立场考虑问题，肯定同学的优点，主动化解	①肯定和赞美中国历史上纯洁的友谊和朴素的善举。 ②心态积极、阳光，愿意以正面的心态去肯定他人、鼓励他人、关心他人和帮助他人。 ③真诚地对待朋友，互相砥砺、共同成长。	①肯定和赞美那些为了他人、集体、国家和人类利益而勇于牺牲青春和生命的人。 ②体验充盈在社会生活各个领域的友善精神。 ③珍惜与同学、教师之间朝夕相处、共同学习、互相砥砺而建立起来的珍贵友谊。

续表

目标维度	学段			
	小学低年级 （1～3 年级）	小学高年级 （4～6 年级）	初中 （7～9 年级）	高中 （10～12 年级）
情感目标		矛盾，维护同学友谊。 ④愿意原谅有过错的同学，而不是采取"以牙还牙"的方式报复同学。	④对校园欺凌及各种歧视行为说"不"——不发起、不参与、不支持。	④坚信友善是比冷漠、嫉恨、自私更有人性的光辉力量，愿意积极参加社会公益和慈善活动。
行动目标	①阅读与友善有关的绘本故事，评价故事中人物的言行。 ②愿意关心和帮助自己身边的人，在家里、班级里做些力所能及的事情。 ③与同学建立亲密的友谊，珍惜朋友，善待需要关心的同学。	①阅读与友善有关的经典故事，评价故事中人物的言行。 ②在班集体中努力做一个有爱心、助人为乐的人，和同学一道努力建设团结友爱的班集体。 ③能够肯定每个人身上的闪光点，不因成绩、外貌、性格、出身歧视同学。不给同学起带有歧视性的外号，也不称呼同学的外号。	①阅读表现友善主题的经典作品，分享作品中的纯真友谊和动人善举。 ②发现每一个人身上的特点、优点，为他人点赞，传播正能量。 ③参加学校或社区组织的社会公益活动，为有需要的人献爱心、送温暖。 ④寻找并与同学分享身边的感人故事。	①深入阅读相关历史文献，在历史的大尺度背景下，理解友善是一种美好人性、传统美德和公民的基本品格。 ②设计或参加社会实践活动，了解身边那些真正需要关心和帮助的人，倾听他们的需要，给予他们力所能及的帮助。 ③寻找身边的公益之星、慈善之星，以多种方式讲述和传播他们的感人故事。 ④高中毕业前，对陪伴自己成长、给予自己关心、帮助和教诲自己的亲人、师友说声"谢谢"，把增长才干、回馈社会作为自己毕生的价值追求。

五、中小学生的爱国价值观如何养成

中小学开展爱国价值观教育的关键在于帮助学生形成国家认同。自近代以来，伴随着中国社会从传统国家向现代国家的历史转型过程，国家认同问题成为中国国民性教育的重要组成部分。近代以来的中国面临"三千年未有之变局"，"中国将往何处去"的问题成为中国社会的关键问题。中国社会究竟应当"全盘西化"还是坚持"民族本位"？所有关于中国未来发展道路的不同选择之争，体现的恰恰是中国人在建立新的国家认同和文化认同时所经历的困惑与矛盾。21世纪的今天，在经济全球化背景下，国家认同问题不仅更加凸显，而且更趋复杂，机遇与挑战并存。作为教育工作者，深入理解国家认同问题产生的历史背景，从学理上澄清国家认同教育究竟意味着什么，并且探索我国学校教育中如何有效实现国家认同教育，仍然有重要的现实意义。

(一)国民性教育中的国家认同教育何以必要

国民性是指国家成员所共同拥有的民族文化精神特征，是在价值体系基础上形成的稳定的性格特征，是国民素质的核心因素。相对于国民全体的个性化特性而言，国民性强调的是国家成员的类型化特征，即一国国民所共同享有的相对稳定的趋同性的文化精神特征和行为方式。

然而，国民性并不是生来就有的，而是通过后天的教育养成的。可以说，国民性问题始终是与教育相伴随的。因为国家

成员主要是通过后天的教育来习得和了解国家的历史、文化、语言、制度、风俗、习惯、思维方式等，教育的重要意义也在于塑造国民素质，提高民族精神品格。

事实上，国民性这一概念是伴随着近代欧洲民族国家的兴起而形成的。对于中国而言，国民性问题的源起则有着特殊的社会背景和历史意义：近代中华民族遭到西方殖民者的野蛮侵略，面对生死存亡的时刻，它是思想家们在救亡图存中所共同关注的急迫现实问题。在此过程中，形成了对于国民性问题的两种探讨理路。

其一，由国民性一说发展成国民性批判思想，是中国近代思想进程中的一个重要现象。严复、胡适、鲁迅等思想家对中国国民性问题进行反省、批判，以革新国民人格、提高民族精神品格为体现。他们沉痛地思考国民精神中存在的流弊以及国民思想文化素质如何才能提高的问题，这些无疑都是对国民性问题的探讨。

其二，由国民性问题而强调对国家的认同和对民族文化的重建。19 世纪末 20 世纪初中国面对西方列强的侵略，在国家深陷政治、经济、军事等全面危机之际，国人应当如何对待自己国家的历史文化？以梁启超为代表的思想家认为，正确的态度应当是：将中国的现代国家建设置于中国源远流长的历史文明之源头活水中，在此基础上来领会中华民族历史文化的独特之处，理解其历史合理性、维护其现实正当性①，自觉引导国民深刻地理解并认同自己国家历史文化的独特性，以此克服民族文化危机、走向民族文化复兴。梁启超深刻地指出：以中国在殖民者面前的失败来证明中国具有特殊的国民劣根性，并进而否定中国文明、历史、社会的正当性，乃是浅陋无知的表现。② 因此，国民性教育并不是简单地批判国民劣根性，也不是对自己民族文化的全盘否定或幻想完全重新植入其他国家的文明或文化，这些做法都不可能真正达到克服民族文化危机、实现民族文化复兴的目的。

当然，梁启超所提倡的并不是文化复古主义，因此他强调国家认同不是对其他文化的封闭与排斥，而是要找到中国人自己的价值理想。这种新的认同既不是简单地回到传统、文化复古，也不是贸然地全盘西化、崇洋媚外。"对于中国人来说，建立现代文化认同更意味着建立自己的国家理想和社会理想。从某种意义上说，只有建立了现代的文化认同，才会有真正的中国发展道路。"③

（二）国家认同教育意味着什么

国家认同究竟指的是什么？学界对此尚未形成统一的理解。不同学者从不同的角度理解这一问题，就会有各自不同的

① 梁启超：《太阳的朗照：梁启超国民性研究文选》，304 页，上海，复旦大学出版社，2011。
② 梁启超：《太阳的朗照：梁启超国民性研究文选》，304 页，上海，复旦大学出版社，2011。
③ 张汝伦：《经济全球化和文化认同》，载《哲学研究》，2001(2)。

回答。有学者从国家认同主体的角度进行界定：个人维度上，国家认同是个人自我认知的一部分，是个人对其所处的政治共同体合法性的主动认同；国家维度上，则表现为国家在国际关系中的特性。① 有学者将其概括为功能维度和内容维度两个方面。功能维度是公民个人确认"自己属于哪个国家以及这个国家有哪些特点"的心理活动，在此维度上，国家认同实际上是国家认异。由此，国家认同便成为国家利益的来源，同时也成为国家存在的合法性力量和黏合力量。② 至于内容维度，有学者将其概括为双元结构：一为国家认同的文化性层面，即公民对领土、主权、主流文化传统、信仰等方面的文化认可和心理归属；二为国家认同的政治层面，即公民对国家政权系统、政治制度、治国理念的基本认同。③

从上述理解中，我们能够看到，无论强调国家认同是对国家、民族的文化认同、心理归属，还是对政治共同体合法性的基本认同，其实质都是一种价值认同。因为价值认同意味着社会共同体成员对特定价值原则的承认与共享，并且通过对价值原则意义的不断阐释与坚守形成社会资源的整合与导向，促进共同价值观念的形成。因此，国家认同意味着国家成员对某些价值原则的共同认可与遵守。这种内在的认同感不仅能长久地

① 郑富兴、高潇怡：《经济全球化与国家认同感的培养》，载《教育研究与实验》，2005(3)。

② 吴鲁平、刘涵慧、王静：《公民国家认同的特点及其与对外接纳度的关系研究：来自 ISSP(2003)的证据》，载《国际社会科学杂志(中文版)》，2010(1)。

③ 马得勇：《国家认同、爱国主义与民族主义：国外近期实证研究综述》，载《世界民族》，2012(3)。

凝聚和维系国民的意志和情感，而且能使国家成员在国家民族危难时刻毫不犹豫地挺身而出，为维护国家统一、民族独立而前赴后继、矢志不渝。

如果说国家认同是一种价值认同，那么国家认同教育则意味着：一方面，要将民族国家所要求的民族情感、文化理念、价值规范内化为国家成员的价值意识和观念，即应当培养国民对其国家和民族所共同坚信的基本价值原则的认同感；另一方面，要让个体成员将这些价值意识和观念外化为价值行为和习惯，即应当培养国民对这些价值原则的认同行为。由此可见，国家认同教育既包括对价值观念、价值态度与情感、价值理性、价值信念的培养，也包括对价值行动能力的培养。

(三) 国家认同教育如何有效实现

进入 21 世纪，虽然与梁启超等中国近代早期提倡国民性教育的学者所面临的时代背景已经不同了，但是国民性教育仍然有其必要性和紧迫性。在经济全球化时代，我们仍然面临着国家认同的危机。作为对这些危机的回应，中小学教育担负着有效促进国家认同的使命。

国家认同作为一种价值认同，并不是一个宏大或抽象的概念，它具体体现在民族认同、政治认同、文化认同、历史认同、信仰认同等方面，其核心在于国民对自己的国家拥有价值认同。这种价值认同是如何在学生内心中实现的，是教育工作者应当思考的问题。

学生对国家认同的基础是对民族历史文化的价值认同，这原本是自然的事情。祖国乃父母之邦，不由个体选择、不可随意退出，生于斯、长于斯，血脉相连，她是个体生命和文化基因的来源。因此，国家成员对于自己的祖国拥有天然的熟悉和亲切感，容易形成无条件的热爱和发自内心的价值认同。

学校教育有效实现国家认同教育，其前提是教师应当理解和尊重学生价值认同发生的基本原则，即直观形象的原则。教师应当清楚地认识到，学生对于国家的价值认同并不是空洞的、抽象的存在，这些价值原则总是体现在能够被直观感知到的人和事之中，只有在具体的行动之中才能被学生感受和体验到。因此，在学校教育中，教师需要以直观可感的方式具体形象地呈现国家认同教育的内容，以此引起学生丰富、生动的价值意识和体验。如果在中小学校进行国家认同教育的时候，教师只是空洞、抽象地讲解各种价值原则，往往很难让学生形成深刻的价值意识和体验。教师应当通过具体的教学活动或者师生交往活动，让学生直接地意识和体验到关于国家认同的价值原则。

学校教育实现国家认同教育的途径主要有两种。

其一，学生在直接参与的相关活动中以及亲身感受到周围的人和事的过程中接受国家认同教育。这意味着国家认同教育可以融入学校的校园文化建设过程中，有效利用升旗仪式、传统节日、国家重大活动庆典、突发事件、社会实践等。需要注意的是，不能让这些活动流于形式，要让学生真心感受到这些活动的教育意义。只有当学生内心真正有所触动时，开展这些教育活动才能有效促进和激发学生对于我们民族和国家的认同。

然而，我们在现实的学校教育中看到，学校虽然组织了爱国主义教育活动，但是往往只是做做表面文章、走走形式，常常是"开大会，谈认识，表决心，喊口号，贴标语，唱高调"。这样的教育方式很难让这些价值原则真正打动学生，难以内化在学生心里，也就不会真正落实在行动中。学生往往是嘴上说一套、心里想一套，实际做的又是一套。这样的国家认同教育实际上已经沦为虚伪、虚假的"教育"，就不可避免地导致其教育效果的形式化。

其实，原本这些活动都具有让学生亲身体验和感受到对国家认同的条件，如一场国际性的比赛或演出、一场突发灾难的举国救援与无私奉献等，都充满着实现国家认同教育的机会。教师需要做的工作就是：或者带领学生参与到这些事情发生的真实过程中去，或者设置类似的情境还原这些事情发生的情境，让学生恍若置身其中，唤起他们对于祖国的深刻情感，从而真正去感受、去体会、去思考自己与祖国的历史和发展、祖国的前途和命运有着怎样密不可分的联系，发自内心地为自己是祖国大家庭的一员而感到自豪，并且激动地想为祖国的发展承担起自己应有的责任。用比较流行的一句话表达就是：真正有效的国家认同教育应当是"走心"的教育。

其二，在课堂教学的过程之中，教师应当充分挖掘各学科所蕴含的丰富的国家认同教育资源。因为信仰、道德、认知与行动有着内在的一致性，学生的认识理解越深刻，信仰就越坚定，行动就越自觉。

因此，国家认同教育不仅可以融入学校的校园文化建设过程中以及一些班队活动和节日庆典活动中，而且应该充分发挥课堂教学的主阵地作用。各学科教师应当将国家认同教育融入日常教育教学活动中，根据自己所教学科的性质特点和学生的意识水平发展特点，让学科教育自身所蕴含的国家认同教育意义真实、有效地显现出来。

在思想政治课的教学中，一方面，教师可以通过教授政治学常识帮助学生理解国家作为一种政治组织形式的产生、发展的历程，以及思考其存在的合理性与合法性等问题，从而对国家认同问题拥有一种政治理性的思考，对国家与民族的政治发展问题既不漠不关心，也不狂热盲从。另一方面，教师可以整合各学科所蕴含的国家认同教育资源，以相应的主题整体设计国家认同教育的相关活动，让学生深刻体会到"知识中蕴含着的思想，是道德信念的源泉"[①]。其实，学校教育中的各门学科都蕴含着丰富的国家认同教育内容，关键在于教师对这些教育资源要有深刻的理解和把握。具体而言，教师可以充分利用语文学科所拥有的进行国家认同教育的得天独厚的条件，因为对本国语言的热爱与对民族国家的热爱是一体的。教师可以通过

---

① 蔡汀、王义高、祖晶：《苏霍姆林斯基选集（五卷本）．第 2 卷》，110 页，北京，教育科学出版社，2001。

自己的教学活动设计，如"寻找汉字里的中国心""在诗歌中品味中国人的生活""中国古典小说中理想人格的塑造"等活动，让学生对祖国的热爱与具体可感的语言形象联系起来，使得这样的价值认同有着具体、丰满的承载对象。实质上，只有当学生心里的价值感受和理解被这些具体的语言形象和生动的故事内容充实起来时，其对于祖国的热爱才不再是空洞的口号。祖国的语言文字对于我们中国人而言从来就不仅仅是一种抽象的符号，它是我们自出生以来就生活于其中的精神文化世界，我们每天都与之打交道而对其天然熟悉和自然亲近，其中饱含着我们中国人生活于其中的意义世界、传承着我们民族和国家悠久的历史和灿烂的文化、维系着每一颗中国心和每一份中国情，因为它是我们的母语。

教师也可以联系历史课中关于我们国家形成与发展的历史过程的内容，帮助学生形成关于我们国家五千多年文明的源远流长的历史的认同感。因为"历史作为一个民族的生活经验，决不只是一些过去之事的单纯记录。它是民族认同和文化认同的基础。人们正是从历史中知道自己是谁，从哪里来，从历史中获得自己的民族意识和认同感"[1]。

教师还可以联系地理课理解我们国家特定的地理环境特征与中华民族特有的风土人情的构成与发展，让学生深切地感受到自己的语言、思想、态度、观念和行为方式无不来自这样一

---

[1]　张汝伦：《经济全球化和文化认同》，载《哲学研究》，2001(2)。

个有着深厚历史传统和丰富地域特色的文明母体，使学生对祖国的理解有更加真实的内容和更加丰富的质感。

此外，教师可以通过民族艺术（如传统的民族音乐、舞蹈、书法、绘画等）让学生感受到我们国家的人民表达自己思想情感和生活方式的独特性与丰富性。

我们由此可以看到，学校教育中蕴藏着丰富的国家认同教育资源。资源的丰富表明其实现途径的多样性和灵活性，教师应当对此充满信心。同时我们也清楚地意识到，这对于教师自身的综合素养有着较高的要求。教师对于民族国家是否拥有深刻的思想认识和真挚饱满的情感都会实际影响到学生，因此教师应当树立"教师即课程"的教育理念。教师如果希望学生拥有良好的品质，自己首先应当拥有。

第三章

教师的价值教育意识之理论建构

随着价值教育理论与实践的深入发展,我们越来越清楚地意识到:有效开展价值教育的关键在于教师自身拥有较高的价值教育素养,而教师拥有较高价值教育素养的关键在于教师拥有自觉、清醒的价值教育意识。

第一节 教师价值教育意识之现象学理解

我们在调研中小学校开展价值教育的过程中,常常听到教师对价值教育提出各种各样的疑问:对于教师的本职工作而言,价值教育是否真有必要? 价值教育是不是教师在教学工作之外的额外负担? 教师只要教好书、提高学生考试成绩就行了,为什么还要进行价值教育? 此外,对于普通的学科教师而言,进行价值教育是否真的有可能? 价值教育是不是对普通教师的过高要求,只有那些"教有余力"的优秀教师才有能力去实施? 还有的教师认为,教师每天要完成许多繁重的教学任务,根本没有多余的时间和精力进行价值教育。教师进行价值教育与进行学科知识教育之间有何区别和联系？

事实上，如果教师能自觉地审视自己的语言和行为在与学生交往中对学生的价值信念和判断所造成的实际影响，那么教师便会发现，其实自己在日常的教育教学中总会有意或无意地进行价值教育。教师在对待自己的教育教学工作时是充满热情地全身心投入还是功利性地应付了事，往往也会影响学生对待自己的学习乃至今后工作的价值理想和态度。

教师在自己的教育教学中总会传递着某种价值原则和价值理想，教师的言行总会对学生的价值观念、态度、选择和判断形成某些影响。但是，事实上并不是每一位教师都能够自觉地意识到自己的价值教育责任和使命。因此，教师能否意识到自己与学生交往中的一言一行都将影响着学生关于是非善恶的价值选择与判断，在日常的教育教学中能否敏感地觉察到价值教育的机会，能否以恰当的方式引导学生形成正当的价值信念和理解，这些对于价值教育能否真正有效实现有着至关重要的意义。

一、现象学视域中意识的根本性质特征

应该如何理解教师的价值教育意识呢？教师的价值教育意识拥有怎样的性质特征呢？教师的价值教育意识意味着教师首先拥有人的意识的一般性质特征，即人的一般意识是教师的价值教育意识的内在基础。或者说，离开了对人的意识的一般性

质特征的理解，教师的价值教育意识作为一种专业意识是无法得到真正理解的。我们强调首先把握意识的根本性质特征，因为它是理解教师的价值教育意识的基本理论基础。

（一）为何需要从现象学的视角理解意识的根本性质特征

在日常生活中，人们经常会提到意识。比如，人们有时会说"我们应当有某种意识"（这里的有某种意识指的是拥有某种观念和看法），"他昏迷过去了，失去了意识"（这里的意识指的是神志清醒的状态），或者"我意识到锻炼身体很重要"（这里的意识指的是心里了解或认识到某件事）。然而，我们可以看到，日常生活中对意识内涵和外延的理解并不一致。各种理解含混地掺杂在一起，而且没有清晰地指出意识与行动之间的内在关系，也就不能明确地解释教师的价值教育意识对于价值教育的实现为何重要。因此，作为一项关于教师的价值教育意识的理论研究，本书不会简单地停留于日常含义中关于意识的模糊理解，而需要寻求关于意识的理论解释。

关于意识的理论研究有许多，人们一般容易想到心理学对意识的研究。然而，心理学的研究受到科学主义传统根深蒂固的影响，认为真正的"科学研究"应当是"客观的"，因为只有"客观的"才能是普遍有效的。特别是受到实证主义的影响，强调所谓"客观的"意味着或者是能被"经验事实"所证明的，或者是能被"逻辑分析"的方法所证明的。

于是，心理学关于意识的理解不可避免地受到科学主义偏见的影响，这种影响主要表现在以下两个方面。一方面，意识被视为一种个人的、主观的态度和倾向，而不具有客观性，不适合对其进行客观的科学研究，从而否定了对意识进行科学研究的可能性。另一方面，在行为主义、功能主义等物理主义的心理学者那里，意识被还原为一种生理或物理的现象，如将意识视为由某种刺激引起的生理反应，或者大脑所具有的进行信息加工和处理的功能，以为这样就可以完全撇开意识的主观性，从而能够对意识进行客观的科学研究。但是，意识本身就是内在的、主观的，并始终带着主体的能动性和主观意愿追求。真正严格的科学应该看到人的意识和自然物理对象有着根本的不同，如果无视两者的区别，只是为了符合自然科学研究的方法和原则而忽视意识本身的根本性质特征，这本身就违背了实事求是的科学精神。

现象学正是以其"回到事情本身"的理论态度和方式，深刻地揭示了长久以来被科学主义所遮蔽的意识的原初形态及其根本性质特征。因此，现象学的意识分析为我们了解意识活动的结构规律及其根本性质特征提供了极为丰富的理论资源，这对于我们理解教师的价值教育意识有着重要的启示意义。

因此，我们将从关于意识的根本性质特征的理论探讨和研究入手，并主要基于现象学关于意识的根本性质特征的理解形成对教师的价值教育意识的深刻理解。我们希望通过这样深入的理论研究，能够更加清晰地把握教师的价值教育意识的特点，并由此揭示教师的价值教育意识对于教育教学实践有着重要意义的根本原因之所在。

(二)现象学中意识的含义

意识是现象学研究的中心问题,在胡塞尔看来,"意识生活应当作为哲学的必然出发点,它是所有现实的意义构造之基础"①。因此胡塞尔明确地指出,"纯粹现象学是关于纯粹意识的科学"②。在现象学中,意识的同义表述是"意向性的体验"。胡塞尔曾指出,意识本身是体验的复合③,即全部意向性的体验④。因此,在现象学中,意识的根本特征是意向性,即意识总是关于某物的意识⑤。

但是,现象学的意向性并不是指一种心理学意义上的内心感受或主观的心理活动,而是"意味着纯粹意识的'意向构造能力和成就',意味着在现象学角度上对主客体关系的最简略描述:'意向性'既不存在于内部主体之中,也不存在于外部客体之中,而是整个具体的主客体关系本身"⑥。实质上,胡塞尔现象学中的意向性意味着一种积极能动的意向活动,不断投射和

---

① 倪梁康:《胡塞尔现象学概念通释(修订版)》,88 页,北京,生活·读书·新知三联书店,2007。
② [德]胡塞尔:《胡塞尔文集.文章与讲演:1911—1921 年》,倪梁康译,85 页,北京,商务印书馆,2020。
③ [德]胡塞尔:《逻辑研究》第 2 卷,倪梁康译,425 页,上海,上海译文出版社,1998。
④ [德]胡塞尔:《纯粹现象学通论:纯粹现象学和现象学哲学的观念(Ⅰ)》,李幼蒸译,402 页,北京,中国人民大学出版社,2004。
⑤ [德]胡塞尔:《文章与讲演(1911—1921 年)》,倪梁康译,105 页,北京,人民出版社,2009。
⑥ 倪梁康:《胡塞尔现象学概念通释(修订版)》,253 页,北京,生活·读书·新知三联书店,2007。

激活着意向对象的构造性活动。因此，现象学中意向活动和意向对象的意向构造关系已经不再具有任何近代认识论哲学主—客二分的含义。在纯粹意识领域中，传统认识论哲学中所说的具有主动性的心理主体和具有被动性的物理客体的主—客二元论的对立被意识的意向性构造所消解：意向活动总是不断构造着意向对象，而且意向对象正是在意向活动中"显现"着自身。

(三)现象学视域中意识的根本性质特征

1. 意识总是具有预期的指向性

意识的意向性特征意味着其具有预期的指向性，即我们在行动之前总是充满着积极的期待和主动的筹划。因为"意向性与行为几乎是不可区分的……在实施行动之前的意向也已经是体现(Präsentation)的行为。由于每一个意识行动都是意向的，因而它在内容上是相关的"①。意识之所以在行动之前就拥有意向性的期待和筹划，正是由于"我们所体验的每一个当下的瞬间并不是孤立的并且与其他瞬间相分离的；毋宁说从这个当下中会产生出对与它立即相联结的东西的期望。所以，后者虽然还不是当下，但是在当下中已经有了一种特殊的'在场性'；它不是被规定了的东西，而是未被规定之物；不是现实之物，而是可能之物。胡塞尔把意识的这种向前努力趋势称为'前展'(Protention)"②。这就意味着，这种在先拥有的意识指向和"期

---

① [德]胡塞尔：《哲学作为严格的科学》，倪梁康译，99页，北京，商务印书馆，1999。

② 倪梁康：《意识的向度：以胡塞尔为轴心的现象学问题研究》，81页，北京，商务印书馆，2019。

待"是一种特殊的"在场性"，它并不具有内容的规定性，但又总是在积极地追求和敏感地觉察着事情的发生。正是因为拥有这种积极的、有预期的意识期待和追求，"自我目光"能集中、自觉地朝向意向对象，由此使得意向对象能够从背景中"被唤醒"，从而"生动""清醒"起来。因此，意识的意向指向越强烈，自我意识就越清醒，其行为就越自觉。

2. 意识总是具有积极能动的意向构成性

所谓意向性的构成同时包含着两方面的内容：一方面，意味着意向活动激活并建构起意向对象；另一方面，意味着意向对象也在意向建构过程中显现着自身的存在意义。在现象学的意向性构造理论中，意向性在根本上包含着意向活动与意向对象的内在联系，"意识总是关于某物的意识"，这意味着没有了意向对象，也就没有了意向活动。反之亦然，意向对象总是在意向活动中才能显现出自身，没有了意向活动，意向对象也就不可能存在了。因此，本原意义上的意向性既包括意向活动又包括意向对象，既包含显现活动又包含显现对象。

现象学指出意识的意向构成性特征的重要意义还在于，强调意向性构造活动并不是消极被动的构造。意向活动不是一种感觉材料刺激下的被动反应，而是在感觉材料和具体情境参与下的积极能动的构造。因此，意识与一个意识的意向不是一种与某物的静态联系，而是一种活的、朝本原性的趋向。[①]意向活

---

① ［德］胡塞尔：《现象学的方法》，倪梁康译，18 页，上海，上海译文出版社，2005。

动总是有预期地、在先地指向对象，并且通过"赋予意义"而激活意向对象。同时，意向对象也不是现成的存在者，并不是一种在意向活动发生之前就客观地存在于那里的等着被发现的实在对象，而是在意向构造中将自身"显现"出来。因此，意向性构成在其根本上意味着一种能动地"赋予意义""激活意义"的能力。正是在意义赋予的活动过程之中，意向对象在意识中被能动地构造出来。因此，意向性是指一种积极主动的意义关联的建立，正是意向构成性才真正标志着所有意识的本质特征。在此意义上理解意向性所具有的构成性，将成为理解意识的根本性质特征的关键之所在。

3. 意识具有自身觉察的即时性

意识在能动地建构意向对象的同时，总是能够直接地觉察到意识行为本身。正如胡塞尔所指出的那样："每一个行为都是关于某物的意识，但每一个行为也被意识到。每一个体验都是内在地'被感知到'（被内意识到）。"①这就意味着我们的行为总是能够被我们内在地意识到，而这种内在地意识到又总是直接的、即时的，即意识能够伴随着行动而同时发生，并不需要等到行动结束或事后才会发生。因为意识并不是将自身行为作为某种已经客观存在于那里的对象实体，而后对其进行概念化的把握。意识总是直接地、当下地觉察到对象和自身行为，所以并没有一个将对象和自身行为抽象化、概念化的中断、分离

---

① 倪梁康：《胡塞尔现象学概念通释》，90页，北京，生活·读书·新知三联书店，1999。

过程。

4. 意识构成具有整体的视域性

意向构成性总是具有一种视域性。胡塞尔在《欧洲科学的危机与超越论的现象学》中就曾明确地指出意识的意向性构成所具有的视域性，即"每一个事物和对象都是某物，是我们总是作为地平线意识到的世界中的'某物'。另一方面，这个地平线只是作为存在着的对象的地平线被意识到的，如果没有单独地被意识到的对象，它就不可能现实地存在"①。实际上，胡塞尔这里所说的"地平线"指的就是一种视域性。

意识的视域性有两层含义：第一，意味着意识并不是孤立的，而是始终置身于整体性、关联性的视域、背景之中。意识对意向对象的建构意味着意向对象的意义从某种背景中被凸显出来，成为意向指向的焦点。虽然此时背景没有被有意识地注意到，但是背景也参与了意向对象的构成，意向对象是在这种背景下被建构的。而且，意识作为一种"地平线意识"又总是有其具体内容的，因为"意识总是关于某物的意识"。与此同时，世界和自我的构成总是与"他人"共在的，是在主体间性中建构发生着的。因此，最终这个构成性的过程以一种三个层面的结构形式出现，即主体—主体间性—世界。② 这三者同样是整体地、不可分割地交织在一起：构成性主体只有在与他者的关系

---

① ［德］胡塞尔：《欧洲科学的危机与超越论的现象学》，王炳文译，180～181页，北京，商务印书馆，2011。

② ［丹］丹·扎哈维：《胡塞尔现象学》，李忠伟译，79页，上海，上海译文出版社，2007。

中亦即在主体间性中才能完全获得它与自身和世界的关系；主体间性只有在与世界联系的主体的相互关系中才会存在并发展；而世界必须被构想为一个共同的或公共的经验领域。① 第二，意识的视域又总是活的、连续的、流动的视域。意向行为总是连续的，是一道连续构成着的流，而不是一个一个孤立的印象的序列，它从根本上就必然涉及这种边缘域意义上的先后的时间性联系。这意味着当下发生的意识体验既与刚刚过去的经验构成联系，也为将要有的可能的意识准备了意义的联系。即每一个正在发生的现在或当下的体验意识域既有对过去的"滞留"，又有向未来的"延展"。因此，每一个视域本身又总是指引着其他的视域，诸视域通过它们之间的指引构成一个视域性的总体联系，即作为"普遍视域"的"世界"（Welt）②，亦即胡塞尔所说的"生活世界"。

二、教师的价值教育意识的基本性质特征

从现象学关于意识的根本性质特征的理解中，我们可以推出，教师的价值教育意识应当具有以下四个方面的基本性质特征。

（一）教师在先拥有价值教育意向指向性

教师的价值教育意识首先意味着教师在先拥有价值教育意

---

① ［丹］丹·扎哈维：《胡塞尔现象学》，李忠伟译，79 页，上海，上海译文出版社，2007。

② ［德］黑尔德：《世界现象学》，倪梁康、孙周兴、靳希平等译，120 页，北京，生活·读书·新知三联书店，2003。

向指向性，即教师在先拥有关于价值教育的积极期待和主动追求。这里所说的在先拥有其实指的是在价值教育发生之前教师拥有强烈的价值教育愿望和追求，以及对于自己所肩负的价值教育责任拥有坚定的信念和强烈的使命感。正是因为在先拥有这样的价值教育意向和追求，教师在自己的教育教学中、在与学生交往的过程中有着自觉的意识朝向，才能敏感地把握各种有意义的价值教育时机和机会。因此，有预期的价值教育意向指向对于教师的行动起着引导作用。

然而，当我们强调教师在先拥有价值教育意向指向性时，是否就意味着这是对尚未发生的价值教育活动的一种事先规定或限制呢？实质上，教师在先拥有的这种意向期待和追求只是一种意向指向，并不是事先对具体内容的规定。即教师在先拥有价值教育意向指向性并未事先规定价值教育将在怎样的具体情境中发生以及将以怎样的方式发生，因而价值教育仍能保持开放性和建构生成性。

(二)教师拥有建构与觉察价值教育意义的能动性

现象学视域中，意识的根本性质体现为能动的意向构成性，即意向活动总是积极能动地激活、建构意向对象的意义。教师的价值教育意识就体现为教师能够积极能动地建构、生成价值教育的意义。这就意味着教师拥有关于价值教育的强烈期待、意向和信念，以及由于对价值教育的内在理解和曾经的教育经历体验而充盈起来的对当下价值教育意义的积极能动的建构和对教育机会的敏感觉察。有价值教育意识的教师总是带着主体的能动性和创造性，总是能够在具体的教育情境中、在自己的学科教学中以及在与学生相处的过程中积极地赋予教育教学活动以价值教育的意义，并且，教师的价值教育意识就像灵敏的雷达一样，随时都能敏感地捕捉和把握价值教育的机会和时机。因此，教师的价值教育意识越强烈、越清醒，教师的价值教育行动也就越主动、越自觉。反过来讲，如果没有这样积极能动的价值教育意识，即使面对绝佳的教育情境和教育机会，教师也有可能熟视无睹。有时候不仅白白地错失了许多宝贵的价值教育机会，而且可能对学生产生消极的价值影响。教师的价值教育意识对于教师的价值教育行动起着驱动作用。

（三）教师拥有直接觉察自身的价值教育意识与行为的反思性

教师拥有价值教育意识不仅意味着教师能够敏感地觉察到各种价值教育机会，而且意味着教师能够在价值教育发生的当下直接、自觉地觉察到自身的价值教育意识与行为。这意味着教师在进行价值教育的过程中，对于自己的言行对学生产生怎样的价值教育影响以及自己所采取的教育方式是否易于学生理解和接受等方面，都有着自觉、清醒的直接觉察。正是由于在行动的当下就能拥有这样的意识觉察，教师才能在实践过程中根据具体的情境以及学生的不同反应和需要及时作出调整，给予学生恰当的价值教育。

在实际的教育教学过程中，教师常常会向学生传递某种价值原则，教师的言行也总会对学生的价值选择和判断形成某些影响。然而，并不是每一位教师都能够自觉、清醒地觉察到这一切。在当前的教育现实中，我们往往会看到，许多教师由于缺乏自觉的价值教育意识而出现下列问题：或者由于所追求的价值目标和方向只是遵循习俗常识或社会上流行的看法，而随波逐流地迎合或服从着；或者学生的价值品质并不是教师自觉培养的，只是学生自己偶然领悟和感受到的；或者对于价值教育内容和方式缺乏认真的思考和选择，只是凭着自己以往的经验而盲目地实施着。教师拥有价值教育意识便能自觉改进自身的教育行为，从而克服以往教育中的盲目性和随意性。

(四)教师拥有建构价值教育活动的整体视域性

虽然我们强调教师的价值教育意识具有意向指向性、能动性以及反思性，但是教师对价值教育活动的建构并不是仅凭个人主观的愿望或臆想就能实现的。教师的价值教育意识总是在丰富、具体的情境视域中、在交互关联的意义脉络中整体显现出来的。因此，教师的价值教育意识同时具有整体视域性的性质特征。

教师建构价值教育活动的整体视域性主要体现在：教师的价值教育意识总是在与具体的教学内容的整体联系中以及丰富、鲜活的教育活动中真实、完整地呈现出来。因为真正的价值原则并不是独立于现实生活之外的抽象教条，也没有从整体情境中抽离出来的抽象的价值体验，价值总是体现在具体的行为和活动之中。正如亚里士多德所言："一个人的现实活动怎样，他的品质也就怎样。所以，我们应当重视现实活动的性质，因为我们是怎样的就取决于我们的现实活动的性质。""比如，我们通过造房子而成为建筑师，通过弹奏竖琴而成为竖琴手。同样，我们通过做公正的事成为公正的人，通过节制成为节制的人，通过做事勇敢成为勇敢的人。"[①]对于教师职业而言，主要是通过具体的教育教学活动体现出自己的价值教育意识。即教师在教授某个学科的具体内容的时候，在向学生传递自己对所教内容的感受和理解的时候，以及在与学生交往的每时每刻，都整体呈现着自己的价值教育意识。在这种整体视域中呈现出来的教师的价值教育意识才真实、可信，并且对学生价值品质的养成具有感染力和影响力。

三、作为动力之源的教师的价值教育意识

在自然态度中，人们普遍会将教师的专业能力理解为教师拥有的某些心理特征，或者从教师的专业能力的外在表现出发，将教师的能力理解为从事教师职业所需要的相关知识、技能和情感态度。但是，这样的理解仍然是以外延的方式来理解教师的能力，没有深入追问使教师能够表现出这些心理特征以及拥有这些知识、技能和情感态度的源泉和动力来源。

宁虹教授曾提出教师专业能力的内涵理解："教师专业能力主要是精神形态的心智能力。意识是人的一切精神活动的原初形态，又支配和伴随着人的行为、活动的发生与延续。因

---

① ［古希腊］亚里士多德：《尼各马可伦理学》，廖申白译注，36～37 页，北京，商务印书馆，2003。

此，人的心智能力作为在人的活动行为中表现出来的特质，最终可以归结为意识。于是，存在这样的可能性，即可以由意识获得教师专业能力实质性内涵的理论界定：教师专业能力是在教师专业活动与行为中表现出的专业意识品质。"教师的专业意识"既在教师之'教'的行为中显现，也是'教'的行为的动因、来源"。①

本书将教师的价值教育能力理解为教师的价值教育意识的外化、对象化显现。教师的价值教育意识体现在教师的价值教育行动中，也是教师产生价值教育行动的动力之源。

这就意味着，只有当我们理解了教师的价值教育意识具有意向指向性、能动性、反思性、整体视域性的时候，才能理解教师在进行价值教育时所拥有的洞察力、判断力、反思力、感染力和影响力的真正来源。教师在先拥有价值教育意向指向性，才会在价值教育实践中表现出敏锐的洞察力；教师拥有价值教育意识的能动性，才会在具体情境中积极能动地建构、生成价值教育的意义，形成深刻、准确的判断力；教师拥有价值教育意识的觉察性，才会在行动的当下就能直接、自觉地觉察到自身的价值教育意识与行为，表现出清醒、自觉的反思力；教师拥有丰富、具体的整体视域性，才能随时随地呈现出自己的感染力和影响力。

---

① 宁虹：《教师能力标准理论模型》，载《教育研究》，2010(11)。

（一）教师的价值教育意识能够引导和支配价值教育行动的发生

意识的根本性质特征就在于具有意向性。教师如果真正拥有价值教育意识，则应当拥有强烈的价值教育意向、坚定的价值教育信念和自觉的价值教育追求，因而在教育教学活动以及与学生交往的过程中会敏感觉察和把握各种价值教育时机，能够把教学活动的过程同时变为价值体验和学习的过程。与之相反，教师如果缺乏这些，则很难有积极、主动的价值教育行动。

范梅南教授曾经通过描述一位父亲初为人父时的体验来说明教育意向对教育行动的激发和支配力量，并始终强调"只有当我们真正感受到教育作为一种召唤而激起活力和深受鼓舞时，我们与孩子的生活才会有教育学的意义。认识到这一点很重要"[①]。这位父亲的体验也许能够帮助我们更真切地理解教师拥有价值教育意识对其行动的内在影响。

"作为刚做父母的人，你对宝宝的睡房的声音变得非常注意聆听，这难道不令人惊讶吗？即使是自己的孩子已长大成人了，父母亲也能记得这点。即使我的周围都是客人喧闹的谈话声，我也能听到远处睡房里我的孩子在小床上的动静。但是，我究竟听到了什么？哭声吗？叫唤吗？是哭声使我奔了过去吗？……自然，仅仅被动地或漠然地聆听孩子的召唤或哭声是

---

① ［加拿大］马克斯·范梅南：《教学机智：教育智慧的意蕴》，李树英译，34 页，北京，教育科学出版社，2001。

不够的。父母必须聆听孩子的召唤并以适当的方式行动。毕竟，为人父母的含义就是保护和抚养孩子。做父母意味着生活中有了召唤——教育的召唤(a pedagogical calling)。……这种召唤将这个孩子和这位父亲联结起来，成为一体。"①

为什么这位父亲能够听到孩子的召唤，而别人听不到呢？这难道不神奇吗？这就是父母对孩子的一种爱和责任的意向在召唤。有时，我们的孩子醒来并没有发出任何声音，或许他刚刚睁开眼睛，或许他正打量周围。可是，在我们的内心深处仿佛真的就有一种声音召唤我们，告诉我们孩子醒了。

"当我再次聆听时，我听不到任何声音了。没有哭声。没有吵闹。我的儿子显然已经入睡。我还是决定去看看。当我悄悄地将门弄开一点时，我知道他躺在那儿会是什么样儿。安详地，蜷缩着睡在小床的一角，我敢打赌。可是，令人惊讶的是，我看到的竟是一张完完全全地仰着的期盼的小脸。脸上放射出微笑，手臂舒展开来。就在那儿！没有一句话，没有一点声音。但是，这种沉静当中多么充满召唤啊！"②

然而，如果一个人内心缺乏这样强烈的价值教育意向，他能听见孩子的召唤吗？又会有怎样的行动呢？"它是不是我能听到却可以不予理睬，就像有些'父母'那样的呢？这样的所谓父母是真正的父母亲吗？替人看孩子的保姆，一个去照看孩

---

① ［加拿大］马克斯·范梅南：《教学机智：教育智慧的意蕴》，李树英译，34～35页，北京，教育科学出版社，2001。

② ［加拿大］马克斯·范梅南：《教学机智：教育智慧的意蕴》，李树英译，35页，北京，教育科学出版社，2001。

子，不是因为这是她的召唤使命而是因为这是她的工作的人。这样的人又如何呢？一位没有任何激情的保姆她会是怎样走进我孩子的卧室呢？这位保姆会如何回应孩子展开的双手呢？她会听见孩子心中的召唤吗？对于那些对这种召唤听不见的人而言，将教育学作为使命的召唤来思考纯粹是感情上的胡说八道，或者最多也是一种无用的思考罢了。"①

教师拥有强烈的价值教育意向，才能敏感地听见学生的召唤，采取恰当的价值教育行动。如果教师内心缺乏对价值教育的追求和热情，也许就会对各种价值教育机会视而不见，也就难以有自觉、主动的价值教育行动。

(二)教师的价值教育意识是其价值教育行动能够"转知成智"的关键

我们在与中小学教师的交往过程中发现，有的教师参加过多种价值教育会议和研讨活动，有的教师观摩过一些价值教育教学和实践活动，有的教师还会尝试着学习一些关于价值教育的理论，但是到了自己的教育教学实践中，却发现自己真正想开展价值教育并不那么得心应手。他们常常觉得很难将自己所了解和学习的价值教育知识变成真正的价值教育行动，有时会感到价值教育活动与自己的日常教学仍然是"两张皮"，或者有时只是生硬地套用学来的一些固定方法或模式，很难根据具体的教学情境和学生的实际需要去做些灵活的变换和创造。久而

---

① ［加拿大］马克斯·范梅南：《教学机智：教育智慧的意蕴》，李树英译，36页，北京，教育科学出版社，2001。

久之，教师的价值教育行动就会变得呆板和僵化，教师也就日益失去价值教育的热情和信心。

出现这种情况，是因为教师还没有真正拥有价值教育意识，只是对价值教育有了一定的认识，而且通常是一些教条化、规定性的认识。这些认识不能引起灵活自如和有创造性的行动的原因在于：

首先，教师此时所掌握的认识仍是脱离具体情境的客观定义、抽象的原则规定、固定的方法和模式，因而到了实际的教育情境中，在面对充满个性差异的学生时，如果只是照搬所学到的价值教育定义、原则、规定、方法等，往往很难满足学生实际的需要，也就很难真正有效地实现价值教育。

其次，教师此时对于价值教育的态度是超然的，自己并没有完全置身于事情之中，因而对于事情本身缺乏内在的热情。教师关注的往往是如何运用各种价值教育的规则和方法，因而对实际的价值教育效果并不负责。

最后，教师此时通常缺乏对价值教育的整体理解和积极筹划，因而不能以对价值教育的整体理解来灵活地把握和处理自己所面对的具体问题，通常只是遇到一个问题才想着如何解决这个问题，所以其行动不可避免地会表现得有些机械僵化和迟疑被动。因此，其行动的特点通常是分裂的、迟疑的、被动的和苦恼的。

教师能够"转知成智"的关键在于拥有价值教育意识。这样，教师关于价值教育的理解就不是一些外在的规定性原则，而是内在于自身的强烈意向和自觉追求。教师的价值教育意识使得教师总是处于一种积极、主动的意识觉察状态，总是具有一种价值教育的意向和期待。因此，教师随时都有捕捉到价值教育机会的可能，随时都有构建教育情境与价值教育之间意义联系的可能。教师之所以有价值教育的敏感性，是因为对学生的价值教育意识始终萦绕在其心中，随时都能把握教育的时机，随时都能产生教学的机智，随时都能将每次与学生的交往变成教育的机会。虽然价值教育发生的具体细节、具体过程并不是事先规定的，但是并不意味着不可以事先筹划。教育总是有追求的，这使得教育总是不断有新的可能性、创造性，在这一过程中恰恰展现着人所特有的主体能动性、自由创造性。但是，教师的价值教育意识不是神秘的、不可知的，事先不被规定的、不能明确定义的存在并不代表一种空洞或虚无。实际上，教师的价值教育意识像雷达一般，总是敏感地觉知着四周，一旦与其期待的情境相遭遇，所有的背景、视域都会生动起来，意识马上就能与当下的生活经验或具体内容建立起意义联系。当教师对于教育事业、对于学生的全面发展、对于人类文明的传承与发展都充满无限的热情和真心的喜爱时，教师的价值教育意识就更加自觉、敏感，在教育实践中就能把握更多价值教育机会，就能更恰当地启发、引导学生。

(三)教师的价值教育意识让教师从"照例行事"提升为"不假思索"地专业行动

我们可以说，每个人在行动的时候都会对自身的意识和行动有所觉察。但是觉察的水平和层次不同，就使得人的行动表现出来的专业水平不同。我们能够看到，专家教师与新手教师的区别在于：专家教师在解决问题的时候似乎总能够"不假思索"地迅速而准确地把握住问题的关键和要害之处，并能及时采取合适的行动；而新手教师在面对问题的时候通常缺乏清醒、自觉的觉察，只是依循经验或习惯"照例行事"，对自己所做事情的意义和性质并没有清楚的了解。

冯友兰先生根据人"觉解"人生意义的水平和层次划分了人存在的"四种境界"：自然境界、功利境界、道德境界和天地境界。新手教师还处在自然境界中时，通常只是"顺才而行"，即"'行乎其所不得不行，止乎其所不得不止'；亦或顺习而行，'照例行事'。……他对于其所行底事的性质，并没有清楚底了解。此即是说，他所行底事，对于他没有清楚底意义。就此方面说，他的境界，似乎是一个浑沌。但他亦非对于任何事都无了解，亦非任何事对于他都没有清楚底意义。"①在这里，冯友兰先生实质上指出了一个正常人并不是在做所有事情的时候都是无意识的，而只是在某些事情上面对其本身的意义没有清醒的意识，但仍有可能受到关于其他事情的意识的支配。因此，冯先生指出："严格地说，在此种境界中底人，不可以说是不识不知，只可以说是不著不察。孟子说：'行之而不著焉，习矣而不察焉，终身由之，而不知其道者众也。'朱子说：'著者

---

① 冯友兰：《新原道》，45 页，北京，生活·读书·新知三联书店，2007。

知之明，察者识之精。'"①这就意味着，如果一个人总是对自己在做的事情不"觉"、不"察"——没有意识，那么他只能是糊里糊涂地过日子。只有那些有"觉察"即有意识者，对自己所做的事情才能真正地"明"确，才能真正地"精"通。

对于专家型人才而言，因其拥有敏感、熟练的价值意识，所以其在行动时能够"不假思索"，能够拥有敏锐的专业直觉。比如，全身心投入比赛的专业网球手，完全不需要再去思考如何挥动球拍，如何以最佳的角度击球，如何判断球的落点，以及如何给对手以致命的一击。优秀的网球运动员几乎是瞬间就对这一切作出了敏感的觉察和正确的判断，并且这一切行动都如行云流水一般自如、流畅。但是，这并不表明某个领域的专家的行动完全是无意识的，即使是专家型人才对其行动也是有意识的。一方面，其在成为专家之前，曾经有过一段有意识的学习经历，这些专业的直觉和准确的判断是通过有意识的学习和训练才获得的；另一方面，其在成为专家之后，虽然行动的发生带有自动的性质，但是行动发生的时候仍能被其意识到。正如杂技演员，虽然其对每个动作都已经熟练到不需要思考，但是对表演仍然是有意识的。即杂技演员对其行为仍有意识的觉察，特别是有对心态的觉察，比如演出成功后的喜悦。即使是技术熟练的工匠，在制作时并不需要再去思考制作的工具、程序和手法等，也有对情感、态度的觉察。比如，其在制作过

①　冯友兰：《新原道》，46 页，北京，生活·读书·新知三联书店，2007。

程中会有欣赏，这种心态或对其情感态度的觉察仍然是一种意识的觉察状态。

我们能够发现，这两种情况中的意识水平和层次——"不知不觉"和"不假思索"是完全不同的。因此，处于这两种意识状态的行动水平和实际效果也是不一样的。

教师应当是教育方面的专业人员，教师的价值教育意识应当是一种专业意识。因此，我们说教师有价值教育行动而没有刻意的意识时，当然不希望教师只是"照例行事""顺习而为"，更不希望其对价值教育的性质和意义"不知不觉"。实际上，我们所期待的理想状态是：当教师对价值教育有着充分的熟悉和完全的自觉的时候，能够在丰富、复杂的教育情境中有及时、敏锐的价值教育直觉。

第二节　教师价值教育意识的内涵及其构成

我们理解了教师价值教育意识的基本性质特征之后，接下来需要深入研究的问题就是教师价值教育意识的内涵，以及构成教师价值教育意识的基本维度。

一、教师价值教育意识的内涵

教师价值教育意识实质上意味着教师需要哪些专业意识来帮助学生养成良好的价值品质，其可以从专业伦理和专业能力两个基本维度来理解，即教师的价值意识和价值教育意识共同构成了完整的教师价值教育意识。

（一）教师价值教育意识的含义

首先，从专业性质而言，教师价值教育意识是一种教育意识。其专业性体现在教师能够自觉地意识到如何有效传递和达成价值共识，并能够实质性地影响学生形成良好的价值品质。这就意味着教师能够根据学生所面对的具体情境和时机，恰当地采用直接或者间接的价值教育方式。因此，教师价值教育意识既可以体现在专门的价值教育课程、主题活动等直接的价值教育之中，也可以体现在日常的教育教学活动、师生交往、班级管理等间接的价值教育之中。

其次，从内容而言，教师价值教育意识所指向的内容是学生的价值观、价值品质的形成。这就意味着，教师需要真正理解学生关于价值观的学习与关于知识、技能的学习之间有何区别和联系。在开展价值教育的过程中，教师往往没有认真区分关于价值观的学习与关于知识、技能的学习之间有何不同，从而往往会以教授知识和技能的方式来教授价值观，由此导致教师通常只会采用说教、命令、惩罚等简单的价值教育方式。"'美德学习'或'道德学习'虽不免涉及知识和技能问题，但其核心是'态度学习'或'情感学习'。这是一种有别于'知识学习'和'技能学习'的特殊学习类型。单纯用口授和训练等方式不能直接教人以道德，但是，通过直接的教（传授知识和技能）有意识地间接地渗透种种道德影响，却不是不可能的。"①因此，教师价值教育意识需要教师真正理解学生价值观形成的规律和特点，并抓住价值教育的关键在于唤醒和激活价值观的原初意义，依据学生价值观养成的规律和原则去教。

最后，从属性特征而言，教师价值教育意识属于能够支配和引发行动的意识层面，而不能仅仅停留于概念性、抽象性的认知层面。教师价值教育意识具有意向性，意味着教师对于自己拥有的正当性价值原则有着强烈的意向、信念和追求。教师价值教育意识具有能动性，意味着教师不是只有空洞的想法或浪漫的愿望。教师的价值意识还会不断地激发和支配着自己的行动，并构成教师行动的内在源泉和动力。教师的价值意识具有整体性，意味着其既包括认识或理性层面的，也包括情感或态度层面的，并且最终在行动中以知、情、意、行完整的不可分割的方式呈现出来。

(二)教师价值教育意识的两个基本维度

教师价值教育意识由专业伦理和专业能力两个基本维度构成。其专业伦理体现为教师作为专业的教育工作者应当拥有的价值意识，即教师通过自己的言行示范影响着学生价值意识的养成。其专业能力体现为教师的价值教育能力，即教师不仅能够在日常教育活动中不知不觉地影响着学生价值意识的形成，而且能够自觉、敏感地根据具体情况利用间接或直接的价值教

① 黄向阳：《德育原理》，84 页，上海，华东师范大学出版社，2000。

育途径有计划、有目的地对学生开展价值教育。

　　这里需要强调的是，这两个维度的划分只是便于我们研究和分析的需要，在教师实际的教育教学工作中，这两个维度的意识并没有被割裂开来单独存在。教师的价值意识是作为个人的基本价值品质与教师的专业价值品质的统一，已经融入了教师价值教育意识之中，并最终统一和体现在教师的价值教育能力之中。

　　1. 专业伦理维度：教师的价值意识

　　从专业伦理维度而言，教师的价值意识品质可以从以下两个方面来理解。一方面，教师拥有作为普通人的基本价值意识品质，即作为一名普通人，教师在自己的社会生活中、学习成长过程中形成了某些基本的价值意识品质。这里主要是指作为一名合格的社会成员所应当拥有的价值素养，这些基本的价值品质是一个人为人处世的基础品质。另一方面，教师除了拥有普通人的基本价值素养，还拥有作为专业教育工作者应当拥有的专业的价值意识品质。这些专业的价值意识品质构成了教师建构具有教育性的教学活动和师生关系以及提升自身的教育理想和专业情感、伦理的基础品质。

　　第一，拥有良好的基本价值意识是教师能够进行价值教育的前提。德国著名教育家第斯多惠就曾指出："正如没有人能把自己没有的东西给予别人一样，谁要是自己还没有发展、培养和教育好，他就不能发展、培养和教育别人。"①事实上，当真正拥有优秀的价值意识品质时，教师自身的一言一行就会拥有强大的价值教育力量。特别是在我们的传统文化中，教师常常被奉为礼之化身、道之代表、德之典范。因此，教师常常被赋予一种深沉、神圣的社会责任感和使命感，从而自觉充当优秀传统文化和思想道德的传承者、示范者和践行者。

在当今教育实践中，教师同样是作为一个完整的人生活于整个社会生活之中的。当走进学校、进入课堂以及走近学生的时候，教师总是带着自己全部的价值意向、价值信念和价值追求而置身其中。在与学生交往的过程中，教师的一言一行通常会十分真实、自然地呈现出自身的基本价值意识和素养，如乐观、豁达、宽容、自信、积极、上进等。因为这些基本价值意识和素养是教师自身真正拥有的，并且在与学生交往的过程中能被学生直接、真实地感受和体验到，所以，教师自身的价值意识和素养对于学生价值意识和素养的形成有着直接、内在的影响。正是在此意义上，我们对未来的和现任的教师的期望仍然是"学高为师，身正为范"：教师必须自己"学高""身正"，才能真正"为师""为范"。

第二，教师的价值意识应当是一种专业价值意识。"教育活动是学校教育的实践方式，它是沟通教育理想'此岸'和学生发展'彼岸'的具有转换功能之'桥'，是师生学校生活的核心构

---

① 张焕庭：《西方资产阶级教育论著选》，340 页，北京，人民教育出版社，1964。

成。"①教师是教育活动的设计者、引导者、实施者和评价者，教育就应当是教师的专业，教师正是通过教育活动来体现自身的价值意识。对于学生的价值体验和理解而言：一方面，学生应当通过教师的教育活动来感受和体验教师所拥有的价值意识品质；另一方面，学生对于教师的价值意识品质的理解应当体现教师的专业身份特征。比如，同样是对关爱的体验，学生对于教师给予的关爱的体验和病人对于医生给予的关爱的体验在内容、过程和方式上都会有所不同。学生也许是在自己对某个问题百思不得其解之际，在得到教师的耐心帮助和指导而"恍然大悟"的过程中感受和体验到了教师的关爱；病人也许是在自己身患疾病、苦不堪言之际，在得到医生的准确诊治和精心调理的过程中感受和体验到了医生的关爱。因此，教师的价值意识品质总是体现在具体的教育实践过程中，也总是体现着教师的专业身份特征。

2. 专业能力维度：教师的价值教育能力

从意识层面理解教师的价值教育能力，意味着教师对于价值教育"为何而教""教什么"以及"怎么教"拥有自觉、清醒的意向性、敏感性、判断力、反思力和行动力。

首先，教师关于"为何而教"的价值教育意识意味着教师能自觉意识到自己所担负的价值教育责任。教师能够意识到，在价值多元化、功利化、技术化的社会中，价值共识给予了个体

---

① 叶澜：《新世纪教师专业素养初探》，载《教育实验与研究》，1998(1)。

行动的安全感和秩序感，确保了人们在共同行动中的可靠性。价值共识为个体的价值判断和价值选择提供了方向感和意义感，让人们在共同行动中知道什么值得做、什么不值得做。因此，教师应当肩负起传承社会价值共识和引领学生价值观形成的责任，通过价值教育将学生引入我们共同生活的价值世界中，学会"生活在一起"。

其次，教师关于"教什么"的价值教育意识意味着教师能自觉意识到价值教育的关键在于在学生心中激活与唤醒价值观的原初意义，让学生真切地体验和感受到这些价值观之于人类社会以及自己今天生活的意义。因此，教师不能把价值观当作不言而喻的现成知识或方法简单地灌输给学生。价值教育要传承的不是接受现成价值观念的能力，而是激活与唤醒学生思考和真正理解使价值观得以产生的精神源泉，从而真正形成对价值观的敏感性、理解力、判断力和行动力。

最后，教师关于"怎么教"的价值教育意识意味着教师能自觉意识到学生价值观的形成与知识的记忆和技能的训练有所不同。仅仅依靠概念化的讲解或者技术化的操练，价值观很难在学生心里真正引起共鸣和认同。教师应当意识到，学生价值观的形成是从直接到抽象的认识过程。因此，教师选择的价值教育方法必须符合学生价值观发展的规律和特点。

二、教师价值意识的构成

我们关注教师价值意识的内在构成，强调的是教师价值意识作为教师的专业意识品质。其实就是要追问，如果要成为一名合格的教师，应当具备哪些价值品质，即这些价值品质对于教师从事的教育工作来说是必不可少的。基于一直以来对教师的专业意识的关注和理解，我们提出教师价值意识主要应当包含以下三方面的内容：爱、希望与信仰、责任与使命。

(一)爱是教师价值意识的源泉

正如舍勒所指出的那样："爱始终是激发认识和意愿的催醒女，是精神和理性之母。"①"在人是思之在者或意愿之在者之前，他就已是爱之在者。人的爱之丰盈、层级、差异和力量限定了他的可能的精神和他与宇宙的可能的交织度的丰盈、作用方式和力量。"②因此，在舍勒看来，"爱"是一种"原—行动"，即"爱"是人认识世界并做出意志行动的前提。

同样的道理，"爱"也是教育的源泉，是教师全部工作的动力来源，是教育者最宝贵的价值品质。正如范梅南在论述教育学的条件时所指出的那样："教育者对孩子们的教育爱(peda-gogical love)成了教育关系发展的先决条件。"③那么，教师之爱究竟是什么呢？事实上，在教育实践中，教师之爱一直以来都是受到普遍关注并被时常强调的话题：通常，我们在各种教育

---

① ［德］舍勒：《舍勒选集》，刘小枫选编，750～751 页，上海，上海三联书店，1999。

② ［德］舍勒：《爱的秩序》，刘小枫主编，孙周兴等译，105 页，北京，北京师范大学出版社，2014。

③ ［加拿大］马克斯·范梅南：《教学机智：教育智慧的意蕴》，李树英译，89 页，北京，教育科学出版社，2001。

改革中时常听到呼吁教师关心学生、尊重学生、善待学生；在关于教师的职业道德规范中会见到"教师要爱岗敬业，热爱学生"；在新闻报道中，也能时常见到宣传教师工作废寝忘食、甘于奉献甚至舍身保护学生的感人事迹。

然而，在关于教师之爱的通常描述和表达中，我们发现并没有关于教师之爱究竟是什么的明确理论界定，似乎凡是教师对学生产生的积极情感都是教师之爱：尊重学生是爱，理解学生是爱，平等对待学生是爱，为学生无私奉献也是爱。那么，教师之爱究竟意味着什么呢？或者说，什么才是体现教师专业特性的爱呢？

第一，教师之爱应当是拥有教育意向的爱，正如范梅南所说的 pedagogical love，即"有教育意蕴的爱"。这就意味着教师之爱是有特定的意向指向的，应当指向关注学生全面意识品质的养成，因而教师之爱并不是随意的、偶然的或泛泛的关心和爱。

也正是教师这种拥有教育意向的爱，才使得教师对于学生的爱与父母对于自己孩子的爱得以区别开来。父母之爱是基于血缘关系的自然情感，是私人之间的爱；而教师之爱是基于教育关系的专业情感，是负有社会责任感的爱。教师作为人类文明的传播者，主要通过自己的教育活动让年青的一代全面了解、热爱人类文明，进而能够推动人类文明向前发展。学生正是通过教育使自己融入人类文明的发展进程之中，从而逐渐发展、成熟起来的。

第二，教师之爱应当是情感融入理解的爱。以往关于教师之爱的理解往往将教师之爱当成一些感性情感的表达和宣扬，如教师像慈母一般，或者教师对学生的生活无微不至地关心和照顾。学生时常会因为与教师有好的私人情感而喜欢上学习或喜欢上某个学科，但也常常出现这样的问题：学生只是为了赢得教师的好感、讨教师喜欢或者是为了报答教师的爱和关心，而强迫自己努力学习。其实，学生自己内心并没有真正喜欢上学习，也没有喜欢上教师所教的学科。于是，教师在的时候学生是一个样子，教师不在的时候学生是另一个样子。不可否认，师生之间有良好的私人情感具有一定的教育意义，在教师的职业生活中和学生的成长中，这样良好的师生情谊必不可少，正所谓"亲其师，信其道"。但是，教师之爱不应当只是拥有感性的情感，而应当包含着教师对于教育的理解、对于自己所教学科的性质特点及其教育意义的深刻理解。当教师之爱是这种被深厚的学识理解所支撑起来的情感时，它才是丰满的、充实的，这时它对学生的影响才是触及灵魂深处并能稳定、持久地发挥其感召力和影响力的。学生对教师的积极情感回应同样因为融入了对教师所教学科和内容的理解和喜爱，而变得更加成熟和深厚。

因此，教师之爱也体现为对自己所教的学科本身充满激情和喜爱。教师内心对人类文明充满着热爱，对于人类文明的传承充满着责任感和使命感，这使得教师之爱是有内容的，因而是具体可感的。因此，教师希望以自己对学科的激情和热爱去感染、触动学生，希望学生也能像自己一样对人类文明充满着兴趣和喜爱。与此同时，教师对学科的爱始终指向学生的成长和发展，指向更好地教育学生。因此，教师对学科的爱应该体现在对教育学生的爱之中。教师通过自己的教育，让学生也像自己这样对学科产生深深的喜爱，"把学生的每一次激动变成他们毕生的喜爱"①。

(二)希望与信仰是教师价值意识的支柱

教师价值意识还应当包含着对学生的发展充满真诚的希望，对教育意义的实现拥有坚定的信仰。

"做一个父母或老师就是对孩子寄予期盼和希望。"②但是，在教育关系中，教师的希望并不是指那些日常的欲求或浪漫的理想，如希望今天能够早点下班回家，希望学生能按时交作业，希望班级成绩能名列前茅，希望今天班上没有调皮捣蛋的学生。实质上，真正具有教育意味的希望意味着对学生充满信任和理解。范梅南提出："希望给我们的是一个简单的宣言：'我不会放弃对你的希望的。我知道你可以造就你自己的生活'。"③因此，在教育关系中，"希望指的是那些给了我们对孩子的发展的各种可能性的耐心和忍耐，信念和信任。体验到我们的信任的孩子由此而受到激励，对自己充满了信任。信任激

---

① 宁虹：《实践—意义取向的教师专业发展》，载《教育研究》，2005(8)。
② [加拿大]马克斯·范梅南：《教学机智：教育智慧的意蕴》，李树英译，91页，北京，教育科学出版社，2001。
③ [加拿大]马克斯·范梅南：《教学机智：教育智慧的意蕴》，李树英译，91页，北京，教育科学出版社，2001。

发了信任！信任的希望激发了孩子，使他们能够对自己的前途和发展充满了自信。信任的希望是我们的自信，不管我们的自信可能会受到多少次失望的检验，我们始终相信孩子会向我们展示他（她）将如何生活。给我们的孩子以支持，这难道不是抚养孩子和做教师的体验吗？这样，希望使我们更深刻地理解教育学的意义。抑或是教育学促使我们理解了希望的意义？像所有伟大的价值一样，它们的最根本的意义似乎展现出来了。"[①]在实际的教育活动中，教师对学生充满信任、理解、耐心的希望，往往会变成激励学生主动学习、自我管理、奋发向上的精神动力。

　　教师还应当拥有始终坚信每一个学生都具有发展的潜质、人人都是可教的、教育一定可以达人的信仰，正是这样的信仰成为指引教师不断努力的前进方向，也是教师能够克服各种困难的强大动力。苏霍姆林斯基曾说过："没有任何信仰的人，不可能有精神的力量、道德上的纯洁，也不可能有英勇的精神。对神圣的东西的信仰……定会具有巨大的爱与恨的才华。"[②]德国思想家雅斯贝尔斯一再强调教育信仰问题："教育须有信仰，没有信仰就不成其为教育，而只是教学的技术而已。教育的目的在于让自己清楚当下的教育本质和自己的意志，除此之外，是找不到教育的宗旨的。因此我们常听到的一些教育

---

　　① ［加拿大］马克斯·范梅南：《教学机智：教育智慧的意蕴》，李树英译，91～92页，北京，教育科学出版社，2001。

　　② ［苏联］苏霍姆林斯基：《怎样培养真正的人》，蔡汀译，17页，北京，教育科学出版社，1992。

口号并没能把握到教育的真正本质，诸如学习一技之长、增强
能力……塑造个性、创造一个共同的文化意识等等。"①"教育，
不能没有虔敬之心，否则最多只是一种劝学的态度，对终极价
值和绝对真理的虔敬是一切教育的本质。缺少对'绝对'的热
情，人就不能生存，或者人就活得不象一个人，一切就变得没
有意义。"②

　　教师具有坚定的教育信仰，意味着教师愿意为自己心目中
坚信的教育理想和追求而持久努力，并在追求中体验乐趣和成
就感。教师的执着追求是出于自己的意愿和选择的，而并非被
强迫或随意的。亚里士多德曾指出，选择是出于意愿的，只有
我们愿意去做的事情才会成为我们的选择。③"出于意愿意味一
个行为是在我们能力范围之内的，并且我们了解那行为的性
质、对象、目的、手段等等。一个完全在外力胁迫下作出的、
违反我们意愿的行为显然不是被选择的。"④选择意味着预含了
一个对我们而言是善的目的，事实上我们是因为有目的才要作
选择，而不是因为要选择才确定目的。⑤　选择意味着对处境采
取某种立场，因此，选择必须是出于明智的。教师之所以能作

　　①　[德]雅斯贝尔斯：《什么是教育》，邹进译，44页，北京，生活·读书·新知三
联书店，1991。
　　②　[德]雅斯贝尔斯：《什么是教育》，邹进译，44页，北京，生活·读书·新知三
联书店，1991。
　　③　[古希腊]亚里士多德：《尼各马可伦理学》，廖申白译注，65页，北京，商务印
书馆，2003。
　　④　[古希腊]亚里士多德：《尼各马可伦理学》，廖申白译注，译注者序 xxix 页，北
京，商务印书馆，2003。
　　⑤　[古希腊]亚里士多德：《尼各马可伦理学》，廖申白译注，65页，北京，商务印
书馆，2003。

出明智的选择，关键在于教师对教育的根本性质、教师专业的根本特点以及教师的使命和责任等有着自己成熟、理智的思考和判断。因此，信仰增强了教师价值意识的理性，并增加了坚定的成分。

(三)责任与使命是教师价值意识的基石

教师作为教育专业工作者，承担着维系人类社会文明的传承与发展的重要责任与使命。正是通过教师的教育教学活动，学生参与到人类文明的发展进程之中。也正是在此过程中，学生个体逐渐分享着人类文明所积淀下来的文化财富，由此而形成自己的意识、习惯、能力、情感和价值追求。杜威曾经提出五个"教育信条"，其中第一个信条说明的就是"什么是教育"，他说："我认为一切教育都是通过个人参与人类的社会意识而进行的。这个过程几乎是在出生时就在无意识中开始了。它不断地发展个人的能力，熏染他的意识，形成他的习惯，锻炼他的思想，并激发他的感情和情绪。由于这种不知不觉的教育，个人便渐渐分享人类曾经积累下来的智慧和道德的财富。他就成为一个固有文化资本的继承者。世界上最形式的、最专门的教育确是不能离开这个普遍的过程。"[1]

然而，在一些教育改革实践中的确存在着过度强调学生主体性、鼓励教师完全放手让学生自己学习的问题，这实质上是弱化了教师的教育责任与使命。因为学生的发展应当是一个接

---

[1]　[美]杜威：《学校与社会·明日之学校》，赵祥麟等译，3页，北京，人民教育出版社，1994。

受社会文化熏染的过程，而不可能完全是孤立的个体活动的过程。受教育的个人是社会化过程中的个人，而社会是由许多个人有机组成的。正如杜威所说的那样："如果从儿童身上舍去社会的因素，我们便只剩下一个抽象的东西；如果我们从社会方面舍去个人的因素，我们便只剩下一个死板的，没有生命力的集体。"①

在中小学教育中，人类文明的最基础部分体现在各门基础的学科课程之中。学生个人能够分享人类文明所积累下来的智慧和道德的财富，主要是通过各个学科教师的教育教学活动。学生也正是通过对各门课程的认真学习，而成为人类文化资本的继承者和创新者。因此，对于中小学教师而言，对自己的教育责任与使命拥有深刻的理解和内在把握是应当拥有的专业价值意识。

三、教师价值教育意识的构成

在日常的教育教学活动中，教师价值教育意识的具体表现方式不尽相同。从教师价值教育意识所应具备的内在素养角度，可以将教师价值教育意识的构成分为以下三个维度。

第一，教师自身拥有良好的价值素养，通过榜样示范的方式，以自己高尚的人格和专业美德感染着学生。榜样示范是人类社会从古至今自然和有效的价值教育方式之一。

第二，教师拥有专业的学科教育素养，以自己对所教学

---

① ［美］杜威：《学校与社会·明日之学校》，赵祥麟等译，5页，北京，人民教育出版社，1994。

科、所教内容的深刻理解和准确把握，通过学科育人的方式呈现出学科教学内容本身所承载的价值教育意义，以此引导和激励学生形成良好的价值品质。

第三，教师拥有完整的价值教育素养，不仅自身有着优秀的价值品质，能够深刻理解学科教育与价值教育之间的联系，而且对于如何完整地开展价值教育有着专业的理解。由此，教师能够将自己崇高的人格魅力和"传道、授业、解惑"的职责内在、有机地结合在一起，对学生价值素养的养成会形成具有一致合力的整体影响力。

如果教师能够自觉同时做到上述这一切，那么教师对学生产生的价值教育影响就不是一时的、偶然的，而是稳定的、持久的，这也是我们所期待的专业化的教师价值教育意识。

第三节　教师价值教育意识的案例呈现

作为一项实践取向的教育理论研究，本书始终强调教师的价值教育意识体现在教师日常的教育教学行动和师生交往之中。我们深入中小学，走进课堂，到鲜活的教育现场去发现和研究实践中的教师价值教育意识究竟是怎样具体表现出来的。在研究过程中，我们通过走进中小学课堂听课、访谈一线中小学教师、阅读教师写的教学案例以及一些包含教育内容的回忆性文章，生动描述和具体呈现那些曾经真正触动过学生内心的教师拥有怎样的价值教育意识，以及这些价值教育意识如何铭刻在学生的心中。

一、教师自身有着良好的价值品质——榜样示范

教师自身有着良好的价值素养，就会在自己的一言一行中自然而然地表现出价值教育意识。因为教师以身作则、身体力行的价值教育是最真实的、最自然的和最直观的教育，让学生真真切切、实实在在地感受和体验到了教师自身所拥有的优秀的价值品质，所以往往会对学生的心灵产生深深的触动，并给其留下终身难忘的印象。

"要求学生做到的，我自己首先做到"——榜样的力量[①]

"要求学生做到的，我自己首先做到"，这是我作为班主任所坚持的原则。每天早晨 7 点早读，我总是提前 20 分钟到教室，维持纪律、考勤，同时还帮助值日的学生打扫卫生。高一刚入学时，我班的学生小袁经常迟到。她父母均不在城区，她自己租房子居住，自我管理能力不够，早晨不能按时起床。刚开始几天迟到时，我让她进了教室，没有批评她，其实她心中是忐忑不安的。为了给教师留下好印象，她每天都把起床时间提前一点，最终改掉了迟到的习惯。

学生每天都能认真打扫教室卫生，但没过半天，教室内外总有一些纸屑、塑料袋等。我班高一时也有这种情况，很多学生没有养成良好的卫生习惯，纸屑、食品袋随手乱扔，有时就丢在教室门口或讲台边，看起来特别"扎眼"。当时我想对此批

---

① 来自安徽省寿县第一中学一位高中班主任教师讲述的价值教育案例。

评一下，但最终还是忍了下来。我在教室内走了一圈，捡起地上所有的纸屑等杂物，有些学生看到我捡纸屑，也主动捡起自己座位旁边的废纸。这样坚持几天后，教室卫生有了很大改观，地上再无一片废纸。事后我问学生教室地上为什么没有废纸了，学生答道："现在我们都能认识到乱扔垃圾的错误，同时即使有些无意中丢在地上的垃圾，我们也能主动地捡起来。"我笑着说："这就是榜样的力量吧!"

这位教师向我们讲述了自己身体力行、以身作则对学生良好价值品质养成的作用的故事。在学生良好行为习惯的养成方面，教师自己的以身示范、言传身教，往往会产生直接、明显的价值教育效果。

教师的爱和信任让一个"特别"的孩子找回自信与快乐①

我记得我刚上班的时候，教过一名"特别"的学生。那时候她刚上初一，现在已经上初三了。她长得有些特别，其他学生有时候会笑她，她倒是一点都不在乎。她学习特别不好，但是爱画画。后来她的班主任就跟我讲，让她当我的课代表。当时我不认识她。后来我跟她说："你做我的课代表吧?"她问："需要做些什么啊?"我就说："没有什么特别重的任务，你呢，喜欢为大家服务，画画又不错，就帮我拿下电脑就可以了。"她就当我的课代表了，每节课的表现都特别好。我当时是这么想的：有些学生不太愿意和她玩，我得想办法让班上的学生发现

———————
① 案例来自本书作者对一位初中美术教师的访谈。

她的优点。于是，我就在课堂上夸奖她，因为她画画挺好，很有灵气。我还拿她的画当优秀范例来讲，讲为什么好。渐渐地，她能感觉到我对她的喜爱。当时她爸妈还找过我，不想让她学画画了，怕影响学习。我就耐心地和她爸妈说，应该让她在画画方面找到自信心，以此来带动其他学科，能及格就行。后来，她妈妈同意她学画画了。

这个学生现在初三了，我已经不教她了，她跟我的关系还是很好。而且对于画画她没有放下，有时候中午会过来找我画石膏画。我问过她成绩，她以前语文、数学都不及格，现在语文从原来的四五十分进步到 60 多分了。虽然刚刚及格，但确实有进步，因为从 50 多分进步到及格是很难的。看着她的变化，我觉得挺值。这个学生没有自卑，她虽然其他学科不太好，但美术很好。她跟我特别亲近，有时我在前面走，她走在后面看见我，就会在我的肩膀上"啪"地拍一下。其他学生就会很惊讶地说："你怎么敢跟老师这样呀?"她觉得自己可以用其他学生都不敢的方式和教师打招呼，非常自豪。我想，正是教师的爱和信任帮她重新找回了自信心。

事实上，我们在实际的教育中会看到这样的情况：教师带着一颗慈爱之心，对每一名学生的发展都充满希望与信任。教师的一句话、一次表扬与鼓励，也许就能改变学生对自己的认识，从而发现自己的兴趣与特长，重新找到学习的快乐与意义。可能还会改变学生周围的人对学生的看法，而使其重获尊重与自信，甚至能影响和改变学生的一生。

二、教师拥有专业的学科教育素养——学高为师

中小学的学科内容作为人类文化的基础部分，蕴含着价值教育因素，承载着价值教育意义。因此，有着良好学科素养的教师在其学科教育中会表现出价值教育意识，给学生留下深刻的印象。

语文特级教师韩军认为，语文教师要通过自己的语文教学向学生传达语言文字所饱含的生命的感动，让学生感受和理解语言文字所传递的思想、情感、道理以及价值的生命和热度。由此，在学生心中，语言文字以及语言文字所表达的价值理解和追求将不再是"平面的""冰冷的"，而是"立体的""有生命的"。

韩军老师曾经这样教杜甫的《登高》：在上课的一开始，韩军老师以低沉的语调、缓慢的语速，带着凄楚苍凉的感情向学生描述杜甫诗中描绘的情与景，并且在《二泉映月》的乐声中满怀深情地朗诵了这首诗。教师的故事描述和深情朗诵将学生带入了杜甫这首诗的意境中。[①] 韩军老师之所以会这样"教"，用他自己的话来说就是："诗文大都是通过'景语'来抒发感情、表达观点的。因此，想象着诗文中的'景象'来诵读，就是把平面的、二维的文字'支撑'起来，使之饱满，使之'立体化'。"[②]

具体的课堂教学情境是这样的：

---

① 教育部师范教育司：《韩军与新语文教育》，191～192 页，北京，北京师范大学出版社，2006。

② 教育部师范教育司：《韩军与新语文教育》，146 页，北京，北京师范大学出版社，2006。

教师："同学们愿意听电影故事吗?"

学生："愿意!"

教师："不过,这不是一个欢乐的故事,而是一个凄楚悲凉的故事,听着心情会很沉重。我还给大家提个要求:因为是电影故事,请大家边听边在脑海中把这个故事幻化成电影画面。我相信大家都是杰出的'电影摄影师',一定能够在大脑中把画面构想得场景逼真,而且每人都能够身临其境。能做到吗?"

学生："能!"

教师："我开始讲述。(语调低沉,语速缓慢,满怀感情)1200多年前,一个秋天,九月初九重阳节前后。夔州,长江边。大风凛冽地吹,吹得江边万木凋零。树叶在天空中飘飘洒洒。漫山遍野都是衰败、枯黄的树叶。江水滚滚翻腾,急剧地向前冲击。凄冷的风中,有几只鸟在盘旋。远处还不时传来几声猿的哀鸣。——这时,一位老人朝山上走来。他衣衫褴褛,老眼昏花,蓬头垢面。老人步履蹒跚,跌跌撞撞。他已经满身疾病,有肺病、疟疾、行痹,而且已经'右臂偏枯耳半聋'。重阳节,是登高祈求长寿的节日。可是,这位老人,一生坎坷,穷困潦倒,似乎已经走到了生命的冬季。而且,此时,国家正处在战乱之中。他远离家乡,一个人在外漂泊。面对万里江天,面对孤独的飞鸟,面对衰败的枯树,老人百感千愁涌上心头……"

(放音乐《二泉映月》)

教师：（在乐声中满怀深情地朗诵）

"风急天高猿啸哀，渚清沙白鸟飞回。

无边落木萧萧下，不尽长江滚滚来。

万里悲秋常作客，百年多病独登台。

艰难苦恨繁霜鬓，潦倒新停浊酒杯。"

（课堂中气氛凝重，有些学生流下泪来。）

韩军老师向学生声情并茂地描述这个故事时，就为学生理解杜甫这首诗营造出了意境和氛围，再通过在音乐声中满怀深情的朗诵，诗句中所饱含的杜甫当时对国家前途和命运的担忧，自己因年老体衰而无法为国效力的百感千愁的心情，被学生真切地感受到了。当我们看到教师是以这种直观、形象的方式教学生时，每个人都会相信学生此时就已经被教师的"教"深深地感染着，带入了杜甫这首诗的意境和氛围之中。

教师："造成杜甫的愁苦的最根本的原因是什么呢？"

学生："是国难，是连年的战乱。"

教师："是从哪联的哪句诗知道的？"

学生："从'艰难苦恨繁霜鬓'一句知道的。"

教师："这句诗怎么解释？"

学生："由于艰难痛苦和仇恨，我两鬓斑白了。"

教师："苦，是什么意思？"

学生："痛苦。"

教师："这样解释大体上也讲得过去。不过，老师还有一种解释：在国势艰难的时候，我极度痛恨我已经老了，以致两鬓斑白了。苦，是极度的意思。咱们比较一下，哪种解释更好？"

学生："老师的解释更好，因为这样更表现出杜甫的忧国忧民之情。"

学生："杜甫想为国家出力，平定战乱，但是由于年老多病而不能为国家出力了。"

教师："这是一种什么心情？忧愁还是忧愤？"

学生："忧愤。心急如焚。"

教师："对，就是心急如焚，这个词用得好。心急如焚，才白发丛生，两鬓染霜。心有余而力不足。另外，从句法角度还能讲出些道理来吗？比如，前后两句是对偶的，句法的结构应该相同——"

学生："后一句是'潦倒新停浊酒杯'，'新停'与'浊酒杯'之间是动宾结构，是'刚刚停下浊酒杯'的意思。（教师："也就是刚戒了酒。"）那么上句相应的词'苦恨'与'繁霜鬓'也应该是动宾结构，是'极度痛恨两鬓染霜'的意思。"

教师："句法结构对应，相应的词也两两相对。'新'与'苦'都是副词。大家应该为这位同学认真思考的精神鼓掌。"

韩军老师引导学生理解"苦"字在"艰难苦恨繁霜鬓"一句中的含义时，让学生深切地体会到"苦"为"极度"的意思，更能强烈地表达杜甫因为自己年老多病，不能为国家出力而心急如焚的心情。只有从"苦"字中读到杜甫心有余而力不足，其心情极度忧愤，由于心急如焚而白发丛生、两鬓染霜时，学生对于

"苦"这个字的理解才不再是他们之前所理解的那样——只是简单地表示"痛苦"的含义。我们可以看到，读到这句诗时，在真正有这样的理解和没有这样的理解的情况下，学生内心的感受和体验的丰富与真切程度是完全不一样的。

紧接着，韩军老师并没有满足于让学生仅仅从意思的解释上理解"苦"在这里的含义，他有意识地引导学生从诗歌对仗的句法结构关系上来解释为什么"苦"在这里可以表示"极度"的意思。在与后一句"潦倒新停浊酒杯"联系起来，从而有理有据地解释为什么"苦"在这里可以作"极度"解时，学生对杜甫这首诗中的"苦"字所要表达的思想和情感就会有更加准确和深刻的理解。

我们看到，正是韩军老师自身拥有良好的学科教学素养，并且运用了饱含深情的朗读和精彩的讲解，才使学生在课堂上完全融入整首诗的意境和氛围中，即使对一个"苦"字也有着十分丰富的感受和深刻的理解。韩军老师不是将诗中的字词学习仅仅作为抽象的概念、重要的语法点或者是常见的一个考点，没有只是让学生记住"苦"在这里表示"极度"的意思，到了考试的时候能想起来就行了。

韩军老师正是通过这样既有生动的直观形象又有深厚学识和准确理解的课堂教学，才使学生通过这节语文课所受到的价值教育不是虚假的、空洞的，不是"贴标签"似的说我们应当学习杜甫忧国忧民的责任感，像杜甫那样心系国家前途和命运。只有当心里被具体的语言形象、真切的感受和深刻的理解所充实着、丰富着，学生才是完全真切地体会和理解了这首诗，内心才会真正被杜甫在诗中想表达的那种对国家前途和命运的忧虑和自己到老都不忘的责任和担当深深地打动。

三、教师拥有完整的价值教育素养——教书育人

教师拥有完整的价值教育素养，自身不仅有着优秀的价值品质，而且能够建立学科教育与价值教育之间的联系，将崇高的人格魅力和所应担当的教书育人的职责内在、自然地结合在一起，对学生价值素养的养成会形成具有一致合力的整体影响力。

在中国现代教育史上，夏丏尊先生是一个不应该被遗忘的人。夏丏尊先生始终献身于教育、献身于教育的理想，他1905年赴日本留学，1907年回国，开始其教书和编辑生涯，先后在浙江两级师范学堂、湖南第一师范、春晖中学、立达学园等教书，与李叔同、朱自清等名师一起培养了丰子恺、曹聚仁等一大批优秀的人才。与此同时，夏丏尊先生在语文教育理论和语文教材编写上作出过杰出的贡献，他提出语文教师的职责在于"传染语感于学生"，可谓一语中的，一针见血地指出了语文教育的真谛和实质所在。夏先生生命的最后20年主要在开明书店任总编辑，他和开明书店的同人一起编写了不少教科书，如《初中国文教本》《开明国文讲义》《国文百八课》。同时，他和叶圣陶合著的《文心》和《文章讲话》都是现代语文教育史上奠基式的专著。1923年，夏先生翻译了亚米契斯所著的《爱的教

育》。该书先连载后出版，受到了教育界的欢迎，风行国内，久印不衰。不少教师以这本书作范本来实施教育，它可以说是民国时期影响很大的一部教育学著作。夏先生和同人们还发起组织了中国语文教育学会，这是中国最早的全国性语文组织。

夏丏尊先生一生对青少年学生的爱和关心、对语文教学的喜爱、对教育事业的热爱，以及他将自己整个生命都毫无保留地献给中学教育事业，正是对"爱的教育"的践行。也正是从夏丏尊先生身上，我们有幸真实地看到一个完整地拥有价值素养、学科素养、教育素养的中学教师形象。夏先生的教育思想至今依然是十分深刻的、发人深省的，而他与学生之间发生的真实的教育故事至今读起来也依旧让人深深地感动和钦佩。因此，我们尝试通过以下几个方面来分析和理解夏先生的主要教育思想和教育实践，以此勾画出这位备受学生尊敬和爱戴的中学教师所拥有的教育专业素养和完整的形象。

（一）教育者要有高尚的人格

夏先生强调，教师应当有高尚的人格和广博的学识，这样学生才能心悦诚服，才能对学生产生良好的教育影响。因此，夏先生指出：人格恰如一种魔力，从人格发出来的行动，自然使人受着强大的感化。同是一句话，因说话者人格的不同，效力亦往往不同。"以言教者讼，以身教者从"，教育者必须有相当的人格，被教育者方能心悦诚服。只靠规则是靠不住的。[①]

---

① 夏丏尊：《夏丏尊教育名篇》，76～77 页，北京，教育科学出版社，2007。

夏先生赞扬李叔同时说："李先生教图画、音乐，学生对图画、音乐，看得比国文、数学等更重。这是有人格作背景的缘故。因为他教图画、音乐，而他所懂得的不仅是图画、音乐；他的诗文比国文先生的更好，他的书法比习字先生的更好，他的英文比英文先生的更好……"①事实上，夏先生不仅是这样说的，也是这样做的。丰子恺在《悼夏丏尊先生》一文中指出，夏先生对李先生的赞扬其实也是"夫子自道"："他也是博学多能，只除不弄音乐以外，其他诗文、绘画（鉴赏）、金石、书法、理学、佛典，以至外国文、科学等，他都懂得。因此能和李先生交游，因此能得学生的心悦诚服。"②

夏先生还强调，教师对学生的教育的关键在于形成学生良好的人格。在夏先生看来，所有的学科、所有的知识内容都不过是养成学生良好人格的素材，教师的教育正是通过各门学科知识的教学来培养和形成学生的人格素养。但是，现实的学校却成了贩卖知识的"学店"，教师往往是就知识而教知识，忽视了知识教育在养成学生完整人格和价值品质方面的重要价值意义。他在《教育的背景》一文中尖锐地批评道：现在大多的教育者，无非将体操当作体操教，将算术当作算术教，将手工当作手工教罢了。课程自课程，人自人，这种无背景的教育，就是再办几十年也没有什么效果。所以教育上的第一件事是要以人为背景……现在的学校教育是学店的教育，教育者与被教育者

① 商友敬：《过去的教师》，276 页，北京，教育科学出版社，2007。
② 丰子恺：《丰子恺散文选集》2 版，280 页，天津，百花文艺出版社，2004。

的中间只有知识的授受，毫无人格上的接触，简单一句话，教育者是卖知识的人，被教育者是买知识的人罢了。机械的大家卖来卖去，试问这种知识有什么用处？真正的教育需完成被教育者的人格的培养。①

(二)爱是教育的灵魂

在《爱的教育》一书的序言中，夏先生指出："学校教育……真空虚极了，单从外形的制度上、方法上，走马灯似的更变迎合，而于教育的生命的某物，从未闻有人培养顾及。"他还以掘池塘来比喻教育，池塘方或圆都行，但是最主要的水却无人关怀。他认为"教育上的水……就是情，就是爱。教育没有了情爱，就成了无水的池。任你四方形也罢，圆形也罢，总逃不了一个空虚。"②夏先生认为，真正的教育无论教育形式、制度、方法怎样，都应当是充满真情和真爱的教育，"没有爱，就没有教育"是亘古不变的教育真理。

夏先生在自己的教育实践中，从不让"爱的教育"流于形式。无论在学校中负责的是什么工作，他对学生的爱、对教育事业的赤诚之心都会毫无保留地表现出来。

夏先生当年在中学任教时，有感于教学与管理中的难题，以满腔的热情自告奋勇地担起语文课教学和舍监(相当于现在的宿舍管理员)两项艰巨的任务。夏先生对自己当舍监一事的

---

① 夏丏尊：《夏丏尊教育名篇》，76~77 页，北京，教育科学出版社，2007。
② ［意］亚米契斯：《爱的教育》，夏丏尊译，3 页，哈尔滨，北方文艺出版社，2012。

叙述，则更见"爱的教育"之于教师的重要意义。当时，学校学生轻视舍监已成风气。在这种情形下，夏先生主动向校长请缨，决意担当舍监一职，并暗下决心："非校长免职或自觉不能胜任时决不走，不怕挨打，凡事讲合理与否，不讲感情。"于是，饭厅中有学生鼓动风潮闹事的时候，他就站在凳子上对学生说："你们试闹吧，我不怕。看你们闹出什么来。"有人喊"打"的时候，他就说："我不怕打，你来打吧。""学生无故请假外出，我必死不答应，宁愿与之争论一二小时才止。每晨起床铃一摇，我就到斋舍里去视察，如有睡着未起者，一一叫起。夜间在规定的自修时间内，如有人在喧扰，就去干涉制止，熄灯以后见有私点洋烛者，立刻赶进去把洋烛没收。我不记学生的过，有事不去告诉校长，只是自己用一张嘴和一副神情去直接应付。每日起得甚早，睡得甚迟，最初几天向教务处取了全体学生的相片来，一叠叠地摆在案上，像打扑克或认方块字似的一一翻动，以期认识学生的面貌名字及其年龄籍贯学历等等。"如此一来的结果，用夏先生的话说就是："原是预备去挨打与拼命的，结果却并未遇到什么。一连做了七八年，到了后来什么都很顺手，差不多可以'无为卧治'了。"[1]

(三)传染语感于学生——揭示语文教育的真谛

夏先生不仅是优秀的教育家，也是我国现代语文教育的开创者之一。夏先生以其自身深厚的语言文化积淀以及多年来的

---

[1] 夏丏尊：《夏丏尊散文集》，47～48 页，哈尔滨，北方文艺出版社，2019。

教学经验积累，对于语言的根本性质特征、语文教育的根本任务以及语文教师的根本职责这些关于语文教育的最根本问题都提出了深刻的见解，至今读来仍发人深省。夏先生曾经在一篇题为《我在国文科教授上最近一信念——传染语感于学生》的文章中，十分深刻地指出了作为语文教师所应拥有的教育的信念是"传染语感于学生"——"教师所能援助学生的，只此一事"，可谓一语道破了语文教育的真谛。

1. 深刻理解语言的内涵实质

关于语言内涵实质的理解，夏先生曾经说过："我现在的见解以为：无论是语是句，凡是文字都不过是一种寄托某若干意义的符号。这符号因读者的经验能力的程度，感受不同：有的所感受的只是其百分之一二，有的或者能感受得更多一点，要能感受全体那是难有的事。"①

这段话实质上是夏丏尊先生对语言是什么的根本理解和回答。语言是人对自己生活的表达，人因为表达生活的需要而赋予了语言以意义。语言在其本质上并不是作为一种抽象的符号或者语法形式而存在的，而是人们在生活中将自己的意义理解和思想情感赋予语言文字的表达之中。语言文字中寄托着作者丰富、鲜活的思想和情感，对语言文字敏感的人应当总是能够从中感受到丰富的情感和鲜活的意义。

---

①　夏丏尊：《夏丏尊散文集》，92页，哈尔滨，北方文艺出版社，2019。

2. 明确提出语文教育的根本任务：语感的养成

夏先生曾十分生动形象地解释究竟何谓语感："在语感敏锐的人的心里，'赤'不但只解作红色，'夜'不但只解作昼的反对吧。'田园'不但只解作种菜的地方，'春雨'不但只解作春天的雨吧。见了'新绿'二字，就会感到希望焕然的造化之功、少年的气概等等说不尽的情趣。见了'落叶'二字，就会感到无常、寂寥等等说不尽的诗味吧。真的生活在此，真的文学也在此。"①

语文教育就应当让学生拥有这样的语感。学生每当读到某个字、某个词的时候，并不是将其作为抽象的概念或字典中给出的定义而死记硬背下来，而是丰富的情感、态度、价值全部涌上心头，其内心处于兴奋、活跃的状态。并且，只有当学生内心对于语言文字的理解被这些丰富的情感和价值体验所充实着，他们看到"春雨"时才不是简单地从字面上理解为"春天的雨"，而是内心充盈着"春雨"所带给人的滋润、萌芽、希望等丰富的情感和价值体验。"见了'新绿'二字，就会感到希望焕然的造化之功、少年的气概等等说不尽的情趣。见了'落叶'二字，就会感到无常、寂寥等等说不尽的诗味吧。"这时学生才真正读懂了文字，也才真正理解了语言。这正是语文教育所应该为学生养成的价值意识品质。

---

① 夏丏尊：《夏丏尊散文集》，94 页，哈尔滨，北方文艺出版社，2019。

3. 语文教师的根本职责：传染语感

"其实，世间决没有能全体感受任何一文字的内容的人，所不同的只是程度之差罢了。数学者对于数理上的各语所感受的当然比普通人多，法律学者对于法律上的用语，其解释当然比普通人来得精密。一般作教师的，特别是国文科教师，对于普通文字应该比学生有正确丰富的了解力。换句话说，对于文字应有灵敏的感觉。姑且名这感觉为'语感'。……自己努力修养，对于文字，在知的方面，情的方面，各具有强烈锐敏的语感，使学生传染了，也感得相当的印象，为理解一切文字的基础，这是国文科教师的任务。并且在文字的性质上，人间的能力上看来，教师所能援助学生的，只此一事。这是我近来的个人的信念。"[1]

夏丏尊先生在这里实质上是提出了语文教师之所以可能为"师"所应拥有的"语文教育的意识"：语文教师只有自己拥有对于语言文字强烈敏锐的语感，丰富、深刻的理解，才有可能将自己对语言文字的理解和体会"传染"给学生。语文教师之教的根本正在于"传染语感于学生"。我们看到，像夏丏尊先生这样本身是学识渊博的语言学家，同时又拥有丰富的语文教学经验的教育大师，所获得的就是这样一个简洁的结论。

丰子恺曾经这样回忆自己在夏先生的语文课中所获得的终身难忘的价值学习与体验："他教国文的时候，正是'五四'将

---

[1]　夏丏尊：《夏丏尊散文集》，94页，哈尔滨，北方文艺出版社，2019。

近。我们做惯了'太王留别父老书'、'黄花主人致无肠公子书'之类的文题之后，他突然叫我们做一篇'自述'。而且说：'不准讲空话，要老实写。'有一位同学，写他父亲客死他乡，他'星夜匍伏奔丧'。夏先生苦笑着问他：'你那天晚上真个是在地上爬去的？'引得大家发笑，那位同学脸孔绯红。又有一位同学发牢骚，赞隐遁，说要'乐琴书以消忧，抚孤松而盘桓'。夏先生厉声问他：'你为什么来考师范学校？'弄得那人无言可对。这样的教法，最初被顽固守旧的青年所反对。他们以为文章不用古典，不发牢骚，就不高雅。竟有人说：'他自己不会做古文（其实做得很好），所以不许学生做。'但这样的人，毕竟是少数。多数学生，对夏先生这种从来未有的、大胆的革命主张，觉得惊奇与折服，好似长梦猛醒，恍悟今是昨非。这正是'五四'运动的初步。"①

由此可见，教师的价值教育意识应当内在地包含着学科教育意识。教师对学科性质特征能深刻理解，就能完整、恰当地呈现所教学科所承载的价值教育意义，从而能够从学科自身的特点出发，内在地阐发出所教内容的价值教育意义。这时，学生所体验到的价值教育才是真实的、完整的、深刻的。

---

① 丰子恺：《丰子恺散文选集》2 版，281～282 页，天津，百花文艺出版社，2004。

第四章

教师价值教育意识的培养

本章通过对本科师范教育现状进行分析和研究，详细描述和呈现了本科师范教育对职前教师的价值教育意识养成方面所起到的积极影响及其存在的问题。接下来，基于U－S合作的教师教育共同体模式研究通过对中国价值教育联盟学校（SU-VEC）的实践案例分析，探索职后教师的价值教育意识的有效培养方式。最后，对于如何有效培养教师的价值教育意识提出了具有可行性的对策和建议。

第一节 职前教师价值教育意识的培养

师范教育是未来教师成长的摇篮，是基础教育的基础。本科师范生通过有计划地系统学习师范教育课程，在四年里学习如何做一名合格的教师，发展成为教师的基本专业素养。因此，我们将首先从教师培养的起步阶段——本科师范教育①探寻职前教师的价值教育意识究竟是如何养成的。

借着某所师范大学举行毕业师范生回母校交流访问活动的机会，笔者对这些本科毕业之后在中小学任教 1～5 年的教师进行了深入访谈。访谈的对象包括 15 名教师，他们分别教授语文、英语、数学、物理、历史、地理、音乐、美术。访谈的方式是将这些教师分成 3 组，分别进行集体访谈。

选择这些初任教师进行访谈，其理由主要有两个方面：一方面，他们刚从师范大学毕业，对自己曾经接受过的师范教育还留有比较深刻、清晰的印象；另一方面，他们已经进入中小学工作了一段时间，基本了解和熟悉了中小学的实际教育教学情况，因而能够从实际工作经验角度来全面考察和反思自己曾经接受的师范教育，在师范大学的哪些学习经历影响到自己价值教育意识的形成，对于自己当教师之后能够自觉关注学生良好价值品质的养成有着怎样的实际影响。

虽然我们的访谈对象只是来自一所师范大学的本科毕业师范生，可能在某些方面只能反映这所师范大学在教师价值教育意识的形成和培养方面所作的努力以及存在的问题和不足，但是通过对这些参加工作不久的中小学教师进行深入的访谈，笔者发现现行师范教育在教师价值教育意识的培养方面存在的问

① 随着师范教育的学历后移，我国师范教育正在经历从过去的"中师、师专、高师""三级师范"过渡到"本科、硕士、博士""新三级师范"，这使教师培养的起步阶段将从本科开始。

题并不是个别现象，而是普遍现象。如果我们能够对这些问题展开深刻的思考和研究，将有利于我们进一步推动师范教育和教师教育改革、全面提升中小学教师的专业素养，从而将立德树人目标更好地落到实处。

一、本科师范教育对于师范生价值教育意识养成的积极影响

通过对这些教师的深入访谈，笔者获得了他们最真实的感受和体验。这使笔者有机会从教师的视角生动、具体地看到：通过四年的本科师范教育，师范生价值教育意识究竟是如何产生和形成的？师范教育主要是通过哪些途径和方式帮助师范生形成价值教育意识的？师范生所形成的这些价值教育意识对自己毕业后的教育教学工作产生了哪些实际的影响？

在这里需要说明的是，访谈对象毕业的这所师范大学针对师范生的专业教育所开设的正式课程主要由以下几个模块构成。

模块一，教师教育类课程：教育学基础、教育心理学、教育研究方法、职业道德与教师专业发展、学科教学论、微格教学等。

模块二，教育实习：一般安排在大四上学期，到中学实习一个月。

模块三，学科专业课：各个学院开设的专业选修课和专业必修课，这些课通常是师范专业与非师范专业的学生一起上。

模块四，全校跨学科通识课。

考虑到教师价值教育意识养成的整体性、情境性，其往往是在师范生学习、生活的所有场域和情境中整体发生的，而不仅仅局限于正式的大学课堂学习之中。因此，笔者将师范教育的课程理解为广义上的课程，即将师范生在本科师范教育期间的主要学习活动和教育影响因素都包含在内。比如，除了前面提到的学校专门为师范生开设的正式课程之外，还包括非正式课程：学校举办的讲座、一线教师的经验交流、毕业师范生回校访问交流、各种社会实践活动，以及大学的校园文化与氛围、教师的人格品质与教学风格。事实上，笔者在对师范生的访谈中发现，往往是这些非正式课程对师范生价值教育意识的养成起着十分重要的作用。

(一)教师教育类课程："学为人师"

教师教育类课程是专门为师范生开设的教育专业课程。正是通过教师教育类课程的学习，师范生能够在入职前拥有"学为人师"的教育理想和专业能力。

1. 从"画师"到"人师"——教育学让师范生拥有坚定的教育理想

魏老师(美术)："我记得上大学时，给我们上'教育学基础'这门课的是一位盘着头发、戴着眼镜的女老师。她当时对我们说：'你们现在是"画师"，等你们毕业了就成为"老师"了，当你们真正做到教书育人的时候就会成为"人师"。'这句话我至今都记得非常清楚。我觉得从'老师'到真正的很高的境界——

'人师'，是一般人很难做到的，虽然只有两个字。我毕业的时候，就把这两个字当成自己的理想和追求。"

笔者："你觉得'人师'这两个字实际上最需要的是什么呢？"

魏老师(美术)："最需要的是永远保持年青的状态，别被工作的各种压力压得抬不起肩膀来。"

赵老师(美术)："也就是对教育理想的坚持吧。"

魏老师(美术)："对的。我希望这种教育理想能一直保持下去，别被磨没了。还好，我目前还保有这样的教育理想。"

2. 教育心理学让师范生学会从学生的角度看问题

刘老师(美术)："其他班主任老师遇到学生问题会找我。比如，某个班学生整体比较叛逆，我就用我学过的心理学理论教育他们。我在大学里不仅学过教育心理学，还选修过青少年心理健康，后来我自己还看过弗洛伊德的一些书，所以我对心理学有一定的了解。我记得有一位班主任来找我，说他班里一个学生不太听话，不按照教师讲的去做。我告诉他，不应该是教师站在讲台上说什么就让学生做什么，而应该从学生的角度出发想想教师提的问题合理不合理，学生能不能做到、愿不愿意去做。教师要从学生的角度分析，自己的思维方式是跟着学生走的，还是一意孤行？如果是教师一意孤行，这完全可能导致班里一片混乱，就会出现教师说话没人听，学生都跟教师对着干的问题。如果是这样，教师就应该从学生的角度去思考问题。后来，那位班主任就根据班上学生的情况来引导学生。转过弯来之后，他告诉我，应当辩证地看学生的问题，从教师的角度看一下，也从学生的角度看一下。教师都曾经是孩子，可以回忆一下自己当时遇到类似的问题是怎么想的。我这么跟教师们讲，他们就明白了，然后去解决问题就会好一些。比如，对学生的教育，教师知道学生心里的需要是和学生沟通时最重要的。因为我平时在政教处兼职，同时还代课，跟学生接触比较多，对学生的需求有更多了解，而且对每个班学生的状况基本了解。每个班班主任对学生的爱，他们都能感受到。"

3. 实用的教学方法和教学技术帮助师范生高效胜任教学工作

中小学教师提到对自己帮助最大的教师教育类课程时，大多讲到自己所学到的一些实用的教学方法和教学技术，如板书设计、教案写作、书法、制作 PPT 等。这些是教师必须掌握的，而且对于新教师胜任教学工作有着很实际的作用。

马老师（语文）："开始我们完全不知道怎么讲课，老教师教给我们一点教学技巧，我就能学到一点，肯定是有帮助的。我们年轻教师和老教师比也有自己明显的优势。新教师主要是缺少教学经验，但是如果新教师会充分利用新教学技术去吸引学生的兴趣和注意力，教学成绩并不见得比那些老教师差，有时甚至要比他们强，因为学生很喜欢新教学技术。"

白老师（数学）："'教材教法课'告诉我们做 PPT 应该注意什么，如背景、字体的大小以及颜色，这些都很重要。我刚上班的时候，会提前到班里演示投影，看看这个颜色和那个颜色搭配起来好不好。有的学生是色盲，有些颜色区分不出来，这时就需要重新替换。字号选择也很重要。制作 PPT 不只是往上添东西——加链接、加图像、加音乐，教师还要根据讲课节奏加上合适的动画设计。我觉得大学里学习的到工作单位就能用上的是'教材教法课'所讲的内容，特有用。我很喜欢这门课，所以上课时就主动要求当课代表。每节课教师都会演示 PPT，虽然播放得特别快，但是我全都抄下来了。这门课分两部分，其中一部分是教师在课堂上讲教学法。这时候我才知道一个教案是由什么组成的、教学目标如何设定、一节课在时间上怎么分配、如何设计课程导入引出数学问题、怎么带着学生一层一层地去分析问题。教案设计后就是去练习讲课。教师会提前让我们写教案，写完以后会帮我们修改。教师还会给我们写评语，告诉我们哪块应该怎么改，然后让我们自己修改。练习讲课的时候，通常是一个人讲完，大家讨论。同学之间可能注重板书、语言等方面，教师则会告诉我们课堂设计存在什么问题，这个非常重要，也非常有用。"

（二）教育实习：绝知此事要躬行

在访谈过程中，这些教师普遍谈到，他们通过教育实习的亲身实践体验到了"学为人师"的重要意义。教育实习帮助师范生们直观地理解了教师身份的意义，并具身化地学会了在课堂上如何与学生沟通、交流。

1. 教育实习让师范生转变到教师身份

邱老师(音乐):"我现在还清楚地记得第一个叫我老师的人。我在中学实习的时候,一个胖乎乎的男孩朝我走过来,恭恭敬敬地说:'老师好!'我当时还纳闷:'是在叫我吗?'然后,我一下子转变了:'我是老师,我已经不是学生身份了。'我突然知道自己的大学生活应该怎么过了。"

刘老师(英语):"大一的时候,学校里有个夏令营活动。从那时候开始,我就有当老师的感觉了。跟那些学生一起生活了7天,真是师生情深。分别的时候他们抱着我哭,都要我在他们衣服上签字,这种感觉很难忘。这种美好的记忆慢慢地延续到我以后的工作中。"

2. 教育实习教会师范生在真实的教育情境中做一名合格的教师

①大学指导实习教师提醒一节课得有一个"课眼"。

刘老师(美术):"我以前上课有个误区,认为给学生欣赏很多画就行了。实际上不是这样的,一堂课让他们真正懂得一幅画就可以了。这就是每节课都要有一个'课眼',即这节课需要学生真正理解的关键点。让我意识到这个问题的是一次实习课。有一次我们学院的杨老师来实习学校听我的课,我就问他:'学生为什么不能时刻集中注意力啊,总是听一会儿就干自己的事情去了?'杨老师说:'你在中学讲美术课不能像给专业人士讲那样,你要知道他们是中学生,还是孩子,你必须有一个让他们感兴趣的点,就是扎进一幅画里去理解。你分析透了，他们就能够对一幅画有整体的理解，就会跟着你的思路走。你要是让他们一会儿看这个，一会儿看那个，就算看一百幅画，他们也不见得能理解，也不见得能记住.'当时杨老师就给我提了一个非常受用的意见，就是教师上课绝不能走马观花，讲课的要点就是深入一幅画去讲、去分析、去感受和体会，就是一节课必须有'课眼'。"

②大学教师通过实习课教会师范生安排课堂时间。

魏老师(美术)："在教育实习过程中，大学指导实践课的教师告诉我们上课应该用多少时间讲多少内容、欣赏课和动手课应该怎么安排，以及这样进行教学时间安排的理论依据是什么。我工作后，有好多学生就问我为什么要上那么多欣赏课。我说：'对于中学生来讲，欣赏课是为了提高你们的欣赏能力，真正达到让你们从美学的角度提高自身修养的目的。动手课就是让你们把脑和手结合起来，训练你们的动手能力，提高你们的绘画能力。这两方面的能力都是必需的。所以，我们既要有欣赏课，又要有动手课。只有内心的修养提高了，你们才能学会怎么去欣赏，欣赏水平提高了之后，你们画画自然就会变好了。'"

③反思动手课中的纪律问题。

魏老师(美术)："我们刚才聊到学生们喜欢动手课，但是有一个问题就是动手课的纪律通常比较差，而且如果这堂课的纪律不好，还会影响后面其他课的纪律。所以，我特别困惑于这个问题。其实美术课有它自己的特点，学生们动手制作，肯定希望互相讨论一下，或者是互相观摩一下。大家都特别好奇，就像他们在下面做，我在上面讲时也特别好奇，想知道他们在下面做成什么样了。大学的师范教育常提倡我们多鼓励学生们动手去做，多提高他们的动手能力。所以，他们动手制作，我就会特别开心，有时候教一节课我就觉得跟教了三节课似的。"

④分享成功与收获：动手课是教师和学生们最快乐的时光。

刘老师（美术）："我觉得上动手课的时候是他们最快乐的时光，也是我最快乐的时候，我感觉特别有成就感。我可以看到我的思想体现在他们的作品当中，很美。"

魏老师（美术）："我特别喜欢看他们拍照片的那一幕。有人说我们美术课好，不用批作业。我说我们得拍照，必要的时候还得修改。"

刘老师（美术）："我也是每次都会修改。"

魏老师（美术）："我也经常帮学生修图，这通常会占我半天的时间，有时候会花一宿的时间修照片。比如，调一下光，让作品更好看一些，或者重新构图，让照片的效果更好一些。"

魏老师（美术）："我会把那些优秀作品一直留着，以后给他们讲评的时候还可以用，他们特别喜欢听讲评。"

刘老师（美术）："我在大屏幕上放学生作品的时候，他们在下面都兴奋不已，这是大家最期待的时刻。"

（三）学科专业课：学科素养奠定教师专业素养

本科四年专业课程的学习让师范生对自己的专业有了深刻的理解，对其产生了真正的兴趣。这种兴趣帮助师范生走上教师岗位之后以教为乐，在教中成长。

1. 专业之爱的起点：以我所爱，教我所爱

①喜欢英语才会去教英语。

王老师（英语）："我之所以选择当英语老师，是因为我喜欢英语。上班的时候我会认真备课，下班了我会继续学习英语，但并不一定看课本。我可能看名著、看小说、看电影、听广播，这些都是学习。平时学的这些东西，我上课的时候可能用得上。上课时学生讨厌教师照着课本来念，他们喜欢教师说一部他们知道的电视剧、教师去过的地方或唱过的歌。这对我们的要求就是无论什么内容都能教给学生、都能用来教育学生，学生最喜欢这样的教师。我觉得这条路挺长的，当教师之前我没想着什么时候学好了再去当教师，我希望我当教师以后还能接着学。"

②在游学中感受真实的历史。

郝老师（历史）："我上大三的时候，系里组织我们去西安开展社会实践。我觉得机会确实很好，既然学历史，就应该多走走、多看看。有机会去了解西安的文化古迹，去亲身感受，我觉得特别好。当教师之后，发现学生对于教师的亲身经历会很感兴趣。对于教师而言，一方面亲身经历能转化为第一手资

料，另一方面对这种古迹之中文化氛围的感受也会使得自己对历史本身有更切身的理解。"

2. 扎实的学科专业素养为师范生成为合格的教师奠定了坚实的学科基础

赵老师（物理）："可能有人认为大学学的高等数学、物理学等在中学根本用不上，其实我觉得不能这么想。虽然说初中的物理并没有什么很深的理论，都是一些基础知识，但是如果教师只是用高中物理的知识去教初中或高中物理，肯定会有一些局限性。"

陈老师（物理）："高中毕业生可能只能教一些皮毛，比如电阻是 R，只能教这些。在大学的物理学中，我们会从微观上研究清楚为什么会有电阻。大学物理不仅告诉我们电阻是 R，还会告诉我们为什么会有电阻。高中毕业的话，可能只会说电阻是 R，只要记住就可以了。"

赵老师（物理）："有的学生思维敏捷，可能会问一些有一定深度的问题。如果教师只有高中水平，可能就不知道如何解答。有了大学的物理学基础，我们至少知道什么是对的，不能说错了。"

陈老师（物理）："大学的专业学习教给我们的首先是对学科整体架构的把握，然后去深入地分析问题、设计实验，获得实验数据支持。大学的专业学习使得我们的脑海里有一个整体架构。比如，学生问我两个物理量之间有什么联系，我随时可以补充进来。现在中学的教材在不断地变化，教师必须有一定的知识储备。我的头脑里有整体的学科架构，就可以非常自如地应对今天的教育改革。"

3. 专业课的学术积累影响着师范生教学思维的深度和广度

魏老师（美术）："专业课的学习是基础，没有专业课的学术积累，教师讲的课就很难达到一定的深度和广度。我的第一堂课讲的是'艺术家就在你们身边：通过音乐感受美术'。我要告诉学生人人都能成为艺术家，以此激发他们的艺术兴趣。"

笔者："你怎么想到这样设计第一堂课的呢？"

魏老师（美术）："因为我觉得他们从小学到初中的思维方式应该有所变化。学生们进入初中的第一堂美术课，我希望他们能意识到不是只有艺术家才能创作艺术，他们自己也可以。于是我先让他们听一段音乐，谈谈各自的感受，然后用美术线条去表达他们所听到的音乐，学生们觉得这样的美术课很有意思。"

笔者："你第一堂课的时候给他们听的什么音乐？"

魏老师（美术）："我给他们放贝多芬的音乐、电视剧《红楼梦》中的音乐。前者属于很刚强的，后者是很柔和的。"

笔者："学生们都画了些什么呢？"

魏老师（美术）："学生问我该画些什么，我就说想到什么就画什么。比如，听《红楼梦》中的音乐时，有的学生想到《红楼梦》，就会画一个大的印象画。大部分学生会画出和音乐情境有关的画，听不同的音乐，他们会有不同的感受。再比如，我给学生们看凡·高的绘画，有一个环节是配音乐欣赏画。我问学生看凡·高的画有什么不同，有学生说他的画都是很粗的线条和很低沉的色彩。接着我问学生们的感受，他们说觉得有些压抑。或者听一段爵士乐的时候，他们会说自己很感动，特别像街上的场景。于是，我配合一幅画，是画家蒙德里安的绘画，给他们听的曲子是一首爵士乐。我觉得学生的感觉很灵敏，只要让他们认真地去听、认真地去体会，他们会跟我体会到一样的东西。我觉得只要他们能认真地来上课，教师能有收获，学生们也能有收获。"

（四）全校跨学科通识课：教师的"视界"成就学生的"视界"

全校跨学科通识课帮助师范生形成跨学科的综合素养，让师范生的专业能力和素质更加全面、综合，更好地满足中小学校在培养学生全面素质和综合发展等方面的各种要求，并能让教师以自己深厚的学识和开阔的眼界赢得学生的敬佩、尊重和信任。

1. 教师在教学生之前应该尽量扩大自己的知识面，不能局限于自己的专业

刘老师（美术）："我想劝现在的本科生好好学习自己现在学的东西，那些看似跟专业没有关系的课也会对未来的教育工作有所帮助。我上本科的时候选修过很多跟我们专业没关系的课，如'九十年代的中国文学'。这门课让我从20世纪90年代作家的作品中看到了当时社会上的精神，这有助于我现在教学思想的形成。我想说，教师在教学生之前应该尽量扩大自己的

知识面，不能局限于自己的专业。现在有些东西看起来没用，其实会影响将来的思想。人的知识积累是不断完善的过程，我们看的任何东西都是为我们的教学思想服务的。我觉得大学里学的很多东西真的很有用。教师在跟学生交谈的时候不会只说专业课的内容，也不是只要知道自己专业的知识就能了解全部的世界。我认为师范生最好能扩大选修课的范围，我那时候还选了音乐系的课、心理系的课、地理系的课。"

2. 学生会问各种问题，如果你都知道，他们会觉得你特别了不起，会更加喜欢你

魏老师（美术）："我念本科时选修的课都偏理工科，我选修过地理、计算机、物理方面的课程，还选过'中国古代科学技术成就'这门课。我们在大学可以多听其他专业的课程。我觉得学校开这些通识课对我理解世界的广度、深度还有自身能力提升都挺有帮助，这就是综合性师范大学的优势。我有同学在美术学院学建筑专业，他们的专业程度确实很深，但是对于中小学教师而言，我觉得更需要的是广度。尤其是工作后，学生会问各种各样的问题。有时候他们问我英语，我回答他们之后，他们会特别兴奋地说：'呀！老师，你太了不起了！'我当时就想，我们在大学的时候可都过了英语四级的，初二英语谁不会呀。师范生的学术素养需要一定的知识广度，大学开设的通识课如果感兴趣就去听听，这对自己有好处。我毕业后在一所中学工作，会教中学生欣赏各种美术作品，也教他们动手做各种手工，这很锻炼自己。当时在大学我们美术系不仅教我们

怎么画素描、油画、水粉画，而且教我们怎么钉框子，怎么刷框子，怎么调清乳液，怎么打磨金属等。银饰什么的，我们都自己动手做过。我现在给学生们讲这些，他们就特别喜欢听。比如，学生不明白云南一些少数民族的首饰是怎么用手工做出来的。我就给他们讲了具体过程，因为我以前在大学时做过，这种课特别有意思。我们大学里开过这些课，但是这些课通常很难选。我觉得选修的这些课对于我现在当老师挺有用的。"

马老师（语文）："我做高一班主任的时候，有些学生拿数学题来问我，我就给他们讲，他们觉得我很了不起。后来他们把物理、化学、生物题都拿来问我，我跟他们说我也不是全能的啊，不是每次给我别的学科的题我都能解答。偶尔帮他们解答一些，他们就会很佩服我，也会更配合我的工作。"

3. 做教师就是十八般武艺都得会

陈老师（物理）："做教师就是十八般武艺都得会。我这学期给学生上三门课——物理、通用技术、劳动技术，这些在很多教师看来不好教的课在我看来并不难，因为我在大学选修过这些课，那时都见过，这就好办了。我们大学的选修课教了许多和我们专业一点关系都没有的内容，我在大学还选修过有关设计方面的辅修课。所以现在我能上好几门课，还给学生做过小红花。"

（五）大学教师的榜样示范

大学教师的人格魅力、专业学识和教学风格对师范生的价值教育意识形成有着非常直接、深刻的影响。访谈中，许多教师提到自己首先是从大学教师身上学到如何做教师的，正所谓"身正为范"。大学教师对专业的热爱与执着、渊博的学识与深厚的专业素养，以及风趣幽默的教学风格，等等，深深地影响着师范生今后如何做教师、如何教育自己的学生。

1. 大学教师的教学风格对师范生具有潜移默化的影响

①幽默的教师与活泼的课堂。

魏老师(美术)："我大学时的杨老师是一个幽默、有学识的人。记得他给我们上第一堂课的时候，他说他长得有点对不起观众。我自己上课也经常会跟学生逗乐，也非常幽默。但是，有时候教师的幽默多了，学生就会觉得教师和自己是一样的，上课就和下课一样了，这样就不行了。所以说幽默得有度。其实我觉得幽默是一种天性，学不来的，只能用自己的方式。因为学生尤其是初中的学生有时不太守规矩，比较活泼。我带的一个班是我们学校比较活泼的班，虽然他们上课很闹腾，但他们很看重教师对他们的感情。教师应该把自己的爱告诉他们，让他们知道教师是很爱他们的，千万不要让教师失望。他们可能过一会儿又会活泼起来，忘了要守规矩，教师就要及时提醒他们。他们画画都有天赋，整个班的学生都画得很好。其实越是活泼的学生，美术越好，因为他们上课特别灵活。"

②大学教师风趣的比喻、幽默的教学方法使师范生受益匪浅，甚至还运用到了自己的教学中。

郑老师(语文):"我觉得大学教师很具有前瞻性,有某种预见性。这就是他们的学术魅力,也是他们的科研能力。比如,我们大学学习《氓》这首诗,是秦老师给我们上的,他给我们留下了特别深刻的印象。秦老师分析《氓》里的那个女孩为什么义无反顾地选择了'氓'这个男子,'氓'当时什么都没有,家里很穷,不是'抱布贸丝'嘛。秦老师当时作了个风趣的比喻:别人都开豪车来娶亲,他却蹬三轮车来娶亲,特跌份儿,但是这个女孩却义无反顾地嫁给了他。我工作后在给我的学生讲课的时候,就想到了秦老师的这个比喻。我就说:别人都开轿车来娶亲,他却蹬着三轮车来娶亲。这样学生就很感兴趣。实际上,我会有意无意地将大学教师的教法渗透到自己的教学中。"

2. 大学教师的专业精神对师范生的专业素养培养产生了深刻的影响

魏老师(美术):"我印象最深的大学教师是给我们讲西方美术史的王老师。第一节课的时候,他就对我们说,他上大学的时候最遗憾的就是没能把图书馆里的书读完。当时我觉得这是我不可能效仿的事情,是不可能的。但是上班以后,我越来越感受到多读专业书的必要性。比如,工作后我重新看了许多关于凡·高的书,有的书我都看了三遍了,前天刚看完第三遍,三遍都有不同的认识。现在看书的感觉不一样了。比如,我上课会和学生讲到印象派和后印象派,就会讲到凡·高。关于画家的故事,他们特别感兴趣。看完书后,我准备在我的新一轮教学中给学生们好好地讲讲印象派和后印象派。我觉得当教师虽然比上学时累得多，也更有压力，但是因为想给学生讲明白，所以看书的效率更高，对于提高自己的专业修养很有帮助。这样的读书习惯和钻研精神都是大学教师帮助我形成的。"

3. 大学教师的学术风格对师范生的专业素养提高有着重要的影响

①教师和师范生一起画画。

刘老师（美术）："从每个教师身上都能学到好多东西。高老师上课从来都不迟到，而且特别认真。他跟我们一起画画，我们画到什么时候他就画到什么时候。自习课上，他很少有不来的时候，他带的研究生也全都来。所以，我们的进步特别大，因为画画需要根据学生的具体情况适时指导，我们一直画，他就一直给我们指导，这样进步就很大。"

②教师给予专业指导，鼓励师范生大胆尝试，帮助其形成画画和教学的风格。

魏老师（美术）："我特别喜欢教素描的汪老师，他很会启发学生，我现在的画画风格就跟他有关。他给我们特别大的自由空间，同时他能提醒我们应该怎么根据自己的特点画。他总是教我们该收的时候要能收回来，该放的时候要能放出去。他让我们作各种从来没有过的尝试，尝试之后，我们就会按照这种风格去画画。我们一直这么画，体会到其中的乐趣，看到自己的思想和画法的变化。所以，我觉得他很了不起。虽然他并不出名，但是我觉得他是一位很好的老师，是一位特别会教人怎么画画的老师。他为人很随和，可以跟我们探讨很多问题。

我们上课时会围成一个小圈把他围在中间，有的时候我们一边画一边聊。我们什么都可以和他聊，没有什么界限。

汪老师还特别善于启发人。在上他的课之前，我知道抽象画，但是不明白它为什么好，我是真的看不懂抽象画。后来，在他的指导过程中，我逐渐理解了抽象画，并且慢慢地喜欢上了抽象画。他教我们将素描对象看成两个人体，两个人一组在那里待着，我们在画面上对他们进行分割和描画。一般画素描是用铅笔，他让我们拿墨画，也可以用水粉笔去涂刷。汪老师让我们自己去想象，并给予适时的肯定。有时他觉得你快要出去了，就把你拉回来，然后就能交出一份优秀的作业。在汪老师的熏陶下，我特别喜欢抽象艺术形式。我觉得我当老师如果能当成他那样，就算成功了。

其实，大学教师的教学风格一直影响着我现在怎样做教师。那时，我们系比较自由随意。我现在做教师，在学生画画的时候也很少用条条框框去限制他们，让他们自由想象和发挥，再适时给予肯定。学生的作品也都挺好的。"

二、反思本科师范教育培养教师价值教育意识存在的问题

师范生毕业进入中小学工作之后，在有机会重新思考自己以前所接受的师范教育的时候，对于自己的本科师范教育经历往往有着更加切身的体会和深刻的理解。因此，他们所指出的现行本科师范教育中所存在的问题和不足，值得大学的教师教育者们认真思考和深入研究。

（一）反思本科师范教育的培养目标

师范教育应当从师范生进入师范大学的那一刻起，以各种形式不断地唤醒他们即将"学为人师"的专业意识。否则就会导致师范生的专业意识不够强烈，也不够明确，这不利于师范生尽早明确自己的专业定位。其造成的结果是，许多师范生缺乏对大学四年师范学习的合理安排，忽视对自己未来职业发展的规划。

1. 大一非常关键——大学入学缺少职业生涯规划教育

在访谈中，许多教师提到大一非常关键，建议从入学初就对师范生进行职业生涯规划教育，使他们对自己大学四年的专业学习生活有明确的理解和清晰的定位，由此确定自己努力的方向，做好自己未来的发展计划。

白老师（数学）："师范生的就业指导应该提前到大一入学的时候。大一非常关键，大学教师一定要让师范生知道自己是来干什么的。如果入学时没有这种意识，等到找工作时才去努力，其实已经没有太大作用了。我大学一开始并不清楚应当怎么过，不想当教师，到大二就特别想当教师。一开始我全部的精力都在学习上，但是数学分析和高等代数这两门课我根本读不懂，我觉得这样的大学生活没有成就感。第二年我开始做家教，想熟悉中学课程内容，但是后来挂科了。我开始反思自己的选择，觉得不能为了兼职而把自己的学业给丢了。到大三时，我就能做到把兼职和学习兼顾起来了。因为我自己平时很害羞，我想克服这个缺点。每次听完讲座之后，都有一个提问环节，通常很安静，我就要求自己必须提一个问题，让自己一定要学会当众说话。我记得刚开始的时候，还没有拿起话筒，心里就紧张得不得了，但是我就是这样有意识地锻炼自己讲话的能力。"

蔡老师（政治）："我觉得大学入学后师范生应该有一个明确的专业定位，上大学要规划好自己未来的发展方向，给自己定一个目标。我们入职后，所有的教师都要设计自己的职业发展规划。比如，未来三年内要达到什么样的目标，包括科研上、教学经验上要达到什么样的水平，都有很强的规划性。但是我们上大学的时候没有这样的职业生涯规划课程。比如，大一就告诉师范生未来的方向就是做一名教师，做一名合格教师应该有什么样的基本功，包括教学基本功、当教师还需要什么样的素质，以及哪些教科研能力。师范生在一上大学的时候就应该知道这些。"

2. 师范教育要体现出自身的独特性

有的教师提到，本科师范教育在课程安排上没有明确区分师范生和非师范生之间的差异，由此导致师范生的专业定位不明确。

李老师（生物）："我觉得从全校的师范教育来看，师范生的专业定位不明确。入学的时候统一招进来，师范生和非师范生差不多。如果有条件，可以在一进学校时就把师范生和非师范生分开教，师范生的培养目标和教学重点设计应当体现出师范生的独特性。"

有的教师还提出，本科师范教育中，各门专业学科缺少专门的师范性教材。师范生在学习某门学科专业课时，常常和非师范生一样只学习该学科的知识内容，因而很少会想到自己以后将成为这个学科的教师，应当学会如何教学生理解这些学科知识。

陈老师（物理）："师范生缺少体现师范性的学科教材。师范生前两年学的专业课和非师范生是一样的，第三年学校才加入一些针对师范生的教师教育类课程，可是那时候考研的考研、找工作的找工作，学生不会学多少。师范生应该有自己的突出师范性的教材。比如，中师的教材一般每节课之后都有一个问题框，里面是小学生会问到的问题。这样就会时刻提醒大家，将来你是一名小学教师，要回答学生类似的问题。"

（二）反思教师教育类课程的目标

从教师教育类课程培养师范生专业素养的目标来看，现行本科师范教育重点关注的是教育知识的传授和教学技能的培养，尚缺乏对师范生的价值教育素养以及与人良好沟通交往能力的有意识培养。

许多教师谈到，本科阶段的师范类课程主要是传授一些教育学、教育心理学的知识以及基本的教学技能和方法。这些教育知识和技能对于师范生来说往往只是抽象的理论或操作的原则，很难变成其内心强烈的价值教育意向和实际的教育行动。

如何去爱和关心学生，如何真正走进学生的心灵，如何使自己的教育教学打动学生的内心，自己的一言一行将会对学生有着怎样的影响，以及如何与人交流、沟通，等等，大多只能靠师范生自己去领悟。因此，他们价值教育意识的发生处于一种自发的状态。在这方面，本科师范教育对师范生缺乏有意识的培养和引导。许多教师说，自己当教师之后，在与学生的交往中才逐渐有所领悟，或者是在实际工作中遇到问题、碰壁之后才明白过来。

1. 学生教会了我如何做教师

刘老师（美术）："对我而言，怎样当教师，怎样去做，都是在和学生接触当中，他们教给我的。学生告诉我：我怎么对待他们，他们就有好的表现；我怎样对他们，他们会开心，他们会爱我。这些都是他们告诉我的。对于学生来说，教师的话语、表情、态度都很重要。之前我的老师怎么看我，怎么对我，我一直都很在意，所以我也很在意学生的感受。我觉得在这一点上跟着自己的感觉走就行，因为人的本性是不会变的。我是这样的人，我就可能把我的思想、性格带到我的学生中间。当教师最重要的是对学生的爱，要让学生体会到教师对他们的爱。教师不爱学生，学生能感觉到。让学生在一个充满爱和信任的环境里面长大，我觉得知识的学习就是水到渠成的事情了。"

2. 应当培养师范生待人接物的能力

陈老师（物理）："我觉得师范生待人接物能力的培养很重

要，如学会跟其他教师打招呼，与学生、家长沟通等。我刚工作的时候，学校特意为这件事情开过会，我们那批刚毕业的大学生普遍存在这样的问题。此外，职前的师范教育可以教师范生一些应聘的技巧，我觉得这是工作之前必须学的。"

(三)反思本科师范教育的课程内容

教师普遍感到本科师范教育的课程内容与中小学的实际工作相脱节，大学的课程内容不能贴近教学实际需要。

1. 理论和实践是"两张皮"

郑老师(语文)："我希望大学课程能够贴近中学，能够贴近实际。我非常渴望在实际的工作当中能够把大学学的东西应用上。如果理论与实践结合得特别好，我会十分愿意学习，而不是像现在这样，我感觉是'两张皮'。"

魏老师(美术)："有的大学教师只是讲中小学生心理发展规律，让我们更了解学生。他只讲理论，不会讲怎么做，可能他也不知道。他直接告诉我们皮亚杰的理论是什么，当我想问一个17岁的学生出现某种行为的时候教师应该怎么办时，他已经在讲下一个内容了。"

2. 缺少能够满足中小学课程实际需要的指导和培训

现在中小学开展价值教育活动的方式多种多样，包括校本课程开发、学生社团活动、培养学生的专业特长、指导学生参加社会实践活动等新的教育方式。但是，现行本科师范教育很少为师范生提供这些方面的指导和培训。

陈老师(物理):"我工作的学校特别强调校本课程的设计和研发,就是结合本学科或者结合教师自身的特长去开设一些课程,并且让学生自己去选。我觉得大学的教师教育类课程应当提前指导师范生如何设计和研发校本课程以及学生社团活动。我们区这个月底有一个学生社团节,实际上就是丰富学生的课余活动。学生参加各种各样的社团,当然这些社团都是由教师牵头的。所以,教师需要具备多方面的能力。我在学校给学生开过好几门校本课程。工作的第一年,我结合物理学科知识开设校本课程,当时我找了一个在科技馆工作的同学一起开设。去年就变成了飞机航模,今年开的是机器人课程。学生对这些课都比较感兴趣,因为既能玩又能学到一些东西。我为什么开设机器人课程呢?因为可以带着学生多参加一些比赛。现在比较重视特长,尤其是科技特长。"

邱老师(音乐):"我也觉得大学的很多课程和中学实际工作脱钩了。比如,现在中学音乐课有歌唱、京剧、舞蹈,还有创作课。其他课程我都能上,但是京剧没学过,不会唱。但现在,我得带着学生去学去唱。有些东西我都不知道,得去看书学习。还好,我们学校只有一年京剧课。我大学时学西洋乐,根本没学过京剧,得从头学。大学可以把这些当成选修课。"

(四)反思本科师范教育的培养方式

现行本科师范教育的培养方式存在着教学方式知识化的问题,使得师范生常常感到教育理论枯燥难懂,失去了学习的兴趣。有的大学教师对现在中小学校的实际情况缺乏了解，所用的教学案例比较陈旧，让师范生感觉大学教师所讲的内容远离当代中小学生的实际情况，对他们实际工作帮助不大。

1. 过时的案例和陈旧的教学方法很难调动师范生的学习兴趣

蔡老师（政治）："我觉得当时我们大学开的课程大多是纯理论的。人都差不多吧，接触纯理论的东西就会觉得很枯燥。我建议大学教师在备课时加一些教学案例或者小故事，这样学生理解起来就会很容易。当然，这需要大学教师从中小学一线教师那里挖掘。这些内容对于师范教育是很有效的，可以把理论从案例或小故事里引出来，这样学生就比较爱听。"

李老师（生物）："我觉得教育理论方面我们没学好，对于当时那种上课方式不喜欢，没有意思。教师举的例子都是一些过时的，大家都不爱听。"

王老师（化学）："大学教师讲的东西有些陈旧。他说得很有道理，那些原理和概念可以用，但是案例不能用。另外，说法要带一点时代感，或者在讲的时候用·些新鲜的案例或故事把理论引出来。"

马老师（语文）："我们上'教材教法课'的时候，教师教过一些技巧，但是那些技巧都过时了，因为他不了解现在学生的状况。像我上课的时候，有时学生知道的比我知道的还多。我还觉得挺新鲜的内容，结果学生觉得早就看厌了，没意思。我要想尽办法抓住学生的注意力，不能让他们觉得腻烦。'教材教法课'教的技巧比较旧，如果按照那本书去讲，学生根本不会听。"

吴老师（政治）："'教材教法课'给我的感觉也是比较陈旧，教师给我们看的录像还是多年前的。我们就在底下听，都觉得没意思，没有什么实际上的收获。"

2. 师范教育讲的大道理远离真实的教育实践

有的大学教师缺乏中小学一线工作经验，缺乏对中小学校直接、深入的了解和认识，所以在讲课时往往讲了许多理论知识和大道理，但是不能实实在在地告诉师范生：在真实的教育实践中面对真正的学生，究竟应当怎样去做。

马老师（语文）："大学教师不了解初高中的实际情况，不了解学生的水平。你讲得太深了他听不懂，你讲得太浅了他觉得没意思，所以要适中。如果你不了解这个状况的话就很难。"

陈老师（物理）："工作后师傅的帮助是非常大的。我想说一点，大学里面的教师和中学里面的教师完全是两样的。比如，大学里的教授学历高、知识很丰富，但是他没有一线经验。所以，大学教师可能真的不如中学的在职教师能说到点子上。"

刘老师（美术）："我觉得大学里讲教育理论的教师应该先去当一段时间中学教师。比如，先去中学教一个月，然后告诉我们应该怎么教，这才是真正的教育。有的大学教师二十年前当过中学教师，但是那时的学生和现在的学生不一样。理论应该与实践结合在一起，从实践出发，教师范生应该怎么当教师，这样才有可能成功。"

第二节 U—S合作与职后教师的价值教育意识唤醒

教师价值教育意识的培养作为教师教育改革的重要内容，需要通过一种系统性的变革才能完整地实现。若只是在一些细节方面修修补补，常常很难有根本性的改变，也很难让改革真正取得稳定、持久的实际效果，因而需要对教师培养模式从根本上、整体上进行变革。近年来，基于大学与中小学合作的U—S合作教师教育模式，在全球教师教育改革领域产生了重要影响，已经成为教师专业发展的重要方式。正是在此背景下，中国价值教育联盟学校通过大学与中小学合作，不是只对教师价值教育意识培养的某个环节、某个阶段作出调整或改变，而是在教师教育职前职后一体化的背景下，基于共同的价值教育理想，在如何培养教师的价值教育意识上逐渐达成共识，使价值教育的理念在职前教师与在职教师培养中能够始终如一。最终的合作效果不仅仅是大学与中小学获得双赢——大学通过合作完成其学术引领、理论建构、服务社会的职责和使命，中小学通过教师实实在在的专业发展而真正实现学校教育的变革。与此同时，它也是职前教师、大学教师、中小学教师三方都受益的实践活动，是各自提升其专业意识和专业能力的专业发展过程。因此，中国价值教育联盟学校既是培养教师价值教育意识的一种可能道路的探索，也是一种新的教师培养模式的探索，同时还是从整体上推进我国教师教育改革的一种新的尝试。

一、U—S合作教师教育模式与教师价值教育意识培养方式的改革

U—S是英文 university 和 school 的缩写，意味着合作的主体是大学与中小学。当然，随着发展，U—S合作的主体也更加多元化；U—S合作的外延也更加广泛，既可以是大学与中小学结成合作伙伴关系，也可以是其他教师教育机构①与中小学结成合作伙伴关系，还可以是大学、其他教师教育机构以及各级教育行政管理部门与中小学共同结成合作伙伴关系。

共同体的目标和任务指向实现有效的教师教育，这既包括职前的师范教育，也包括职后的教师教育。教师教育的对象由三个方面的人员共同构成：职前教师(本科师范生和全日制教育硕士研究生)、在职的中小学教师，以及大学的教育研究者和教师教育者。

(一)U—S合作教师教育模式的合作理念

1. 共同的教育理想

U—S合作并不是一个实体机构，也不是专门成立的新学校，而是大学与中小学基于并为了实现共同的教育理想而结成的合作伙伴关系。教师教育共同体的成员是因为志同道合而走到一起的。

---

① 国内其他教师教育机构主要包括各省区市的教育学院、教育科学院、教育科学研究所、教师进修学校等。

2. 自愿参与的合作方式

U—S合作的成员之间不具有行政管理意义上的上下级关系，合作关系的建立不具有强制性，而是大家基于自愿参与、民主开放的原则，携手组成一个关系融洽、相互信任的共同体。

3. 平等的合作关系

U—S合作中，大学教师、职前教师与中小学教师拥有平等的地位，大家平等对话、共同决策与一致行动。同时，成员也拥有平等的权利和义务，根据自己的特点和职责，为共同体的发展作出自己特有的贡献。

4. 互惠、三赢的合作效果

通过合作，大学与中小学相互交流、相互学习，最终都有所获益。与此同时，U—S合作使得大学教师、职前教师与中小学教师三方都获得各自的专业成长和专业发展。

(二)U—S合作教师教育模式兴起的历史背景

1. U—S合作教师教育模式兴起的国际背景

U—S合作教师教育模式的雏形可以追溯到19世纪末。杜威创办的实验学校为师范生提供了实习的机会，并让中小学教师到大学里学习各种类型的课程，其中就孕育了大学与中小学合作的思想。20世纪初，埃利奥特组织召开了大学与中小学合作会议，讨论如何改进教育与教学方法。与会者主张大学应当更多地参与到改进中小学教育中来，这是美国大学与中小学直接合作的开端。20世纪60年代，斯腾豪斯主持"人文课程研究"，并在课程编制的过程中提出"教师成为研究者"，进一步明确了大学和中小学在合作行动研究中的角色，突出了一线教师在课程开发过程中的主体地位。20世纪70年代，由埃利奥特指导的"福特教学研究"和"师生互动与学习效能研究"共同关注的焦点是怎样促进教师的思考并尽量减少指导小组对教师的控制，进一步凸显了一线教师参与研究的重要性。

20世纪80年代开始，在应对教育变革的过程中，越来越多的大学和学区认识到，如果还保持过去那种各自独立的运作模式，是很难解决教师教育与学校改革中的诸多问题的。教育变革要想取得成效，就应该是系统的、多方合作及参与的行为，而不是单向的、单方面的努力。1983年，著名的《国家处在危险之中：教育改革势在必行》报告引发了美国教育改革运动。在这次运动中，许多学者提议大学与中小学建立互补互益的合作关系，他们认为这样才能保证大学与中小学的共同发展。1986年，美国霍尔姆斯组织在其报告中指出：自19世纪中叶以来，知识和社会对教师的需求量一直在以惊人的比例持续上升，但教师工作的性质和组织却没有多大的变化。报告呼吁把教育学院同中小学结合起来，"学校不亚于大学，也是教师学习的地方"，并提出了建设专业发展学校（professional development schools，PDSs）的设想。[1] 1986年，卡内基教育与

---

[1] ［美］美国霍尔姆斯组织：《明日之教师：美国霍尔姆斯组织的报告》，葛正明、金松译，11页，长春，东北师范大学出版社，1992。

经济论坛发表《21世纪的教师》，建议设立旨在建立大学与中小学合作关系的"临床学校"，确保教师的素质。到了20世纪90年代，有学者提出了所谓"U－S联合"的教育研究和发展模式，主张大学与中小学联合起来，互取所长，共同促进教育理论与实践的发展。这种模式很快在各国得到了发展，其中以英国的以中小学为基地的教师培养模式（school-based teacher education）和美国的专业发展学校（professional development school）最为典型。

2. U－S合作教师教育模式在国内的发展过程

其实，我国大学与中小学合作的历史并不短，我们对于大学与中小学合作的教师教育培养方式也并不陌生。自1922年我国学制改革借鉴美国经验以来，综合大学和师范院校设立实验中小学或附属中小学，实际上就是我国大学与中小学建立合作关系的传统方式。但这种合作关系在很长时期内只是形式上的，本应具有的教育研究和培训师范生的功能逐渐削弱以至消失。一方面，大学教师只注重纯理论研究，很少深入中小学进行研究，中小学教师对教育理论的了解很少，造成我国教育理论和教育实践长时期相脱节；另一方面，师范生在师范教育期间到中小学去实习，常常由于实习时间短、到课堂上实际讲课的机会少以及有时部分接收师范生实习的中小学只是为了完成任务，往往得不到实习指导教师的有效指导，最终导致其教育实习只是流于形式，并没有真正学会如何当教师。

20世纪80年代至90年代，出于适应世界教育改革的潮流和我国基础教育发展从数量增加到质量提高的内在变革需要，教育行政部门为提升学校教育质量，开始提倡中小学从事教育科研。由于受到理论修养、研究视野等条件的限制，大多数中小学在进行学校本位的教育科研时选择与大学或其他教育研究机构进行合作，以获得大学教师在理论上的必要支持。许多大学或其他教育研究机构通过提供专业支援的方式与中小学建立合作伙伴关系，打开了封闭已久的与中小学的沟通之路。但这种合作的领域还比较有限，中小学教师在合作中处于被动接受的地位，只是辅助大学教师开展研究，多充当被试的角色，没有成为真正的研究者。

21 世纪以来，新一轮基础教育改革以及新课程改革深入展开。这对中小学教师提出了许多新的要求和挑战，如校本课程开发、研究性学习、综合性活动设计、校园文化建设等，常常让中小学教师感到如果仅仅依靠自己的力量很难满足新课改的要求，需要得到大学的有效支持和帮助。与此同时，行动研究的兴起为教育研究带来研究范式的变革，大学也开始积极主动地寻求与中小学的合作研究。一部分大学教师或教师教育研究者走出书斋，走进中小学校园，和中小学教师一起开展合作研究。合作研究发展至今呈上升趋势，合作研究更加频繁，多数师范院校的教师与中小学有着或多或少的联系。合作的领域也有了扩展，涉及课程开发、科研、教师教育、课堂教学等各方面。

(三)U—S合作教师教育模式之于培养教师价值教育意识的必要性

培养教师价值教育意识为何会采用 U—S 合作教师教育模式呢？建立 U—S 合作教师教育模式对于培养教师价值教育意识有何必要性呢？

1. 建构合作共生的伙伴关系，提升教师参与的自主性

U—S合作教师教育模式中合作共生的伙伴关系改变了以往的教育研究和教育改革以大学研究人员为主导，忽视一线教育工作者和职前教师的积极参与的状况。在以往的教育研究和教育改革中，大学的教育研究者通常是作为设计者、倡导者、推动者而居于主导地位。中小学教师作为教育教学第一线的工作者，由于对教育研究和教育改革缺乏足够的理解和认识，往往只是被动的执行者，因而在实施过程中往往也会缺乏改革的积极性、主动性和创造性。U—S合作教师教育模式则为大学的教师教育者、职前教师和中小学教师建立起一种平等的合作伙伴关系。实习教师平时作为教学助手辅助并观察和指导中小学教师的教学，作为教师教育共同体的一员参加各项活动，因而能够有很多的机会进入中小学，了解真实的课堂和在职教师的日常教育教学工作，体验教师职业的真实内涵。

2. 基于学校本位的教师培养模式，提升教师培训的实效性

学校本位的教师培养模式改变了传统的教师培训把教师从学校中抽调出来单独集中培训的做法。传统的教师培训缺乏与教师的日常教育教学工作的紧密联系，这往往会让教师感到教

育培训或教育改革是自己工作之外的另一件事情，给自己的教育教学工作增加了额外的负担，因而会造成教师缺乏真心参与的愿望和热情。U—S合作教师教育模式则强调把教师的职前教育和职后教育放到教师实际工作的学校中进行，以学校为本位，把对教师价值教育意识的培训随时随地渗透到教师真实的教学情境与教学过程中去。因为学校不仅是学生成长、发展的地方，"学校也是教师发展的场所，学校也应当具有使教师获得持续有效的专业化发展的功能"[①]。因此，教师的价值教育意识培养也应当与教师日常的教育教学工作紧密结合，"教育与现场情境不可分离，中小学教师的专业化必须在中小学教育实践中才能实现，且不可能在一次性的准备知识的训练中完成"[②]。也正是由于中小学教师与大学或教师教育研究机构保持学术交流和互相学习的合作关系，中小学教师有机会以批判性精神和反思性思维来重新审视自己曾经习以为常的教育观念和教学方式，发现自己存在的问题与不足，在与大学教师真诚的交流和深入的讨论中寻找适合自己的改进方式。通过与大学教师的合作，中小学教师自身的素质得到了提升。他们共同参与问题决策，形成新的教育观念和思维方式，这为促进教师的价值教育意识养成创造了良好的氛围，有效地促进了教师的专业发展。

---

① 宁虹、王志江等：《重新理解教育：来自教师发展学校的报告》，8页，北京，教育科学出版社，2010。
② 宁虹、王志江等：《重新理解教育：来自教师发展学校的报告》，8～9页，北京，教育科学出版社，2010。

二、中国价值教育联盟学校——培养教师价值教育意识的实践案例研究

中国价值教育联盟学校成立于 2008 年，它依托于北京师范大学石中英教授主持的教育部长江学者资助项目"社会转型时期的中小学价值教育"。其核心成员构成主要有两大类：一类是大学中关心、关注和研究中小学价值教育问题的理论研究者，另一类是中小学中意识到价值教育的重要性和迫切性并且愿意共同努力革新当前中国的价值教育模式的一线校长、教师们。中国价值教育联盟学校创办之初共有五所各具特色的中小学①参加。

中国价值教育联盟学校的成员基于共同的价值教育理想，为了培养中小学生良好的价值品质，实现本真教育意义的回归，基于真诚开放、平等互惠、务实践行的合作原则，自愿地结成伙伴关系。

(一)中国价值教育联盟学校的运行机制

运行机制是建设中国价值教育联盟学校诸因素之间相互作用的方式，对成员之间开展深入、有效的合作有着十分重要的意义。中国价值教育联盟学校成立以来，努力探索在我国社会转型时期如何在中小学开展积极有效的价值教育。正是在这一合作探索过程中，逐步形成了中国价值教育联盟学校的运行机

---

①　最早加入中国价值教育联盟学校的五所中小学分别是：北京市朝阳区望京新城南湖中园小学、海南省海口市英才小学、湖北省武汉市马房山中学、辽宁师范大学附属中学、安徽省寿县安丰高级中学。后来，由于部分学校领导的人事调动，中国价值教育联盟学校的学校成员有部分变化。

制。由于成立的时间并不太长，中国价值教育联盟学校的许多
工作还处于初步探索阶段，组织结构、运行机制等还有诸多需
要完善和改进的地方，希望能够得到有经验的同行和教师们的
大力帮助和支持。

1. 中国价值教育联盟学校的组织机制

中国价值教育联盟学校对于各个合作的成员并不具有行政
管理意义上的约束力，也不是在大学或中小学之外单独成立的
实体性研究机构或学校，而是由五所中小学和国内几所大学的
教育研究者、教育学研究生以及相关教育研究机构的研究人员
组成的合作共同体。

最早加入中国价值教育联盟学校的五所中小学具有学校类
型多元化、成员构成多样化等特点，对于研究我国中小学教育
的现状具有一定的典型性和代表性。这些学校之中既有中学，
也有小学；既有北方地区的学校，也有南方地区的学校；既有
经济文化发达地区的学校，也有一般地区的学校；既有城市的
学校，也有农村的学校；既有示范学校，也有普通学校。

中国价值教育联盟学校成员享有平等的权利和义务，大家
对联盟学校的共同愿景、主要任务、近期与长期建设目标以及
每年价值教育年会的活动主题和承办学校等进行讨论、作出决
策，并对联盟学校运行的具体事宜进行商议。

2. 中国价值教育联盟学校的合作机制

中国价值教育联盟学校的合作机制既包括大学与中小学的
合作，也包括中小学之间的合作，最终促使学校成员成为互相

开放的教育场所。

大学与中小学的合作方面：一方面，全体学校成员成为大学教育研究者和职前教师的教育实践和研究基地，为大学教育研究者到中小学调研以及职前教师进入课堂听课、观摩、实习敞开大门；另一方面，大学向联盟学校的中小学教师开放丰富的学术资源，可以是大学教育研究者到中小学去开展价值教育讲座，也可以是邀请中小学教师代表到大学交流、学习，如参加学术会议、教育培训和听学术报告等。

中小学之间的合作方面：一方面，通过中国价值教育联盟学校这一合作交流平台，不同类型、不同层次、不同水平的中小学可以相互交流和学习治校理念、价值教育在中小学的整体设计、价值教育活动开展的不同方式等成功经验；另一方面，各学校提出在价值教育实施过程中遇到的实际问题和困难，获得同行的帮助。

3. 中国价值教育联盟学校的研究讨论机制

中国价值教育联盟学校研究讨论机制的建立主要在于加强成员之间的思想交流，促进成员达成思想上的共识并不断加深对价值教育的理解。中国价值教育联盟学校研究讨论的形式是多样的：每年定期举行中国价值教育联盟学校年度工作研讨会，大学教育研究者到中小学去开展关于价值教育的系列讲座，组织中小学教师座谈交流、到大学参加教育培训活动，等等。

4. 中国价值教育联盟学校的成果交流与宣传机制

中国价值教育联盟学校的学校类型比较多元化，成员构成也比较多样化，这使得不同的学校、不同的成员在开展价值教育活动的具体过程中总会体现出各自不同的特点、专长以及各自不同的具体实施办法。因此，建立成果交流与宣传机制是联盟学校内部和内外部之间加强交流、讨论的重要途径，其主要方式有如下几种。

每个学校成员根据自己所开展的价值教育活动编写案例集、论文集、活动手册，在中国价值教育联盟学校年度工作研讨会上发给成员们，进行相互学习、交流。

大学教育研究者每年认真编辑《中国价值教育通讯》，从整体上呈现一年以来中国价值教育联盟学校全体成员在价值教育的理论研究与实践探索方面的进展和动态。

组织大学教育研究者和中小学教师在学术期刊上发表有关价值教育的理论与实践方面的文章，与其他教育同行进行学术交流。

利用报纸、杂志进行"校长专访"，向外界介绍和宣传中国价值教育联盟学校有特色的价值教育活动。

此外，还计划利用互联网技术建立更加方便、快捷的互动沟通的网络信息平台，便于成员之间的及时沟通和对外发布学校成员的最新动态和信息。

（二）中国价值教育联盟学校所开展的培养教师价值教育意识的实践活动

随着价值教育在学校成员中深入展开，越来越多的大学教育研究者、中小学管理人员和一线教师开始意识到价值教育实现的关键在于教师，即教师要做价值教育的有心人，而对这一理解的理论表达就是教师应当拥有自觉的价值教育意识。因此，中国价值教育联盟学校相继开展了一些培养教师价值教育意识的实践活动。由于中国价值教育联盟学校还处于生长发展的过程中，这些活动也许在整体设计上还不够完善，在具体实施的效果上还有待在实践中进一步检验。但是，这些活动所体现出来的特点在某种程度上反映出中国价值教育联盟学校所追求的目标和努力的方向。

1. 校长作为培养中小学教师价值教育意识的引领者

中国价值教育联盟学校在建设之初就十分关注校长的价值领导力，关注校长规范、引导和整合教师的个体价值观念以解决管理工作中存在的问题，增强实现组织目标和远景目标的能力。[①] 因此，在培养中小学教师价值教育意识的过程中，我们首先强调的是校长作为引领者的作用。校长对于教师价值教育意识的养成之所以具有重要的引领作用，主要有以下两方面的原因。

第一，校长应当以身作则、以身示范，因为一位校长所秉持和践行的价值原则往往对一所学校的教师的价值教育意识有着最直接、最深刻的影响。

第二，校长作为中小学校的主要负责人，能够根据自己学校的具体情况和教师的具体特点，从学校制度、教师管理、校

---

① 石中英：《谈谈校长的价值领导力》，载《中小学管理》，2007(7)。

园文化建设等方面全方位整体设计培养教师价值教育意识的
活动。

中国价值教育联盟学校中，有许多中小学校长以自己对于
价值教育的执着和热情感染着身边的教师，通过组织各种价值
教育活动唤醒教师们的价值教育意识。

海南省海口市英才小学的前任校长兰祖军就十分强调教师
本身就是一种价值教育资源，教师应该自觉遵循和践行优秀价
值品质，体现对每个学生的价值关怀。① 兰祖军校长认为："如
果教师的目标仅仅是完成工作、挣钱糊口，那么他自然会带上
一些自私、功利的价值倾向，而对学生的成长漠不关心。"在兰
祖军校长看来，如果教师的目标是与学生共同成长、给予学生
真诚的关爱，那么他自然就会选择谦逊、诚信、宽容、仁爱、
公正、快乐的价值品质，致力于建立良好的师生关系。这些价
值品质必将使教师在传递、履行它们的过程中，获得更多的快
乐和幸福。为此，兰祖军校长指导教师们进行三年中期职业规
划、五年长期职业规划。"教师们心中有了明确的奋斗目标，
才能自觉形成自己的价值认识和追求，并以这些优秀的价值品
质影响学生、熏陶学生。"兰祖军校长还一直致力于给教师"家"
的感觉，学校精心策划了团队活动：户外拓展训练让教师们获
致"登山则情满于山，观海则意溢于海"的性情修养；室内凝聚
力训练让教师们收获"感恩、责任、合作、信任、自信"的价值

---

① 兰祖军校长的案例引自《中国价值教育通讯》2011 年第 1 期的"专题访谈"。

体验，并在内心深处完成了一次人性的洗礼。价值教育的理念逐渐被教师们所接纳，他们逐渐意识到学校教育的最终目的不是教师传授知识和学生接纳知识，而是从生命深处唤起人沉睡的自我意识，将人的创造力、生命力、价值感唤醒。因此，教师内心之中深切地意识到：没有良好的课堂教学过程，没有教师对学生成长的终极关怀，价值教育也就失去了最有利的阵地。

2. 在中小学真实的教育情境中激活与提升教师的价值教育意识

中国价值教育联盟学校在建设过程中，始终强调对教师价值教育意识的培养不能离开中小学教师日常的教育教学工作，更不能离开中小学真实的教育情境。其主要基于以下两个方面的考虑：一方面，如果价值教育远离中小学教师日常的教育教学工作，那么教师会感到价值教育与他们日常的教育教学工作并无多少直接的联系，从而失去实施价值教育的热情和兴趣；另一方面，教师的价值教育意识并不是只停留在教师头脑之中的想法和观念，而是要体现在具体的行动之中，体现在教师与学生相处的真实教育情境之中的。

因此，中国价值教育联盟学校培养教师的价值教育意识的时候，主要引导教师逐渐去发现、去领会自己日常的教育教学工作(主要包括课堂教学活动、师生之间的互动交往以及教师组织的学生活动)之中所蕴含的价值教育意义。也正是在这样的过程中，教师有机会从价值教育的视角重新审视自己日常的教育教学工作，重新发现其本应承载的价值教育意义，从而使得价值教育意向越来越强烈，价值教育意识也越来越敏锐和自觉。

在中国价值教育联盟学校中，许多学校成员让教师们写下自己在学科教学、师生交往和组织学生参加社会实践活动的过程中的所思所想，并把它们编辑成价值教育案例集和论文集。事实上，这已经成为中国价值教育联盟学校培养教师价值教育意识的一种重要方式。一方面，写作的过程正是唤醒教师价值教育意识的过程，正如范梅南教授在强调现象学教育学中写作对于教育研究的方法论意义时所指出的那样："写作这种人类研究活动能让我们清楚地感受到这种联系……正是有意识的写作使自身有了以教学为生活体验的特征。"[1]"研究之所以是写作就在于它以意识代替了与自身相对的可能性，并把这种意识放入与自我反思的关系之中。写作就是锻炼自我意识，写作充当内部的、主观的和理想化的事物，与外部的、客观的、现实的事物相对。"[2]因此，在范梅南教授看来："写作是某种自我制造或自我塑造。写作是为了检测事物的深度，也是为了了解自身的深度。"[3]另一方面，教师通过阅读其他教师写的价值教育案例进行相互学习和交流，这其实又是一次增强教师价值教育意识的机会。因为"真正的写作，似乎更能使现实体验具体化，

---

① ［加拿大］马克斯·范梅南：《生活体验研究：人文科学视野中的教育学》，宋广文等译，163页，北京，教育科学出版社，2003。

② ［加拿大］马克斯·范梅南：《生活体验研究：人文科学视野中的教育学》，宋广文等译，170页，北京，教育科学出版社，2003。

③ ［加拿大］马克斯·范梅南：《生活体验研究：人文科学视野中的教育学》，宋广文等译，166页，北京，教育科学出版社，2003。

比现实世界更能触及事情的核心（尽管显得奇怪）。故事的描述能力就在于它更具推动力、感染力，比现实生活更具体质和情感上的影响力。文本中蕴含的情感，对于文本的理解能使本来很冷静的人（读者，也可能是作者）泪如雨下，更深刻地理解世界"①。

3. 大学的学术文化感染和影响着中小学教师的价值教育意识形成

在中国价值教育联盟学校的大学与中小学合作的过程中，大学教育研究者经常深入中小学调研，到课堂中去听课、评课，并结合中小学的实际情况开展一系列价值教育专题讲座，组织教师座谈交流，由此提升中小学教师对价值教育的理解和认识。而且，大学教师还邀请联盟学校的中小学教师代表到大学交流、学习，参加大学举办的研究培训活动。这些活动使得中小学教师能够亲身感受大学的学术文化，受到大学的学术氛围和学术精神的感染，对于提升他们的价值教育意识有着直接的影响。

2010 年"五一"国际劳动节期间，为了深化中小学教师对价值教育问题的理论认识，进一步提高学校成员教师开展价值教育的能力，促进各学校成员价值教育工作经验的沟通和交流，增强中国价值教育联盟学校的品牌意识，北京师范大学价值教育课题组的研究者邀请中国价值教育联盟学校的中小学教

---

① ［加拿大］马克斯·范梅南：《生活体验研究：人文科学视野中的教育学》，宋广文等译，169 页，北京，教育科学出版社，2003。

师代表到北京师范大学参加"中国价值教育联盟学校 2010 年培训工作会"。此次培训会议改变传统学术会议的组织模式，采取一种更具价值教育味道的方式：与会者以圆桌会议的方式围坐，一方面聆听大学教育研究者的报告，另一方面就共同关心的主题展开交流。培训过程中，中小学教师和大学教育研究者一起平等地讨论、真诚地交流自己对价值教育的理解、自己在教育教学实践和教育管理实践中实施价值教育的途径与方式以及遇到的各种困难与问题。这样的培训方式让参与其中的中小学教师印象深刻，培训的过程本身也是一种让教师获得真切的价值教育体验的过程。这次价值教育培训会议结束之后，一些参会的教师陆续以文字的方式表达了对会议的感受和理解。

"价值会议"中显价值①

黄新华　武汉市马房山中学

"五一"国际劳动节之际，中国价值教育联盟学校的领导和教师又一次相聚北京，进行了为期三天的价值教育研讨和学习。进入会场，以小组为单位的入座形式就让我们感觉到了这次会议的不同。没有领导到场致贺词，却有以"长江学者"为核心的一批学术专家的专业引领；没有台上台下的你讲我观，大家都是平等中的首席，都有机会畅所欲言。

对面坐的就是专家，他们是权威，却毫无"架子"与"排场"；隔壁坐的是教授，他们学识渊博，却虚心聆听。在平等

---

① 案例引自《中国价值教育通讯》2010 年第 2 期。

与尊重中，大家的思维得到有效激活。价值教育的有关理论在会议中得到了有效传递，各学校在价值教育实验中成功的经验得到了分享，疑难困惑亦被专家破解。

平等与尊重是对话的前提，也是这次会议取得成功的关键。在正确价值取向的引领之下，这次会议很好地起到了引领价值、传承价值及推动各学校更好地实施价值教育的作用。

(三)中国价值教育联盟学校培养教师价值教育意识的现实意义和影响

中国价值教育联盟学校对于教师价值教育意识的培养方式，正是一种U-S合作教师教育模式。在这种模式下，参与合作的三方——中小学教师、职前教师、大学教师都获得了各自的专业发展。与此同时，这也体现着教育理论与实践的本然统一关系的回归①，以往所说的教育理论与实践"两张皮"的对立和隔阂在这里已不复存在。

1. 帮助中小学教师重新找回教育理想并树立研究态度

中国价值教育联盟学校通过对教师价值教育意识的唤醒与培养，帮助中小学教师重新找回教育理想。我们在与中小学教师的合作过程中常常能感受到，一部分中小学教师已经远离了教育理想、远离了本真的教育，但这并不意味着他们没有教育理想与信念，而是在升学、考试的压力下放弃了自己的教育信念。正如西瑟所指出的："更多中学教师的悲剧在于，他们面

---

① 宁虹、胡萨：《教育理论与实践的本然统一》，载《教育研究》，2006(5)。

前的鸿沟是一个深渊，仅靠理智和有见识的自我调整仍无法跨越过去。"①在中国价值教育联盟学校中，中小学教师通过与大学教师以及其他中小学教师的真诚交流与相互学习，重新领悟到自己的一言一行对学生良好价值品质养成的重要意义和影响，重新发现自己的学科教学以及与学生的互动交往中所蕴含的价值教育意义，由此增强信心去跨越面前的鸿沟，重新鼓起勇气去实现自己的教育理想。

中国价值教育联盟学校对教师价值教育意识的唤醒与培养，还是帮助教师重新梳理研究态度的过程。在以往封闭的教师教育体制中，教师一旦从师范大学毕业进入中小学工作，就很少有机会与大学的教师和学者保持密切的联系，也很少有机会回到大学去参加大学的学术活动，了解最新的学术思想、最前沿的学术研究进展和学术研究动态。当中小学教师越来越远离学术文化时，他们也越来越缺乏研究的精神和态度，平时更关注技术操作层面的问题，而对于"教育是什么"和"教育为了什么"的问题很少思考和追问。就像有的中小学教师常常谈到的那样，在中小学琐碎的工作中，每天都只是低着头忙着手头上永远也做不完的事，有时候"走得太久，反而忘了当初为何出发"。

在中国价值教育联盟学校的建设过程中，大学教师的责任就是要以学术的精神、研究的态度给予中小学教师专业的引

---

① ［美］玛茜、麦奎兰：《学校和课堂中的改革与抗拒：基础学校联合体的一项人种志考察》，白芸等译，4～5页，上海，华东师范大学出版社，2005。

领，让中小学教师重新开始思考教育的意义和教师的责任，抛开功利化的考虑静下心来认真想一想：学生到学校来学习究竟是为了什么？他们在学校中应当学会什么？教师应当怎样和学生共度学校生活的每一天？教师应当在学生的生命中留下怎样的记忆？正是在与大学教师的合作过程中，中小学教师的教育观念发生着改变，其思维方式、行为方式也发生着改变。

2. 帮助职前教师尽早树立"学为人师"的专业意识

职前教师必须经历教育实习阶段，然而以往的师范教育虽然安排了教育实习环节，但是时间太短，从中获得的实际帮助也太少，而且进入中小学实习的时间太晚。有位师范毕业生就曾十分感慨地说："本科前三年没有经历过讲课，不知道学生到底想听什么，他们到底能接受到什么程度。我们就缺这个环节。既然培养的是师范生，学校就应该在大一时定期让我们进入中小学校看看人家是怎么讲课的，看看学生的反应，那样真的特别好。大四第一个学期才安排实习，实习时发现原来这么讲课，这时候已经晚了。"

因此，职前教师参与到中国价值教育联盟学校的活动当中，能够尽早地熟悉和了解中小学实际情况，尽早树立"即将为人师"的专业价值意识。中国价值教育联盟学校的活动能够为职前教师提供很多走进中小学课堂的机会，让他们尽早明白现在的中小学教育是什么样的，现在的中小学生是什么样的。"赶上讲课你就听着，赶上做卷子你也拿份卷子，赶上学生捣乱你就看着，看老师怎么处理。"正是在真实的中小学教育情境中，职前教师能够感受到真正的价值教育究竟是如何发生的。等他们真正成为教师的时候，就能够自觉地去关注学生良好价值品质的培养。

3. 促进了大学教师自身的专业发展

在中国价值教育联盟学校的建设过程中，大学教育研究者有机会进入教育现场、回到中小学课堂。大学教师在帮助培养中小学教师的价值教育意识的时候，在与中小学教师的合作、交往过程中，也促进了自身的专业发展。

①在与中小学教师的深入交流过程中，大学教师对中小学教师真实的生存境遇、工作文化、行为方式有了深入的了解和真切的体会，不再想当然地以为中小学教师应当怎样。在今后的合作中，大学教师能够给予中小学教师理解和尊重，能够从中小学教师的实际工作出发，以他们容易理解和接受的方式开展价值教育研讨活动。

②中小学教育一线是教育的"故乡"，大学的教育学者不能离开中小学这片"故土"，不能切断与中小学的密切联系。在参与中国价值教育联盟学校建设的过程中，大学教育研究者有了进入中小学的机会，获得了大量鲜活的教育体验以及丰富、真实的价值教育案例。这能扩展大学教育研究者的研究视野，充实其研究内容，同时也使其价值教育理论最终能够根植教育实践的大地，获得不断生长的力量。

③真实的教育实践激活教育理论。一方面，大学教育研究者在真实的教育实践中，面临真实的教育情境，面对需要解决

的现实问题，往往会激发理论思考。一些真正的教育理论正是大学教育研究者在实践中对所遇到的问题的思考中产生的。另一方面，大学教育研究者在对教育问题进行研究的时候，不仅要有深刻的理论思考与研究，而且一定要有解决问题的具体方法和切实可行的实施路径，并且这样的方法和路径内在于自己所持有的理论，与自己的学术理论主张拥有内在的一致性。这样的教育理论才是彻底的，并且是真正令人信服的。

第三节　教师价值教育意识的培养建议

我们思考究竟如何才能有效培养教师的价值教育意识时，其关键在于以下两点：一是如何才能真正"走心"，二是如何才能真正"做到"。具体而言：一方面，我们的教师教育、教师培训如何才能真正触动教师的心灵，如何才能让教师真正拥有价值教育的意识和体验；另一方面，如何才能让教师在实际的教育教学工作中能够主动、自觉地去实现价值教育，如何才能让价值教育与中小学的实际教育教学工作内在地结合在一起，从而让教师能在中小学的教育实践中真正知道如何去实施价值教育。

教师教育者想要培养教师价值教育意识，需要超越以往的概念化的说教、技术化的操作方式，让教师通过榜样示范、案例教学、日常践行等切身的体验形成真正的价值教育意识，并通过建立亲密、信任的教育关系和志同道合的文化氛围支持教师价值教育意识的持续发展和提升。

一、榜样的力量：教师教育者以身示范

教师对于价值教育最直接、最深刻的体验，其实就来自教师教育者和教师培训者的以身作则、以身示范。按照舍勒价值现象学，教师教育者的这种以身示范就是一种位格典范性的力量。在谈到舍勒回答如何才能促进个体道德发展时，弗林斯提出了位格典范的榜样力量对于教育有着重要的意义。弗林斯是这样讲的："什么能促进位格的道德行为，也就是说，什么才是个体道德发展的可能媒介。这个问题对我们当今的青少年教育非常重要。正如我们会预料到的那样，舍勒是从位格的本质和价值出发，尤其是从能在道德上激发他人的个体的位格典范性出发对这个问题进行思考的。中国有一句古话，我们能送给他人的最好礼物就是为人师表。舍勒对位格典范性的讨论也可以说是送给当代伦理学、儿童教育以及普通教育的最好礼物。"①

舍勒这里所说的位格典范的追随其实是一种心悦诚服的自由追随，这不同于具有强迫性或强制性的政治追随等，不是简单地服从或虚假地模仿。"追随某个道德典范既没有理性上的强制也没有责任上的强制。因此，因追随典范而获得的道德发展乃是基于相关位格的自由，而不是基于对道德戒律的服从。对典范的追随是自由的追随。这与由圣人高尚的道德价值所引

---

① ［美］弗林斯：《舍勒的心灵》，张志平、张任之译，68 页，上海，上海三联书店，2006。

起的信徒的'追随(followship)'非常相似，甚至可以说是一样的。"①这种对位格典范的追随，也正如《史记》中所说的："'高山仰止，景行行止。'虽不能至，然心乡往之。"

其实，我们周围有许多真实的价值典范、价值榜样，舍勒就列举了许多："在人的一生中最早出现的那些模范常具有最持久的影响，尤其是父母……有东方文化中的'先生'这样的模范。有过去和现在都存在的历史上的'英雄'、'诗人'、'政治家'这样的模范。"②因此，教师教育者的一言一行同样具有这样的位格典范力量，拥有我们常说的"行为世范""为人师表"的榜样力量。

教师教育者在与教师交往过程中的言谈举止、人格魅力以及教学风格能够具有榜样的力量，关键在于教师教育者的一言一行总是以直观形象的方式触动教师的心灵。现象学所谓直观的方式，即不是以抽象的概念、枯燥的说教等方式，而是以生动、形象的方式直接显现意识。教师教育者在真实的教育情境中十分自然且真实地表现出对教育事业的热爱，对工作的严谨认真，讲课的风趣幽默，对待教师和蔼、亲切的态度等价值品质时，这一切都是直接、形象地被教师所感受到的，这就是以直观的方式深深地触动了教师，给他们留下了深刻的印象。舍

---

① ［美］弗林斯：《舍勒的心灵》，张志平、张任之译，68 页，上海，上海三联书店，2006。

② ［美］弗林斯：《舍勒的心灵》，张志平、张任之译，70～71 页，上海，上海三联书店，2006。

勒就曾明确地指出直观之于位格典范能够触动人的心灵的原初
意义："在位格的善良中，对善的位格进行直观
（Anschauung）。世上没有什么东西会像这种直观那样能使位
格如此原初地、如此直接地、如此必然地成为善的。就一种可
能生成的善而言，这种关系绝对优越于任何其他关系。也正是
就这种可能生成的善而言，这种直观才能被当成它的起源。"[1]
"一个位格的道德典范性是以一种直接的、先天的方式触动心
灵的；也就是说，相关位格的典范性价值并不是通过有意识的
反思和判断传染的。前理性的价值等级秩序是在爱的秩序中被
给予的。……位格之所以能'自由地'追随而不是服从道德上的
典范性，原因就在于，位格在对这种价值典范性进行直接的、
情感性的直觉中被深深触动。正是在这种自由的、无意的追随
中，应然的结构开始转向价值秩序。在此过程中，位格经验到
他自己的'所不应当是'。"[2]

　　因此，教师教育者拥有高尚的品格、丰富的学科素养以及
良好的教育素养，在其一言一行中就会直观地显现出榜样的力
量，自然会引发教师们深深的敬佩、真心的向往和倾心所愿的
自由追随。

二、案例教学：采取生动形象的教育和培训方式

　　以往的教师教育和教师培训往往采取集体讲课的方式。有

---

　　[1]　［美］弗林斯：《舍勒的心灵》，张志平、张任之译，69页，上海，上海三联书店，
2006。
　　[2]　［美］弗林斯：《舍勒的心灵》，张志平、张任之译，70页，上海，上海三联书店，
2006。

时候教师教育者只是讲述一些抽象的理论与空洞的道理，教师常常听得云里雾里，并不明白这些理论与道理对于自己日常的教育教学工作有何实际意义，久而久之，就会觉得这样的教师教育、教师培训没意思。所以，教师往往不喜欢这样的教育和培训方式。

在教师价值教育意识的培养上，教育、培训方式应当生动形象和丰富多样。教师教育者可以通过生动形象的案例教学，让教师们对发生在中小学的实际价值教育案例进行讨论和分析，帮助教师们理解这些基本价值品质与教育教学工作的内在联系，从而提高对其重要意义的理解和认识。

可以请有经验的教师或者中小学名师来与教师们面对面地交流他们的价值教育经验。优秀教师生动形象的现身说法，对于教师们来说往往更有说服力和感染力。还可以组织教师们到实际的中小学课堂中去听课、评课，在真实的教育情境中，教师们能够直观地看到在日常的教育教学中如何体现出价值教育的意义，也能够更加真切、完整地感受到真正的价值教育究竟是如何发生的。听课后还应组织教师们一起评课，这会引导教师们去思考，今后在自己的教育教学工作中应当如何自觉地去关注学生良好价值品质的培养。

此外，还可以组织教师观看一些有价值教育意义的电影，共同研读一些教育经典作品，一起分享自己观看或阅读之后的感悟和体会。

三、学而时习之：在日常教育教学工作中的践行与反思

我们始终强调，价值教育是教育自身的题中应有之义，并不是教育之外的另一件事情。因此，教师的价值教育意识也应当是内在于教师的专业意识之中的，并且是教师的专业意识的基本构成部分。

对于在职的中小学教师而言，要强调教师价值教育意识的养成应当与教师日常的教育教学工作紧密结合，让教师在自己的教育教学工作中感悟价值教育的意义，在与学生交往的过程中发现价值教育的机会。这样就不会让教师感到价值教育远离自己的实际工作，从而对价值教育抱有持久的热情和兴趣。

对于职前教师而言，在强调教师价值教育意识的养成应当与教师日常的教育教学工作紧密结合的时候，应具有师范教育的意味。

第一，应当结合职前教师学科教育素养的培养过程，逐渐渗透并不断强化职前教师的价值教育意识。师范教育在开始阶段就应当让师范生拥有价值教育意识，形成对教育的完整理解，知道作为一名真正的教师不仅要"教书"，而且要"育人"，并使之最终成为内心真正的教育理想和坚定的教育追求。这样，师范生到了教育实践之中，就不会因为受到应试教育的不良影响而放弃教师的价值教育责任，也就不会每天只是埋头忙于教学生如何应付考试，完全不再思考如何培养学生良好价值品质的教育问题。

第二，对师范生价值教育意识的培养还意味着应教会他们如何去进行价值教育，从而避免其走上工作岗位后价值教育意识的培养脱离中小学教育工作的需要。培养师范生价值教育意识，不能让他们空有价值教育的想法和观念，到了实际的中小学教育工作中却不知道究竟应该如何去做——既不知道如何才能有效地培养学生良好价值品质，也不知道自己的价值教育如何才能触动学生，让这些价值原则在学生心里留下深刻的印象。

四、亲其师，信其道：建立亲密、信任的教育关系

在基础教育中，我们常说"亲其师，信其道"。对于教师教育者培养教师价值教育意识而言，也是同一个道理。教师教育者与教师是成年人之间的教育关系，教师教育者既是教师的教师，也是教师的合作伙伴。当教师教育者与教师之间建立起亲密、信任的教育关系时，教师教育者所提倡的价值教育理念才能比较容易地被教师真正理解和真心认同。

当然，教师教育者与教师之间的亲密、信任的教育关系并不是私人性的，不是教师教育者和某几位教师之间有着密切的私人交往，而是建立在共同体全体成员对于价值教育的共同理解与成员之间的亲密关系之上的。

教师教育者与教师建立亲密、信任的教育关系，需要双方拥有平等的地位。在中国价值教育联盟学校的建设过程中，我们始终强调大学教育研究者和中小学教师拥有平等的地位，全

体成员都有表达自己的理解、发表自己的看法的平等机会。

教师教育者与教师建立亲密、信任的教育关系，需要双方有较多的接触时间和相互了解的机会。为了建立充分的亲密关系，共同体中的关系应该是直接且多方位的。① 因此，应当创设各种机会和条件，让教师教育者和教师之间能够随时随地真诚、自由地交流。教师有机会提出自己心中的各种疑问和困惑，教师教育者能够及时、耐心地解答并提供必要的帮助和支持。

五、志同道合：营造共同体文化氛围

教师教育者应当和教师一起营造一种志同道合的共同体文化氛围，大家是为着共同的价值教育理想而走到一起来的。这个共同体应该是一个温馨、舒适而又安全的场所，它就像一个家。其中，成员相互都很了解，可以互相信任、依靠、宽容和帮助。这样的共同体氛围，是一种令人向往的工作环境。

在当前的教育环境中，价值教育在中小学真正实现还存在着重重的阻力和诸多的障碍；在社会环境中，还存在着许多干扰和阻碍价值教育顺利开展的不利影响因素。因此，教师不仅自身应当拥有坚定的价值教育信念，而且需要获得集体强有力的支持，在共同体成员之间的合作中获得引导和协助的力量。教师在教育教学中遇到困惑时，能够得到指导；教师在工作中因为坚持价值教育原则受到外界不理解、不公正的对待而感到气馁时，能够得到宽慰和鼓励；教师面临各种名利的诱惑而有

---

① Michael T, *Community*, *Anarchy and Liberty*, London, Cambridge University Press, 1995, p. 27.

些许动摇时，能够得到及时的提醒和真心的劝解。

在价值教育的实践过程中，我们愈发强烈地感受到，我们正在和一线的教师共同去完成一项对于中国教育的未来有着深远意义的事业。我们为自己能够为这项事业作出应有的贡献而感到无比自豪！

主要参考文献

一、中文文献

[1]柏拉图.理想国[M].郭斌和，张竹明，译.北京：商务印书馆，2002.

[2]布雷钦卡.信仰、道德和教育：规范哲学的考察[M].彭正梅，张坤，译.上海：华东师范大学出版社，2008.

[3]理查德·麦尔文·黑尔.道德语言[M].万俊人，译.北京：商务印书馆，1999.

[4]杜威.学校与社会·明日之学校[M].赵祥麟，任钟印，吴志宏，译.北京：人民教育出版社，1994.

[5]杜威.民主主义与教育[M].王承绪，译.北京：人民教育出版社，2001.

[6]杜威.我们怎样思维·经验与教育[M].姜文闵，译.北京：人民教育出版社，2005.

[7]戴维·罗斯.正当与善[M].菲利普·斯特拉顿－莱克，编.林南，译.上海：上海译文出版社，2008.

[8]洪汉鼎.诠释学：它的历史和当代发展[M].北京：人民出版社，2001.

[9]董世峰.价值：哈特曼对道德基础的构建[M].北京：光明日报出版社，2006.

[10]丁锦宏.品格教育论[M].北京：人民教育出版社，2005.

[11]弗林斯.舍勒的心灵[M].张志平，张任之，译.上海：上海三联书

店，2006.

[12]芬克 . 教育学与人生之道[M]. 简水源，译 . 台北：桂冠图书股份有限公司，1999.

[13]芬德莱 . 价值论伦理学：从布伦坦诺到哈特曼[M]. 刘继，译 . 北京：中国人民大学出版社，1989.

[14]冯平 . 现代西方价值哲学经典·先验主义路向[M]. 北京：北京师范大学出版社，2009.

[15]康德 . 实践理性批判[M]. 韩水法，译 . 北京：商务印书馆，1999.

[16]克里斯托弗·博姆 . 道德的起源：美德、利他、羞耻的演化[M]. 贾拥民、傅瑞蓉，译 . 杭州：浙江大学出版社，2015.

[17]赫尔巴特 . 普通教育学·教育学讲授纲要[M]. 李其龙，译 . 北京：人民教育出版社，1989.

[18]胡塞尔 . 纯粹现象学通论：纯粹现象学和现象学哲学的观念（Ⅰ）[M]. 李幼蒸，译 . 北京：中国人民大学出版社，2004.

[19]胡塞尔 . 欧洲科学的危机与超越论的现象学[M]. 王炳文，译 . 北京：商务印书馆，2011.

[20]胡塞尔 . 现象学的观念[M]. 倪梁康，译 . 北京：人民出版社，2007.

[21]胡塞尔 . 笛卡尔式的沉思与巴黎讲演[M]. 张宪，译 . 北京：人民出版社，2008.

[22]胡塞尔 . 文章与讲演（1911—1921 年）[M]. 倪梁康，译 . 北京：人民出版社，2009.

[23]海德格尔 . 面向思的事情[M]. 陈小文，孙周兴，译 . 北京：商务印书馆，1999.

[24]海德格尔 . 形而上学导论[M]. 熊伟，王庆节，译 . 北京：商务印书馆，1996.

[25]海德格尔. 存在与时间[M]. 陈嘉映，王庆节，译. 北京：生活·读书·新知三联书店，2006.

[26]海德格尔. 路标[M]. 孙周兴，译. 北京：商务印书馆，2017.

[27]海德格尔. 现象学之基本问题[M]. 丁耘，译. 上海：上海译文出版社，2008.

[28]海德格尔. 时间概念史导论[M]. 欧东明，译. 北京：商务印书馆，2009.

[29]赫伯特·施皮格伯格. 现象学运动[M]. 王炳文，张金言，译. 北京：商务印书馆，1995.

[30]黑尔德. 世界现象学[M]. 倪梁康，孙周兴，靳希平，等译. 北京：生活·读书·新知三联书店，2003.

[31]汉娜·阿伦特. 过去与未来之间[M]. 王寅丽，张立立，译. 南京：译林出版社，2011.

[32]汉斯·昆. 世界伦理构想[M]. 周艺，译. 北京：生活·读书·新知三联书店，2002.

[33]韩震. 社会主义核心价值观凝练研究[M]. 北京：北京师范大学出版社，2012.

[34]黄向阳. 德育原理[M]. 上海：华东师范大学出版社，2000.

[35]金生鈜. 德性与教化：从苏格拉底到尼采：西方道德教育哲学思想研究[M]. 长沙：湖南大学出版社，2003.

[36]伽达默尔. 诠释学Ⅰ 真理与方法：哲学诠释学的基本特征[M]. 修订译本. 洪汉鼎，译. 北京商务印书馆，2011.

[37]加达默尔. 哲学解释学[M]. 夏镇平，宋建平，译. 上海：上海译文出版社，1994.

[38]伽达默尔. 科学时代的理性[M]. 薛华，高地，李河，等译. 北京：国际文化出版公司，1988.

[39]柯尔伯格．道德教育的哲学[M]．魏贤超，译．杭州：浙江教育出版社，2000.

[40]克里夫·贝克．优化学校教育：一种价值的观点[M]．戚万学，赵文静，唐汉卫，译．上海：华东师范大学出版社，2003.

[41]罗素．宗教与科学[M]．徐奕春，林国夫，译．北京：商务印书馆，1982.

[42]路易斯·拉思斯．价值与教学[M]．谭松贤，译．杭州：浙江教育出版社，2003.

[43]拉瑞·P.纳希．道德领域中的教育[M]．刘春琼，解光夫，译．哈尔滨：黑龙江人民出版社，2003.

[44]廖申白．伦理学概论[M]．北京：北京师范大学出版社，2009.

[45]李德顺．价值论[M]．2版．北京：中国人民大学出版社，2007.

[46]兰久富．社会转型时期的价值观念[M]．北京：北京师范大学出版社，1999.

[47]李连科．价值哲学引论[M]．北京：商务印书馆，1999.

[48]麦金太尔．追寻美德：伦理理论研究[M]．宋继杰，译．南京：译林出版社，2003.

[49]舍勒．伦理学中的形式主义与质料的价值伦理学：为一门伦理学人格主义奠基的新尝试[M]．倪梁康，译．北京：生活·读书·新知三联书店，2004.

[50]舍勒．舍勒选集[M]．刘小枫，选编．上海：上海三联书店，1999.

[51]韦伯．学术与政治：韦伯的两篇演说[M]．冯克利，译．2版．北京：生活·读书·新知三联书店，2005.

[52]马克斯·范梅南．教学机智：教育智慧的意蕴[M]．李树英，译．北京：教育科学出版社，2001.

[53]马克斯·范梅南．生活体验研究：人文科学视野中的教育学[M]．宋广文，

等译．北京：教育科学出版社，2003．

[54]迈克·富兰．变革的力量：透视教育改革[M]．中央教育科学研究所，加拿大多伦多国际学院，译．北京：教育科学出版社，2000．

[55]倪梁康．面对实事本身：现象学经典文选[M]．北京：东方出版社，2000．

[56]倪梁康．意识的向度：以胡塞尔为轴心的现象学问题研究[M]．北京：商务印书馆，2019．

[57]倪梁康．心的秩序：一种现象学心学研究的可能性[M]．南京：江苏人民出版社，2010．

[58]乔治·爱德华·摩尔．伦理学原理[M]．长河，译．上海：上海人民出版社，2003．

[59]尚杰．从胡塞尔到德里达[M]．南京：江苏人民出版社，2008．

[60]蔡汀，王义高，祖晶．苏霍姆林斯基选集（五卷本）[M]．北京：教育科学出版社，2001．

[61]石中英．知识转型与教育改革[M]．北京：教育科学出版社，2001．

[62]石中英．教育哲学[M]．北京：北京师范大学出版社，2007．

[63]孙伟平．价值哲学方法论[M]．北京：中国社会科学出版社，2008．

[64]泰勒．自我的根源：现代认同的形成[M]．韩震，等译．南京：译林出版社，2001．

[65]文德尔班．哲学史教程：特别关于哲学问题和哲学概念的形成和发展：全2卷[M]．罗达仁，译．北京：商务印书馆，2017．

[66]王玉樑．21世纪价值哲学：从自发到自觉[M]．北京：人民出版社，2006．

[67]王啸．价值观教育的合法性[M]．北京：北京师范大学出版社，2009．

[68]吴亚林．价值与教育[M]．北京：北京师范大学出版社，2009．

[69]亚里士多德．尼各马可伦理学[M]．廖申白，译注．北京：商务印书馆，2003．

[70]雅斯贝尔斯．什么是教育[M]．邹进，译．北京：生活·读书·新知三联书店，1991.

[71]约翰·塞尔．心灵、语言和社会：实在世界中的哲学[M]．李步楼，译．上海：上海译文出版社，2006.

[72]叶秀山．思·史·诗：现象学和存在哲学研究[M]．北京：人民出版社，1988.

[73]袁贵仁．价值学引论[M]．北京：北京师范大学出版社，1991.

[74]袁贵仁．价值观的理论与实践：价值观若干问题的思考[M]．北京：北京师范大学出版社，2013.

[75]丹·扎哈维．胡塞尔现象学[M]．李忠伟，译．上海：上海译文出版社，2007.

[76]张汝伦．德国哲学十论[M]．上海：复旦大学出版社，2004.

[77]张祥龙．现象学导论七讲：从原著阐发原意[M]．修订版．北京：中国人民大学出版社，2011.

[78]张志平．情感的本质与意义：舍勒的情感现象学概论[M]．上海：上海人民出版社，2006.

[79]倪梁康等．中国现象学与哲学评论(第七辑)：现象学与伦理[M]．上海：上海译文出版社，2005.

[80]赵馥洁．中国传统哲学价值论[M]．北京：人民出版社，2009.

[81]朱小蔓．教育职场：教师的道德成长[M]．北京：教育科学出版社，2004.

[82]樊浩．"我们"，如何在一起？[J]．东南大学学报(哲学社会科学版)，2017(1)：5-15.

[83]龚群．论价值与理解[J]．复旦学报(社会科学版)，2011(3)：54-61.

[84]黑尔德．对伦理的现象学复原[J]．涤心，译．哲学研究，2005(1)：50-56，129.

[85]黄藿. 价值教育的几个基本问题[J]. 中国德育, 2007(7): 5-6.

[86]卡明斯等. 从课程看道德及宗教教育: 价值教育的国际比较(之一)[J]. 钟启泉, 编译. 外国教育资料, 1997(2): 5-12.

[87]卡明斯等. 价值教育的案例研究: 价值教育的国际比较(之二)[J]. 钟启泉, 编译. 外国教育资料, 1997(3): 43-50, 18.

[88]卡明斯等. 价值教育的政策: 价值教育的国际比较(之三)[J]. 钟启泉, 编译. 外国教育资料, 1997(4): 31-35, 80.

[89]莫尼卡·泰勒. 价值观教育与教育中的价值观(上)[J]. 杨韶刚, 万明, 编译. 教育研究, 2003(5): 35-40.

[90]宁虹. 教育的发生: 结构与形态: 发生现象学的教育启示[J]. 教育研究, 2014(1): 20-27.

[91]石中英. 价值教育的时代使命[J]. 中国民族教育, 2009(1): 18-20.

[92]石中英. 教师的基本价值品质及其形成[J]. 中国教师, 2009(1): 4-6.

[93]石中英. 关于当前我国中小学价值教育几个问题的思考[J]. 人民教育, 2010(8): 6-11.

[94]石中英. 教师的价值教育能力现状及改进策略[J]. 中国德育, 2013(17): 11-15.

[95]檀传宝. 再论"教师德育专业化"[J]. 教育研究, 2012(10): 39-46.

[96]王逢贤. 价值教育及其在新世纪面临的挑战[J]. 高等教育研究, 2000(5): 53-56.

[97]王坤庆. 论价值、教育价值与价值教育[J]. 华中师范大学学报(人文社会科学版), 2003(4): 128-133.

[98]赵汀阳. 普遍价值和必要价值[J]. 世界哲学, 2009(6): 60-70.

二、英文文献

[1]ROY GARDNER. Education for values: morals, ethics and citizenship in

contemporary teaching[M]. London: Kogan Page, 2000.

[2]DAVIE CARR. Educational values and values education: some recent work [J]. British Journal of Sociology of Education, 1997(1).

[3]HALSTEAD J MARK & MONICA J TAYLOR. Values in education and education in values [M]. London & Washington, D.C: The Falmer Press, 1996.

[4]PETER F, CARBONE J R. Value theory and education[M]. Robert E. Krieger Publishing Company, 1987.

[5]DAVIS D. The schooling transformative process: how schooling shapes values [J]. Elementary Secondary Education, 2000(32).

[6]TERRY LOVAT & RON TOOMEY. Values education and quality teaching [M]. Dordrecht, Heidelberg, London, New York: Springer, 2009.

[7]HAYTON DANIEL. Values should be taught in the public schools[R]. The annual meeting of the American psychological association, 1993.

[8]CUMMINGS W K, TATTO M T & HAWKINS J N. Values education for dynamic societies[M]. Hong Kong: The University of Hong Kong, 2001.

[9]HALSTEAD J M & TAYLOR M J. Learning and teaching about values: a review of recent research[J]. Cambridge Journal of Education, 2000(20).

[10]THOMAS LICKONA. Education for character: how our school can teach respect and responsibility[M]. New York: Bantam Books, 1991.

[11]BARRIT L, BEEKMAN T & BLEEKER H. A handbook for phenomenological research in education[M]. Michigan: The University of Michigan, School of Education, 1983.

[12]BOLLNOW O F. The pedagogical atmosphere[J]. Phenomenology and Pedagogy, 1989(7): 5-11.

[13]LANGEVELD M J. Reflections on phenomenology and pedagogy[J]. Phenomenology and Pedagogy, 1983(1): 5-10.

[14]PARIS C. Teacher agency and curriculum making in classroom[M]. New York: Teacher's College Press, 1993.

[15]VAN MANEN M. Linking ways of knowing to ways of being practical[J]. Curriculum Inquiry, 1977(3): 205-229.

[16]VAN MANEN M. Can teaching be taught? Or are real teachers found or made? [J]. Phenomenology and Pedagogy, 1991(9): 182-199.

[17]VAN MANEN M. The practice of practice[M]//LANGE J OLSON, H. HANSEN & W. BüNDER. Changing schools/changing practices: perspectives on educational reform and teacher professionalism. Luvain: Garant, 1999.

[18]VAN MANEN M. On the relation between pedagogy and philosophy (Draft paper)[R]//The Far Western Philosophy of Education Society Conference. University of Hawaii, Manoa, 2003, 1.

后　记

　　2010 年的夏天，我有幸进入北京师范大学博士后流动站跟随石中英教授学习和工作，参与石老师主持的教育部长江学者资助项目"社会转型时期的中小学价值教育"。记得当时我和石老师商量博士后出站报告的研究选题时，石老师谈到价值教育成功的关键在于教师成为价值教育的有心人。他建议我将价值教育与博士期间所关注的现象学教育学和教师教育的研究结合在一起，由此帮我确定了研究选题，即从现象学的视角研究教师的价值教育意识及其培养。本书正是在博士后出站报告的基础上修改完成的。

　　曾经有很长一段时间，我认为自己是价值教育研究的业余爱好者，离专业的学术研究尚有很远的距离。因为在跟随石老师做博士后之前，我甚至从未听说过价值教育，也很少关注价值哲学、伦理学、道德教育等相关领域的研究。对于我而言，价值教育是一个崭新的学术研究领域，我只能像所有的初学者一样从头学起。此后十年来，价值教育研究已经成为自己主要的学术研究方向之一。我的研究兴趣从关注一般意义上的现象学教育学，转到以现象学的态度和方式重新理解价值教育，回溯和追问价值教育的起源与发生，由此重新思考价值教育"为何而教""教什么"和"怎么教"的问题。

修改博士后出站报告以正式出版成书的计划总是被我一再延迟，因为总是期望等有时间了好好看看理论著作，再深入教育实践领域中多做一些观察、访谈，多收集一些生动的价值教育案例来完善和充实书稿的内容。但是工作以后，我越来越清楚地意识到，从此再也不会有学生时代那样完整、自由的看书、写作时间了，时间总是被各种工作、琐事弄得"碎片化""事务化"。很多时候自己只能利用寒暑假的时间看书和写作，同时还想利用假期时间好好陪孩子玩一玩，以尽到为人母亲的责任。是的，成年人的生活里没有"容易"两个字。我想，真正的专业学者应当是善于利用时间和管理时间的高手。时间从来都不是"等"来的，而是自己"挤"出来的。

2020年，我接到石老师发来的信息，他准备组织大家出版"当代中国价值教育研究丛书"，我对自己正式出版的第一部学术著作能够被收录进本丛书中感到非常荣幸。感谢石老师的关心和督促，他使本书的修改和出版计划得以加速完成。感谢负责本丛书出版策划的郭兴举老师、鲍红玉老师，他们都非常认真敬业，不仅和我们一起讨论修改书稿题目，还不时地关心和提醒我注意写作进度。有了交稿截止时间的压力，自己就必须挤出一切可能的时间开始倒计时工作，从而逼着自己不断提高写作的效率。

修改书稿期间，我仿佛又回到了写博士论文的状态：随着阅读和思考的深入，每天都有新的理解发生，每周都能看到自己的进步。虽然修改书稿的时间有限，总体上只能在原有的基础上进行加工，对于发现的许多问题来不及完全重写，但是比起初稿来，已经有一定的改进。本书暂且作为我关于教师价值教育意识研究的阶段性成果呈现在大家面前，诸多不足之处，还请大家多批评指正！

本书能够顺利完成，还要感谢参加我博士后出站报告答辩会的宁虹教授、朱旭东教授、王葎教授、朱晓宏教授提出的宝贵修改意见，正是各位老师严格认真的学术精神，照亮了我不断思考和前行的方向。感谢在北京师范大学做博士后期间，陪伴我度过难忘求学岁月的各位老师和同学们：余清臣、魏宏聚、李孔文、胡金木等老师，他们都是我学习的榜样；王占魁、牛楠森、高政、孙瑞玉、余庆、贾玉超、高洁、刘磊明、黄万飞、于超、娄雨、姜雪等师弟、师妹，大家不仅在学术上相互鼓励，而且在生活中相互支持，我们见证了彼此人生中诸多重要时刻。感谢为本书提供丰富案例的各位中小学老师们，正是他们真实的教育实践，激活了我表达和写作的愿望。感谢我历届的学生们，正是与他们一起学习、研讨的过程，让我真切体验到"教学相长"的力量。

感谢我的家人长久以来给予我的理解和支持。记得当年写博士后出站报告的时候，我的大儿子"骆驼"刚满百天。如今书稿即将完成之时，"骆驼"已经年满九岁，小儿子"蚂蚁"也已经两岁多了。九年来，我自己不仅在"学为人师"，也在"学为人母"。因为平时工作繁忙，自己能全身心陪伴孩子们的时间并不算太多。有时候好不容易专门抽时间陪"骆驼"玩，当他不懂得领情，还不时顶撞我的时候，自己心里的无名火"噌"的一下就冒了出来。但是当责骂过孩子之后，我又陷入深深的自责之中。我不断责问自己：陪伴原本就应当是为人父母的职责，什么时候变成了对孩子的奖赏和"恩赐"呢？"蚂蚁"每天晚上看到我回家，都非常兴奋地向我飞奔过来，一头扑到我怀里，仰着充满依恋的小脸，奶声奶气地对我说"妈妈早点回来""妈妈不加班""妈妈陪我玩"。每次听到这样的话，我的眼里总会泛起酸楚的泪光，心里五味杂陈。

对于我与爱人的父母，我的内心充满着深深的敬意和感激之情。我们的父母含辛茹苦地抚养我们长大成人，当我们在他乡成家立业、生儿育女时，他们又义无反顾地来北京帮我们照顾孩子，让我们可以无后顾之忧地投入工作。只是看着父母们年过半百，还得远离朋友、远离故土，在一个完全陌生的城市里适应着单调、孤寂的生活，我的心中有太多的不忍，也有太多的无奈。

感谢我的爱人王海锋，从大学时代起我就一直称呼他为"师兄"。在我们携手同行的 19 年里，无论是在学术研究中还是在日常生活中，他都既是我的老师又是我的兄长。他像一位睿智的老师指引着我，又像一位慈爱的兄长包容着我。自己是如此幸运，能遇到志同道合的相爱之人。

　　本书的写作和出版还得到了国家社会科学基金青年项目、北京市哲学社会科学青年项目的资助，在此一并致谢。

胡　萨
2021 年 2 月 1 日

图书在版编目(CIP)数据

教师的价值教育意识/胡萨著.—北京:北京师范大学出版社,
2023.10

(当代中国价值教育研究)

ISBN 978-7-303-29051-2

Ⅰ.①教… Ⅱ.①胡… Ⅲ.①中小学—师资培养
Ⅳ.①G635.12

中国国家版本馆 CIP 数据核字(2023)第 064921 号

| 图 书 意 见 反 馈 | gaozhifk@bnupg.com | 010-58805079 |
| 营 销 中 心 电 话 | 010-58802755 | 58800035 |

北师大出版社教师教育分社微信公众号　京师教师教育

JIAOSHI DE JIAZHI JIAOYU YISHI

出版发行:北京师范大学出版社　www.bnupg.com
　　　　　北京市西城区新街口外大街 12-3 号
　　　　　邮政编码:100088

印　　刷:北京盛通印刷股份有限公司
经　　销:全国新华书店
开　　本:710 mm×1000 mm　1/16
印　　张:19.5
字　　数:194 千字
版　　次:2023 年 10 月第 1 版
印　　次:2023 年 10 月第 1 次印刷
定　　价:72.00 元

策划编辑:郭兴举　鲍红玉　　责任编辑:安　健
美术编辑:陈　涛　焦　丽　　装帧设计:陈　涛　焦　丽
责任校对:丁念慈　　　　　　责任印制:马　洁　赵　龙